耿云志 著

胡适研究十论

目录

代　序　　重新发现胡适　1

胡适一生的五个阶段　1

引领文学革命　49

胡适与《新青年》及《新青年》同人之分裂　81

建立学术新典范　135

关于中国近代文化转型的几个重要观念　159

"歧路"：政治的诱惑与困窘　187

胡适与梅光迪　257

胡适与陈独秀　295

蔡元培与胡适　335

胡适与梁启超　367

附　录　　胡适私人档案介绍　410

后　记　434

代序　重新发现胡适

人生世上，会碰到许多机缘，对自己的生活和工作产生重大的影响，而且往往都是原来所无法预见的。我之走上研究胡适的道路，就是许多机缘凑巧遇合到一起所造成的。1971年，我们还在河南"干校"搞运动的时候，就听说周恩来总理向出版工作会议提出要编辑出版中华民国史的任务。1972年，我们从河南"干校"撤回北京。不久，搞中华民国史的任务就落实到我们近代史研究所，由李新先生负责。这年10月，民国史研究室（当时不叫研究室，叫研究组，为行文方便，我姑且全文都用民国史研究室的名字）正式成立，我是最早的成员之一，到现在，参加过那次成立会的人，就只剩下我一个了。

研究民国史，特别是涉及思想、教育、学术与文化方面，绝对无法越过胡适这个人。

胡适自从1949年以后在大陆一直是被批判，被打倒，以致名誉被搞臭的一个"反面人物"。在"文革"尚未结束的情况下，研究这样一个人，是须要有一点独立思考的能力和敢于独抒己见的勇气的。我一直是一个喜欢独立思考的人，不愿意被别人牵着鼻子走。从读高中的时候起，我就对思想和理论发生兴趣，常常表达一些独立见解。这使我在高中毕业鉴定中，被戴上"有严重自由主义倾向"的帽子。为此,我付出了很高的代价——不能入重点大学。

1972年,这时已是"文革"高潮过后,对于我这个喜欢独立思考的人来说,已不可遏止地开始反思,不但反思"文革"本身,还必然地要反思到一切引发"文革"的各种思想萌蘖的过程。

胡适在文、史、哲各学科领域都有开创性贡献,是一位产生深远影响的思想家和学者。要研究他,对他做全面的了解和评估,也就需要在这些方面都有较好的基础、较好的训练才行。我比较具备这样的条件。初中时期,我是狂热的文学爱好者,读过世界许多国家最优秀的文学家的作品(中译本)和他们的传记,以及文学评论家的作品。高中时期,我又成为哲学的狂热爱好者,读了黑格尔和马克思的书。至于历史,我一直都比较感兴趣。而大学毕业之后,又恰好进入近代史研究所,所以,在文、史、哲三方面,我都还有一点基础,有一点训练。可惜,我没有学习过英文,自学过一个阶段,因为工作压力及家务压力太大,不得不放弃。

当时,"文革"尚未结束,我只能先从搜集材料入手,1975年,我一头扎进胡适档案中,陆陆续续用了10个月的时间把胡适档案查阅一遍(那时,仍在搞运动,我只能用每天搞运动剩余的时间来查阅档案)。这使我了解到与公开宣传的胡适形象完全不同的另一个胡适形象。我的胡适研究之路,就是从这一年正式开始的。

1979年,逢五四运动六十周年,要举行一次高规格的全国学术讨论会。李新先生希望我写一篇关于胡适的文章去参加会议。那时,我正在为撰写《中华民国史》第一卷的有关章节到处搜集材料,查过故宫明清档案馆(即后来的国家第一档案馆)、国家图书馆等处以后，我到北京大学的研究生宿舍借住一个多月，查阅那里的报刊资料。有一次，我从北大回来的路上，听见广播里播送中共十一届三中全会的公报。印象最深的是说，中共的路线从以阶级斗争为中心，转到以经济建设为中心，要实行改革开放的政策。这使我受到很大鼓舞。既然工作重心从阶级斗争转到经济建设上来，便不大会再发生大轰大嗡、不讲理的群众运动了，也就不会有太多的人那么喜欢打小报告和扣政治帽子了。如此，就可以比较客观地，实事求是地讨论问题，包括对历史人物的评述。因此，我觉得研究胡适的文章可以写了。

大约是1979年春节过后，我用了将近一个月的时间，写了两万多字的长文《胡适与五四时期的新文化运动》。这篇文章被主编《历史研究》的黎澍先生要去，在《历史研究》上发表出来。他认为这篇文章是那一期的杂志（1979年5月号）中最有分量的一篇文章。

纪念五四运动六十周年的学术讨论会，于1979年5月2日在国务院第一招待所举行，新一期《历史研究》刚刚出版，与会的每一位学者都见到了这本杂志，见到了我那篇文章。那次会议规模很大，有200多位来自全国各地的学者、教师以及理论工作者参加。通过他们，把重新研究、重新看待胡适的重要信息带到了全国各地。

这一次纪念五四运动六十周年的活动，带有标志性意义。从此对新文化运动有了新的研究视野，对胡适进行比较客观的实事求是的研究从此渐渐为学界所关注。

胡适不是一个普通的学者，他是开启一代新思潮的新文化运动的主要领袖之一，他是整个民国时期，影响极为广泛而深入的知识界领袖，在教育、学术、文化乃至政治等诸多领域都有很大的影响力。对他的认识有重大变化，势必引发诸多方面的重新评估。所以，从一开始我就知道，这将是一个需要做出长期努力的课题，也将是一个会遇到各种阻力和经历许多曲折的过程。

1979年下半年，我和黎澍先生商量，要重印《胡适文存》。新成立的中国社会科学出版社积极承担出版的责任。于是，我开始对《胡适文存》一、二、三集做校订工作。当第二集的校订快要完成，而第一集的校样已经排出的时候，出版社因得知上面有人有不同意见而不得不撤项，于是重新出版《胡适文存》的打算无法实现了。大概一直到90年代初，才有胡适原著陆续重新出版。到新世纪，连《胡适全集》也出版了。

胡适研究之路的曲折，这仅仅是开始。1983年秋冬，有一场所谓"清除精神污染"的运动。我在《历史研究》《近代史研究》和《中国社会科学》上所发表的有关清末立宪运动的文章、关于胡适研究的文章，当时影响都比较大，这时都被一部分人认为是有涉"精神污染"的作品。所以，近代史所内为"清除精神污染"而设立的审查小组，把我列为重点审查对象。起初，我不知道有这么一个小组。慢慢稍有耳闻。不过我当时认定：第一，"文革"刚过去不久，人们痛定思痛，像过去那样再搞一场轰轰烈烈的"整人运动"不得人心，几无可能。第二，我关于立宪运动的文章、关于胡适的文章，可以说，每一立论都是有根据的。所以，我自己觉得是可以站住脚的。大约到了1984年的春天,参加那个审查小组的钱宏先生和何重仁先生找我谈话。钱先生给我印象一向很好,为人比较正派、平和,何重仁先生过去倒是每场运动都颇为积极。我记得钱先生一言未发,主要是何先生讲。他说:我们按领导要求,仔细看了你的文章,认为还是属于学术见解问题,不是政治问题。这就是他们的审查结论。

1986年,又发生一场所谓"反对资产阶级自由化"的运动。于是又有人跃跃欲试,在《光明日报》上发表文章,不点名地批评黎澍先生和我。文中还说道,学校的课堂里不应当讲唯心主义的东西。这个说法引起一些老辈学者的抗议。他们指出,除非在全部教育中完全排除历史的内容,否则是无法做到完全不讲唯心主义的东西的。

也就在这一年,统战部知识分子工作处的负责人陶斯亮女士来找我,说是安徽绩溪县要求将胡适故居作为重点文物加以保护。此文件被转到统战部,要求他们研究,并向中央提供处理意见。陶斯亮希望更多了解有关胡适的情况。我们就在我的办公室里谈了一个多小时。她虽是学医的,但文史方面的书读过不少,所以很容易沟通。谈过之后,她提议,邀请我到统战部去跟他们的干部一起谈一下。这个办法果然很有效果。我略微系统地谈了胡适的情况之后,他们的负责人要求我代他们起草一份给中央的报告。我慨然应允。我不知道他们在我起草的报告上面做过哪些修改,后来陶斯亮告诉我中央批示的主要意思,说对胡适以暂不作全面评价为宜。胡适故居只作为地方的文物保护单位。直到新世纪,才把胡适故居所在的上庄村列为国家级文物保护单位。

自从1979年5月,我在《历史研究》上发表第一篇文章以后,不断有杂志、出版社向我邀稿,要我写胡适传,我总觉得主客观条件都不成熟,难以写出满意的胡适传。所以我都先后谢绝了。除了客观条件以外,我的主观条件也有问题,当时除了做自己的科研工作以外,我还要替黎澍先生写文章和做一些其他的事情。此外我还承担着几乎全部的家务工作。所以,那时期,我一个人差不多要做两个人甚至是两个半人的工作。当时之所以放弃英语自学也是这个原因。那时社会上传说,有女要嫁就嫁给社科院的男人,因为他们不坐班,可以包揽全部的家务。

1983年底或1984年初,四川人民出版社派人来找我商谈,要我写一本关于胡适的书。我说,写胡适的传记,条件尚不成熟;我可以赶写几篇专题论文加上已经发表的几篇文章,再附上一个胡适的年谱简编,凑成一本书。他们同意了。所以,1984年春夏间,就主要做这件事。全书约40万字,于1984年7月交稿。10月,我亲到成都看过校样。1985年《胡适研究论稿》问世。这本书是1949年以来,大陆第一本研究胡适的书,而且因是专题研究,有一定的深度。尽管今天看来,在认识和评论上还有许多不到位的地方,但在当时的海内外学界人士看来,已属思想相当开放的书了。而且书中用了胡适档案中的大量材料,所以广受重视。记得当时和稍后,香港、台湾地区以及美国的多种中文报刊都有报道和评论,还收到不少海内外来信,赞赏此书的价值,也有的提出具体的意见。

《胡适研究论稿》出版以后,有更多的出版社要求我写胡适的传记。我仍然没有答应,我仍觉得条件不够成熟,写不出自己可以满意的胡适传记。我只答应四川人民出版社,把原来《论稿》中的年谱简编进一步充实,单行出版(原来,香港中华书局抢先把那个年谱简编单行出版了,据说,销路还不错)。新编的《胡适年谱》于1989年出版,此书对于胡适研究者和其他对近代思想学术史感兴趣的人,颇有参考价值,被引用得很多。此后于1996年出版《胡适新论》,2011年出版《重新发现胡适》,都是研究胡适的专题论文的结集,我始终没有写胡适传记。因为传记的绝大部分内容是生平故事,我不善于讲故事。所以,我就拿出时间精力做专题研究。

另外我编辑一些资料书。

最主要的有《胡适遗稿及秘藏书信》,这是把近代史研究所收藏的胡适档案中凡比较有价值的材料,整理起来影印出版,有42大册。这部书自1994年出版之后,成为海内外研究胡适的学者最重要的参考书。

我写的书,我编的书,几乎没有能赚钱的,因为学术性强,太专业,发行很少,所以赚不了钱。但这部《胡适遗稿及秘藏书信》却是挣了大钱,因为海内外大图书馆都要买,在海外3 000美元一部,按七折卖还有2 100美元,当时合人民币一万七八千元。据说,收入四五十万元,我作为主编,没有拿一分钱,全部交给研究所。因为那时,研究所非常困难,大家都很清苦,都眼巴巴地盯着这部书能给他们多带来一些补贴。那时北京流传一句顺口溜:"远看像是逃难的,近看像是要饭的,上前一问,是社科院的。"可见,那时我们社科院的工作人员有多么困难。

90年代，我还做过一项较大规模的资料工作，是编辑出版《胡适论争集》。此书原来并没有刻意要编成一部大部头的书。但编起来，觉得材料越看越多，于是索性就编成一部"现代思想论争集"一样的东西。因为胡适是现代思想领袖，几乎每一次重要的思想论争他都是重要的参与者，甚至是发动者，或是主要的目标人物。这部书从文学革命一直到台湾时期的争论，以及他死后关于他的历史地位的争论都包括在内，共收资料340余万字。同样是一部资料丰富、价值很高的学术资料集。此书出版于1998年。

1995年我开始创编《胡适研究丛刊》。第一辑1995年5月出版；第二辑1996年出版；第三辑1998年出版，后因经费困难，停了下来。

这时期，我受香港商务印书馆之约，为他们编了两本小书，一本是《胡适著作选》（这是台湾出版商买了此书版权之后改的名字，香港商务印书馆就叫做《胡适卷》）。这本书只收了胡适最具有代表性，又最有可读性的文章。这在我是不经意做成的。没想到，不经意做的事，效果却意外地好。此书1997年出版，至今每年仍有出售。可见其受读者的欢迎。我做胡适研究的最大目标就是希望有尽可能多的人读胡适，了解胡适。而这本小书于此颇有贡献。

另一本书，是把胡适档案中保存的胡适照片，挑选出能反映其各个时期的活动及交往情况的，略加注语，编成一本《胡适及其友人》（此书也收入少量胡适档案以外的照片）。据说此书销售情况亦比较好。2001年，在北京举办纪念胡适先生诞辰110周年的活动时，蒙香港商务印书馆的陈万雄总经理慨赠此书数十册，分赠与会各位学者。这本书前些年,中华书局又再版一次。

2008年我开始办起《胡适研究通讯》,定为季刊,每年出四期,到现在仍在继续出版,由宋广波承担编辑任务。这个小刊物深受海内外学者欢迎,余英时先生说他每期都读。

在胡适研究方面,我费时间精力最多的,除了研究工作之外,最重要的就是组织和开展推动胡适研究的各项活动。

1991年是胡适的百年诞辰,我既然决心要让社会重新认识胡适,了解胡适,既然认定胡适是中国近现代思想、学术、教育、文化上有巨大贡献的人,他的百年诞辰就一定要有所举动。台湾地区和美国华人世界一定也会有相应的纪念活动,如果大陆上竟然没有任何举动,我们将无以对后人。反复思索之后,我决定要找当时的社科院院长胡绳先生谈谈我的想法。没想到,胡绳先生很坦率地支持我的想法,他说:"举办一次关于胡适的学术研讨会,没有什么不可以的。"他决定让我列席历史学科片各所所长会议,向他们谈谈我的想法。同样出乎我意料的是,各所所长一致赞成我的想法。随后我以近代史研究所的名义起草报告给院里,申请于1991年适当时候,举办一次全国规模的关于胡适的学术研讨会。院里批准并给予资助,有几个研究所,以及相关的学会,还有安徽大学,都捐款资助这个会议。

破天荒的全国第一次胡适学术研讨会于1991年11月在胡适的家乡安徽绩溪顺利举行。原人民出版社社长,当时任全国出版工作者协会主席的王子野先生出席了会议。他本人是绩溪人,他对胡适已经有了新的了解。会前,在北京我们已多次交换意见。他能亲自前来参加会议，实在是对会议，对胡适研究，对我个人一个极大的支持。我当时只是一个普通的学者，一般学者可以信任我，可以支持我，踊跃写文章来参加会议，但承担协办会议的绩溪县的干部们，他们和学者们不一样。所以有王老先生参加，这对于会议的成功是很有意义的。

会议几乎囊括了当时从事胡适研究和关心胡适研究的学界、新闻出版界的朋友，70多人与会。我在研讨会的开幕式上讲道："胡适是中国现代学术和文化史上具有广泛影响而又争议甚多的人物。在五四新文化运动中，他起过非常重要的作用，在文学、史学、哲学等诸多领域都有过开创性的贡献。但由于大家都知道的原因，过去一个很长的时期，人们对他只有批判而无研究。十余年来，研究胡适的有关论著相继问世，在海内外产生了良好的影响。我们有理由相信，今后的胡适研究，将会在比较正常的学术研究氛围中，不断深入，取得更大进展。"

这次会议的一个重要意义是，全国绝大多数从事胡适研究的人和对胡适研究感兴趣的人，得机会聚在一起，互相认识，互交朋友。这对以后推动胡适研究是很有意义的。因有这次成功的学术聚会，才有以后数年胡适研究的迅速推广。

会后编选的论文集，我取书名为《现代学术史上的胡适》，据说销路非常之好，以致几年之后，又再版一次。这在大陆，可能是绝无仅有的事，一次学术会议的论文集，居然有再版的机会。

这次会议的成功，使我对胡适研究更增加了勇气和信心。就在第二年，我在北京燕京饭店举办了一次有海内外研究胡适的朋友们参加的座谈会。会上大家达成两项重要的共识：一个是要成立胡适研究会，以便于推动胡适研究工作的进展；一个是开始筹备编辑胡适全集的工作。这两项工作随后都渐次落实，分别得以实现。

1993年，1995年，分别在青岛和上海举办第三次、第四次胡适研讨会。特别是上海的会，非常圆满成功。我们第一次请到了胡适担任驻美大使时的秘书傅安明先生到会，他对那一段时期胡适先生的生活及与朋友交往的情况知之最多。

2001年，在北京举行了纪念胡适诞辰110周年的会，与会者听了一段胡适讲演的录音，大家讨论得非常热烈。最值得一提的是，此次会议请了一些研究党史和革命史的学者参加，对于推动胡适研究起了特殊的作用。

2011年，我们在南京举办了纪念胡适诞辰120周年的国际研讨会。

为纪念胡适诞辰120周年，我们还编辑出版四本书：《学问与人生——新编胡适文选》（本来书名是《新编胡适文选》，但出版社方面大概有其苦衷，坚持正题必须另起名字）、《胡适书信选》、《重新发现胡适》、《胡适和他的朋友们》（《胡适及其友人》的增订版）。

南京之会，于2011年4月27日至28日在南京大学举行。这次会议是历届胡适研讨会参会人数最多的，除了少数年高体弱的朋友，还有极少的几位在学校工作的朋友因课程安排上的困难无法到会，其他的朋友都认真撰写论文到会宣读，参与热烈的讨论。最令我感动的是，一位年过七旬的日本朋友，在大地震和海啸的巨大灾难刚刚过去之后，如期来到南京参加会议，他就是山口荣教授。

我在此次会议的开幕词中说道:"由于有了大量的胡适著作的出版,由于有了大量的研究胡适的论著的出版,我们的知识界,特别是青年读者界,相当多的人对胡适有了比较接近真实的了解。曾经被批判得面目全非的胡适,逐渐以比较完整的真实形象浮出地面。他是一位在学术教育等诸多领域做出开创性贡献的学者,他是一位不骛神奇,始终以平实的态度认真思考中国现代化各种问题的思想家。

"作为一位巨星般的学者和思想家,胡适先生为我们的民族留下一份极其丰厚的遗产,例如:白话国语的成立,教育独立与学术独立的主张,个性主义的价值追求,独立思考的精神的提倡,对自由民主的信仰,对建设中国新文化的深远考虑,等等。对于所有这些方面,我们研究胡适的学者大多已着手从事研究,并已取得很多成果。但也必须看到,胡适先生的思想还有继续深入探讨的广阔空间。

"我们研究胡适,应虚心地学习和借鉴胡适先生树立的典范,始终秉持学术良心,以平实的态度去研究问题和报告我们的研究成果,用我们的学术良心去唤起别人的理解;用平实说理的态度去与别人共享知识和真理。切不可以'立异为高',切不可以急功近利。学术良知应是我们唯一的出发点和落脚点。我相信,以这样的心态,以这样的方法去工作,我们必定可以取得更多更好的成绩。"

除了举办学术研讨会之外,我们还组织一些其他很有意义的活动。

2013年,本着让更多的人了解胡适的想法,我向安徽绩溪的朋友提议,在胡适先生的家乡,举办一次"中学生读胡适"的征文评奖活动。此议得到他们的热烈响应。外语教学与研究出版社人文分社社长吴浩先生慨然捐赠200本《学问与人生——新编胡适文选》供此次活动之用。适之中学的校长、语文教师们认真地组织了这次活动。他们初评出50篇写得比较好的"读胡适征文",由我们胡适研究会聘请包括中学语文教师在内的胡适研究专家组成评委会,进行严格评选,分别评出一、二、三等奖的获奖者。5月15日,我特地赶到绩溪为获奖的学生颁奖。这是六十多年来大陆上破天荒的一次评奖活动。适之中学的百余名教师和数千名学生以及十多位绩溪县各界人士参加了颁奖大会。事后还举办了围绕这次活动的座谈会。可以说,这是一次很有实际效果的胡适思想推展活动,所有参与者都高度评价此次活动的意义。

我个人从事胡适研究,已有四十多年。胡适研究对于我,基本上是"业余"的工作,我的绝大部分时间被集体课题和其他工作所占用。但做胡适研究的时候,我是凭个人的兴趣和意愿,是怀着使命感和责任心去做的。所以,非常愉快、欣慰。我已记不清我有多少次接受报刊、电台和电视台的采访,要我谈胡适,有的学校学生自动组织起来,请我去讲胡适。这些全都是出于义务心与责任感。我最大的愿望就是让更多的人了解胡适,认识胡适的真实面目,理解他的真实思想。你可以仍然不赞成他的某些主张,但我希望你是通过自己的独立思考所作出的判断。胡适先生一辈子不希望人们被别人牵着鼻子走。我热心于胡适研究,也是为此。每个人都能独立思考,好的思想、好的主张才会涌现出来。这正是古人所谓集思广益的意思。但在古代,这只是明达君主或官员的一种想法和作风,可遇而不可求。在现代民主制度下，它应当成为一种牢固的制度机制，和有教养的人的一种习惯。

四十多年来，学术环境有一个演变的过程，我本人对胡适思想及其所关注的那些问题，也有一个认识的过程。这些认识都反映在我所写的书和论文中，读者可以检视、批评。

胡适研究有今天这样的局面，实属来之不易。如果没有学者们的努力，一步一步地做历史还原的工作，胡适的真实面目，真实思想，不可能被这么多人所了解。

单有各自分散的研究工作，没有共同的活动，没有共同的园地，没有凝聚一起的努力，不可能产生较大、较广泛的社会影响。数十年来，我作为胡适研究会的负责人，用了相当多的时间和精力，筹划和举办各种活动，以推动胡适研究的进展和胡适思想的被了解。如举办学术研讨会、各种座谈会，编辑各类书籍、刊物，等等。我本来是一个非常缺乏办事能力的人，特别是不具备现在人们称之为"公关"的那种本领。但既然是客观上需要做的事情，我也只好勉力为之。常有朋友对我说，你为推展胡适研究的相关活动，花了那么多的时间和精力，你若用这些时间和精力来做自己的学问，岂不是可以有更多的成果吗？我说，胡适研究是一项有重大社会意义和历史意义的事情，历史既然把我同这件事情联系在一起，我就义不容辞，尽我所有的心力来做这件事情。否则，我会于心不安。

值得欣慰的是，胡适研究经历众多学界朋友们几十年的努力，终究有了一些可喜的收获。

第一，现在提起胡适，正面说一点胡适的贡献，已不至于让人感到吃惊了。

第二，研究胡适的专书已有150余部，研究论文与介绍性或评论性的文章则有2700余篇（截至2013年的统计）。

第三，胡适本人的著作，从1979年的不许出版，到今天已出版和重复出版几百种，《胡适全集》也已经出版了。

第四，大学的课堂里，讲授胡适的专题研究，或专题研究报告，早已是平常的事情。在中学里，我们竟能成功地举办"中学生读胡适作文比赛"。特别值得庆幸的是胡适的文章已经进入中学的课文。这是从前无论如何不可想象的。

我们有理由相信，沿着数十年来的道路继续做下去，将来必定会有更大的收获。早在三十多年前，我就指出，胡适研究的进步，人们对胡适的了解程度的提高，是衡量我们改革开放的进步的天然尺度之一。

2018年11月15日

胡适一生的五个阶段

胡适是现代中国最富影响力的思想家和学者,同时也是争议最多的人物。他生前已是"誉满天下,谤满天下",死后则"功罪盖棺犹未定"。在大陆,长期对他进行大批判,将其全盘否定,以致在很长一个时期里,他的名字只有在被批判、被诅咒的时候才会被提起。胡适究竟是怎样一个人,几乎无人知道了。改革开放以后,这种局面终于开始改变,一些学者不为成见所蔽,从搜集材料、研究材料做起,逐步揭示出胡适的本来面目。如今单是在大陆,关于胡适的传记性著作和专题研究著作已达百余种,海外研究胡适的著作,凡比较有价值的,都已翻译成中文出版。胡适本人的著作也以各种形式一版再版,其名目之多,流传之广,几乎超过了胡适生前盛名远播的时期。这大概也是一种物极必反的现象吧。过去胡适被歪曲、被丑化得太厉害了,现在人们要了解真历史,要认识一个真胡适,就是很自然的了。

由于非常明显的原因,研究胡适的材料没有及早加以搜集、保存和整理,许多宝贵的资料不免散失了。尽管如此,资料还是很丰富的,有些还没有被充分利用。其中最大宗的有《胡适手稿》(影印10集30册)、《胡适日记全集》(10册)、《胡适遗稿及秘藏书信》(影印42册)。充分利用这些资料,胡适研究应可有进一步的成绩。至于国内外的各种中文报刊和西文报刊上有关胡适的资料，应该还有很大的继续发掘的空间。

二十年前，为了在较深层次上，对胡适研究做一次较为全面的展示，我请了十几位海内外研究胡适的学者，就他们研究最有心得的方面撰写文章，分作"生平活动之部"和"思想学术之部"两个部分，集为一本书，名之曰《胡适评传》。尽管有20多篇文章，终究难以包罗胡适的所有重要方面。为稍作弥补，我特写了一篇综合性的文章放在书前，文章的题目叫做《胡适一生的五个阶段》。现在看来，仍大体可用。只是其篇幅小了些。今天拿出来，必须做适当的修改和补充。

胡适(1891—1962)的一生，除少年期外，可分作五个阶段：准备期(1910—1917)，开创期(1917—1926)，稳定期(本文改称磨合期)(1926—1937)，动荡期(1937—1949)，晚年(1949—1962)。

晚年，其实也可看作是动荡期的最后阶段。

一、准备期(1910—1917)

所谓准备期，是指为其一生的事业、一生的追求，做知识和思想上的准备的时期。一般来说，通常就是指读书时期。本来，胡适在上海读书时期，特别是他主编《竞业旬报》的过程，给他的思想文字训练，打下一定的基础。按理，也可以划入他人生的准备期。但仔细分析一下，上海读书时期的胡适，尽管比一般少年早熟，然而还远没有开创自己的人生道路、做一番大事业的自觉意识。当时,他既没有自己事业的方向,也没有做有计划的准备。正因此,当中国新公学解散,自己不得不孑然一身独立谋生时,竟不免一度陷入堕落。所谓准备,应是有目标、有相当的自觉性的努力过程。以此为标准,胡适上海读书时期,还不能算是他人生的准备期。他的人生准备期,应从1910年赴美留学算起。

胡适于1910年9月到美国,初入绮色佳城的康奈尔大学农学院,这是根据他二哥的劝告选择了农科专业。一年后,根据自己的兴趣转到文学院。经过最初一段择业的确定和对生活环境的适应过程之后,胡适在留学期间逐渐明确了自己的人生目标。他准备要做"国人之导师"。他要在思想学问等各方面准备条件,待学成归国后,做一番引领国人走向进步、引领国家走上现代发展之路的大事业。他特别注重求得一种健全的思想方法。在当时的美国,他找到了杜威的实验主义做自己的哲学基础。他认识到中国所处的际遇环境,中国人所面临的基本问题,是如何尽可能地使中西文化相协调、相结合,使中国古老文化中一切有价值的东西获得新生命。也就是说,中国需要有一个类似西方文艺复兴那样的文化更新过程。他认定自己的历史使命就是在这个文化更新过程中充当一名开路的工人。

为了实现自己的理想和目标,胡适有意识地从各个方面训练自己。

胡适深知,读书人只能以文字报国,必须训练自己的文字能力。为此,胡适常常写文章在当地人办的报纸上发表。

1914年5月,胡适以《论英诗人卜朗吟之乐观主义》(*A Defense*

of Browning's Optimism)一文，获卜朗吟征文奖，奖金50美元。以外国人而能得此英文大奖，在当地人士看来，实属仅见。于是各报章纷纷揭载。两年后，胡适又得"国际睦谊会"的征文大奖。

以文字见赏于学校与社会，胡适在上海读书时已经有所体验。今在异邦仍能游刃有余，自是值得高兴的事。但胡适在美国留学期间所得社会声誉的最重要来源是他的演说才能的突飞猛进。

美国社会生活中一个很重要的特色，就是各种团体集会演说之事极多。1911年，胡适联络康奈尔大学的中国学生，发起一个演说会的团体，每周举行演说会一次。1912年夏天，他还选修演说一课，立意提高自己的演说能力。这年8月，他到威廉城出席中国学生大会，在会上所作的演说得了奖。以后遂更加乐此不疲，"历四五十年而不衰"①。

胡适说，演说对他有大益，即提升其英语能力。这应当是确实的经验之谈。胡适还说，他演说一大动因是为向外国人士介绍中国的国情民风，这也是事实。但笔者以为，胡适演说的意义远不止此。演说是把思想直接表现出来，求得听者的了解和接受。这对于组织和驾驭事实材料、进行分析与概括的能力，是一种极好的训练。同时也可提高与他人进行沟通与交流的能力。古今中外，凡成为群众领袖、政党领袖、议会领袖的人物，差不多都是优秀的演说家。胡适留学时代所养成的演说能力，对于他后来的发展，有非常

---

① 唐德刚译注：《胡适口述自传》第51页，台北：传记文学出版社，1986年。

重要的作用。

对于胡适的成长有重要意义的，还有一个方面必须提到，那就是广泛参与各种社会活动。

美国社会另一个最明显的特点就是自由结合的机会特别多，各种各样的社团，各种各样的俱乐部，各种各样的集会，几乎随时随处可见。胡适参与过许多团体、俱乐部的活动。他还主动出面组织过一些团体。在团体中，胡适曾先后担任过一些重要职务。比如，他曾担任过世界学生会康奈尔大学分会的会长，中国学生会之哲学、教育与群学部委员长，赔款学生会的中文书记，爱国会主笔，中国留学生月报主笔，文艺科学生同业会东部总会长，等等。

世界学生会既是一个世界性的组织，作为康奈尔大学分会的会长，胡适不但经常与美国各校分会的人物间互有往来，与外国的学生领袖也有所联系。在这些活动中，胡适很出了些风头。如1914年12月，胡适代表康奈尔大学赴哥伦布城出席世界学生会年会，他是议案股的股长，负责整理全部议案，向大会报告六个小时（包括提问与讨论），皆获通过。1915年1月，世界学生会十年庆典，胡适任干事长，总揽全部的筹备和组织工作，并发表演说。同年6月，美国卡内基和平基金会与波士顿和平基金会合作在绮色佳召集国际政策讨论会，胡适代表世界学生会致欢迎辞。会议期间，胡适每日邀请两三位名流至其寓所作私人交谈。在讨论会的最后一次会议上，胡适再次发表演说。

由于屡次在这类精英荟萃的场合有不凡的表现，胡适不但成为中国学生公认的领袖，而且成了美国学生界的一个著名人物。

胡适的声望与才华颇受到一些上层人物的注意。如康奈尔大学校长休曼，他曾在自己的家里介绍胡适与美国的前任总统塔虎脱相识。有一次，胡适代表休曼在另一所大学的年会上与塔虎脱一起发表演说，胡适引为"异常优宠"①。

广泛的交际，使胡适认识了许多不同国家、不同民族、不同信仰和不同职业的人士，开阔了眼界，增长了见识，扩大了胸襟，磨炼了性情与意志。这对胡适是极为有益的。在这个过程中，胡适进一步认识到朋友的重要。他曾有一首诗，叫《朋友篇》。其中有云："清夜每自思，此身非吾有，一半属父母，一半属朋友。"②胡适一生得朋友之助确实太多，而他对朋友也确实做到真诚相待。他后来常给人题字："做学问要于不疑处有疑；待朋友要于有疑处不疑。"前一句是朱熹的话，后一句是胡适自己的人生体悟。

胡适曾说，他在留学时期是很注意政治的，对于相关课程颇为用心用力。那时的美国，是一个生机勃勃、兴旺发达的民主国家。一个有心救国的青年，自然会关注政治问题，用心观摩美国的政治制度及政治生活，想找出可以帮助中国寻到政治出路的东西。

胡适对政治问题的兴趣，因一位老师的影响而得到加强。1912

---

① 《胡适留学日记》第四册第1087页，北京：商务印书馆，1947年。
② 《胡适留学日记》第四册第1144页。

年担任讲授《美国政府与政党》课程的山姆·奥兹（Samuel P.Orth）教授要他的学生多多参加实际的政治活动，以加深研究的兴趣，取得真切的政治知识。

民主的政治生活给胡适的一次震撼性的体验，是有一次去参加罗斯福的演说会——即罗斯福遇刺之后的那一次——当他发现，那次会议的主持者，竟然是康奈尔大学的一个管楼工人，他大为感慨。他写道："这种由一位工友所主持的大会的民主精神，实在令我神往之至。"①胡适直观地感受到美国的民主共和制度，与中国的君主专制制度和后来各种变相的专制制度是多么的不同。如果说初到美国的几年，胡适在政治思想方面仍不很成熟的话，但至少有一点在他的头脑中已经确定下来，那就是向往民主的社会制度。

1914年夏，欧洲大战的爆发，对胡适的政治思想产生重大的催化作用。大战促使胡适对于国家主义与世界主义思想作深入思考。一次（1914年10月26日），胡适在日记中感叹道："今之大患在于一种狭隘的国家主义，以为我之国须凌驾他人之国，我之种须凌驾他人之种。凡可以达此自私自利之目的者，虽灭人之国，歼人之种，非所恤也。凡国中人与人之间之所谓道德、法律、公理、是非、慈爱、和平者，至国与国交际则一律置之脑后，以为国与国之间强权即公理耳，所谓'国际大法'四字，即弱肉强食是也。此真今日之大患。吾辈醉心大同主义者不可不自根本着手。根本者何？ 一种世

---

① 《胡适口述自传》第33页。

界的国家主义是也。爱国是大好事，惟当知国家之上更有一大目的在，更有一更大之团体在，葛德宏·斯密斯（Goldwin Smith）所谓万国之上犹有人类在（Above all Nations is Humanity）是也。"①

胡适明确地持反战的立场。在欧洲大战的背景下，他的国际政治观念受到安吉尔和杜威的强烈影响。安吉尔是名噪一时的《大幻觉》一书的作者。他反对国与国之间强迫与反抗的对立，造成人力乃至生命和资源的浪费。主张息争与合作。他的主张被称作新和平主义。杜威于1916年1月在《新共和》（The New Republic）杂志发表一篇论文：《力量、暴力与法律》。同时，他在另一杂志《国际伦理学报》（International Journal of Ethics）上又发表一篇更长的论文曰《力量与强迫》。这两篇论文对胡适"有毕生难忘的影响"②。胡适说，杜威和安吉尔几乎用的是同样的语言，来说明两种力量如何因冲突而抵消的原委。杜威强调的是，法律是把可能冲突的力组织起来，使其发挥经济有效而极少浪费的法则。③这种理解，推使人们朝着国际联合制约的方向努力。胡适非常赞成国际联合制约的办法。但是，实践证明，这种国际联合制约的实际效力是极其有限的。当日本发动侵华战争的时候，胡适寄望于国际联合制约，而反对抗战，使他自己陷于很不利的境地。这是后话，姑置之不论。

胡适的和平主义，在国内的问题上，主张和平改革，反对暴力

---

① 《胡适留学日记》第二册第432—433页。
② 《胡适口述自传》第64—65页。
③ 《胡适口述自传》第66—67页。

革命；在国际的问题上反对战争，不但反对侵略战争，在一定时期，在一定程度上，他也不赞成自卫的战争。而主张尽量用谈判和妥协的方式，或依赖国际制裁来换取和平。这是他的思想中最容易引人非议的部分。

幸运的是，胡适在他留学的最后两年里，居然找到了他以思想、文字报国的切入口，那就是关于文学革命的酝酿。

胡适在美留学的最后两年，几乎把绝大部分业余时间都花在文学革命的探索上。胡适最早的一篇讨论这个问题的文章是《如何可使吾国文言易于教授》。但此文并没有提出什么重大的改革意见，只是强调说明，因古文不是日常应用的语言，其字形与声音完全两事。教之之法，应特别注重讲解，而不可死记硬背；顺便提出注重文法和使用标点符号的主张。这里还没有要以白话代替文言的意思。但是其中所说"汉文（古文）乃是半死的文字"，白话才是活的语言，这却是很带有革命性的话语。恰好这个夏天（1915年暑期），胡适的几个好朋友任鸿隽、梅光迪、杨杏佛和唐钺都来绮色佳过夏。几个朋友在一起经常谈论的话题就是中国文字问题。又由文字问题转到文学的问题。胡适的朋友们对于古文是半死的文字的说法，都有些不以为然。其中尤以梅光迪反对最烈。从此，关于中国文学的问题，文言与白话的问题，便成了胡适和他的朋友们讨论和争论的中心。而他与梅光迪的争论则有愈趋愈烈之势。胡适在《送梅觐庄往哈佛大学》一诗里，第一次提出了"文学革命"的口号。其诗中有一段说："梅生梅生毋自鄙，神州文学久枯馁，百年未有健者起。新潮之来不可止，文学革命其时矣，吾辈誓不容坐视。且复号召二三子,革命军前杖马棰。鞭笞驱除一车鬼,再拜迎入新世纪。"①诗中已经显示出胡适要在文学上掀起一场革命的决心。他也多少看到了文学革命具有深远的社会意义。他在诗中说:"以此报国未云菲,缩地勘天差可拟。"②胡适也预料到,文学革命不会是一条平坦大路,定会遭遇反对,包括嘲讽与讥刺。诗中说:"作歌今送梅生行,狂言人道臣当烹。我自不吐定不快,人言未足为重轻。"③

胡适对自己的主张非常自信。

第一,胡适认为,中国文学之大病在于无病而呻,或只讲求琢镂粉饰,缺乏真实的内容与感受。这样的文学,等于没有灵魂。而文学没有灵魂,就如同丽质美人而没有头脑,如同行尸走肉,谈何文学之美? 清末到民国初年的十几年,是中国社会与中国历史发生巨大变化的十几年,可是竟没有一部可观的文学著作足以反映这个重要的历史时代,反映这个历史时代中国人的生活和他们的思想情感。面对这种状况,胡适提出必须大力去拯救"文胜之弊",要把中国文学引导到写实主义的路上去。

第二,胡适形成了自己的文学进化观念。他提出古文是半死的文字,而白话的文字才是活文字的见解,就是基于文学进化的观念。

第三,胡适坚信,他的白话文学主张符合绝大多数国民的利益与需要。胡适写道:"吾以为文学在今日不当为少数文人之私产,而

---

① 《胡适留学日记》第三册第 784 页。
② 《胡适留学日记》第三册第 784—785 页。
③ 《胡适留学日记》第三册第 785 页。

当以能普及最大多数之国人为一大能事。"①这种鲜明的平民主义立场，正是后来在国内发起的文学革命运动的基本精神，也正是这样一种基本精神，能够使文学革命运动拥有广泛的社会基础，在短时间内赢得成功。

胡适的文学革命思想在与朋友们认真讨论，特别是同梅光迪的持久而深入的辩论中逐渐成熟起来。1916年8月19日，在写给他的好朋友朱经农的信中，归纳出他的文学革命的基本纲领性意见，即是后来所称的"八不"主义。两个月后，在给陈独秀的信中，胡适再次举出此八条意见，以为文学革命的入手途径。陈氏看了之后，觉得甚为重要，建议胡适将其八项主张"详其理由，指陈得失，衍为一文，以告当世"②。胡适接受陈独秀的建议，遂即以"八不"为核心，写成《文学改良刍议》一文，寄给陈独秀在《新青年》2卷5号上发表。以此为标志，文学革命运动从此兴起。陈独秀称许胡适为"文学革命首举义旗的先锋"。

二、开创期(1917—1926)

胡适文学革命的第一篇正式宣言《文学改良刍议》，是1917年1月在国内的《新青年》上发表的，尽管这个尚未归国的留学生的文章，口气相当谦逊、温和，但文学革命的最中心的课题——以白

---

① 《胡适留学日记》第四册第956页。
② 陈独秀致胡适的信（1916年10月1日），《新青年》2卷2号，又载《陈独秀著作选编》第一卷第241页，上海：上海人民出版社，2009年。

话取代文言的正宗地位——已明白宣布出来。而后来全国纷纷扬扬的讨论也正是围绕这一中心问题展开的。

文学革命的主要争点是以白话取代文言的正宗地位,是破除旧有的文学形式的束缚,解放文体,以使文学足以反映真实的社会与人生。守旧者利用人们的习惯心理,声称,文学的改革主要是改革其内容而不当津津于形式的改革。这种似是而非的议论颇有些迷惑性。胡适用很大的气力驳斥这类反对文学革命的议论。

胡适说:"那已死的文言只能产出没有价值没有生命的文学,决不能产出有价值有生命的文学。"①他从历史上总结出:"文学革命的运动,不论古今中外,大概都是从'文的形式'一方面下手,大概都是先要求语言文字文体等方面的大解放。……这一次中国文学的革命运动,也是先要求语言文字和文体的解放。新文学的语言是白话的,新文学的文体是自由的,是不拘格律的。初看起来,这都是'文的形式'一方面的问题,算不得重要。却不知道形式和内容有密切的关系。形式上的束缚,使精神不能自由发展,使良好的内容不能充分表现。若想有一种新内容和新精神,不能不先打破那些束缚精神的枷锁镣铐。"②又说:"我们认定文学革命须有先后的程序:先要做到文字体裁的大解放,方才可以用来做新思想新精神的

---

① 胡适:《建设的文学革命论》,《胡适文存》卷一第75页,上海:亚东图书馆,1921年。此处引自外文出版社(北京)2013年影印本。
② 《谈新诗》,《胡适文存》卷一第227—228页。

运输品。"①

　　胡适倡导的文学革命,遭遇到守旧分子三次反扑。第一次是1919年以林纾为代表的古文家,他一方面冠冕堂皇地致信北大校长蔡元培,污蔑北大新派教授们"尽毁古书","行用土语为文字",如同"引车卖浆者流"。在遭到驳斥之后,竟采用下流手法,写影射小说攻击污蔑胡适、陈独秀、钱玄同,甚至连蔡元培也不放过。这更暴露出守旧者末日的可怜相。第二次是由一小群留洋归国的学生们如梅光迪、吴宓、胡先骕等人,于1922年在南京办起《学衡》杂志,其最初两期的内容主要都是攻击新文学和新文化的,而且主要是攻击胡适的。他们以白璧德的理论为依据,来否定中国的新文学与新文化,显然是文不对题。所以在外人看来,他们太意气用事,讲不出切合中国实际的道理来。胡适慨叹其"学衡",其实只是"学骂"。后期的《学衡》主要登用陈寅恪、王国维、汤用彤等人研究有得的学术文章,与前期《学衡》大不同了。第三次是号称"老虎总长"的章士钊,登上教育总长的宝座,就想整肃新文学与新文化的提倡者。他的议论,没有任何新鲜,都是胡适认为不值一驳的陈词滥调。结果也只能是灰头土脸下台完事。

　　虽然经历一些曲折,但以白话取代文言成为文学正宗的文学革命还是一路高歌猛进,取得胜利。一大批用白话创作的新文学作品纷纷出世,连古文家最视为神圣不可侵犯的文学园地——诗歌的创作,也逐渐为白话诗让出了地盘。但文学革命的成功,其意义却远

---

① 《尝试集自序》,《胡适文存》卷一第279页。

远不限于文学自身的范围。因为白话文学的盛行，逐渐形成了白话的新国语，使亿万人民得了一种最方便的思想和表达思想的新工具，从而带动了教育革命和思想革命，大大推动了新文化运动。有识之士都看到了它的社会解放的作用。著名的革命党领袖廖仲恺曾略带夸张地对胡适说："先生鼓吹白话文学，于文章界兴一革命，使思想能借文字之媒介传于各级社会，以为所造福德，较孔孟大且十倍。"①

新文化运动最中心的内容还是人的解放。这是走出中世纪，建立现代社会最基本的课题。胡适作为新文化运动的主要领袖，他的最大贡献亦在于此。很长时期以来，人们从表面观察，只看到他倡导白话国语的作用，非他人可比。实际上，正如我前面所说的，搞文学革命，倡导白话的新国语，只是他进行文化革新的切入点。在整个新文化运动中，他最为坚持一贯而又用力最多的是确立一种新的价值观。他在解释新文化运动宗旨的一篇文章里，明确提出要"重新估定一切价值"这样一种根本的态度。新价值观最核心的问题是"个人的发现"，即重新确立个人的价值。梁漱溟先生曾说，中国文化最大的缺失是个人不被发现。这是非常深刻的见解。西方的自由、平等之说植根于对个人的充分认知和价值肯定。西方近代社会以个人为基本单位，抽掉了个人，混混沌沌的众生，无从组织近代社会。中国以家庭为社会基本单位，国家则是一个至高无上的家

---

① 廖仲恺致胡适的信（1919年7月19日），耿云志编：《胡适遗稿及秘藏书信》第38册第401页，合肥：黄山书社，1994年。

庭(皇室)的产业,整个国家和各个家庭都是靠一套严格的宗法伦理制度统治着。人一生下来,就被套在纲常伦理秩序的锁链中,无可逃脱。中国的纲常伦理制度,严重限制了个人的创造力的发挥,因而也就严重阻碍了社会的进步,国家的强盛。

胡适在"五四"前后,乃至上世纪30年代,在许多文章和许多次讲演中,都常常讲到个人主义和个性主义的问题。

胡适及时地提出了"个性解放"的口号,并第一个明确地解说了个人主义的真正意义。他指出,真的个人主义即是个性主义。个性主义的真谛:"一是独立思想,不肯把别人的耳朵当耳朵,不肯把别人的眼睛当眼睛,不肯把别人的脑力当自己的脑力;二是个人对于自己思想信仰的结果要负完全责任,不怕权威,不怕监禁杀身,只认得真理,不认得个人利害。"① 为了照顾国情,他把这样的"个人主义"叫做"健全的个人主义",以有别于腐旧头脑对个人主义的种种曲解。胡适认为,如果抹杀个性,否定个人,社会就没有生机。但如果个人不能对自己的言论行为完全地负责任,那社会就将陷入混乱。所以他强调"个人若没有自由权,又不负责任,便和做奴隶一样"②,"自由平等的国家不是一群奴才建造得起来的"③。他把个人的解放与现代社会、现代国家的确立紧密联系起来。在同时代人中,没有别人这样清楚地提出和界定个人主义,也没有别人这

---

① 《非个人主义的新生活》,《胡适文存》卷四第174页,1925年。
② 《易卜生主义》,《胡适文存》卷四第36页。
③ 胡适:《介绍我自己的思想》,《胡适论学近著》第一集第635页,上海:商务印书馆,1935年。

样明确地把个人的解放与建设现代自由民主国家的目标如此紧密地联系在一起。

胡适明确提出,"社会的改良,全靠个人"①。因为"人类的一切发明,都是由个人一点一点改良而成功的",所以说,"惟有个人可以改良社会,社会的进化全靠个人"。②当然,这里说的个人,不是随随便便的每一个个人,而是有独立人格的人,有自由意志,能独立思考,敢于提出自己的独立见解的人。胡适在那篇被视为"个性主义的宣言"的《易卜生主义》里说:"社会国家没有自由独立的人格,如同酒里少了酒曲,面包里少了酵,人身上少了脑筋,那种社会国家决没有改良进步的希望。"③

从胡适的个性主义的论述中,不难看出,发现个人,解放个人,张扬个性,释放每个人的创造力,这是国家社会与民族进步的真正动力之源。

由于提倡个性主义,解放个人,自然地强化了清末以来女子解放的运动。也正是由于提倡个性解放,使一大批青年男女冲破家庭四壁的限制,冲决旧伦理教条的网罗,走向社会,成为独立的个人,参与种种新事业,直至投身革命。也正因为如此,才有了一度轰轰烈烈的国民革命运动。所以我说,提倡个性主义,努力解放个人,才是胡适对现代中国的文化更新所做的最大贡献。

---

① 《学生与社会》,《胡适全集》第20卷第82页,合肥:安徽教育出版社,2007年重印本。
② 《学生与社会》,《胡适全集》第20卷第81页。
③ 《易卜生主义》,《胡适文存》卷四第36页。

胡适毕竟是个学者，除了启蒙思想家的角色，他还有意地"为中国学术谋解放"①，他要大胆采用新方法，用新眼光重新审视旧典籍，创造中国学术的新典范。这一点，他通过出版《中国哲学史大纲》（上卷）和发表《〈红楼梦〉考证》等一系列重头文章而实现了。蔡元培对《中国哲学史大纲》的评价早已是学界熟知的了。后来的中国哲学史家们，例如冯友兰，尽管在一些具体问题的看法上不同于胡适，可是他们都不能不承认，胡适的著作为他们提供了一个新的出发点。至于胡适的古小说考证文字，不但为中国文学史的研究开辟新路，而且以其新的研究方法、新的研究范式，启迪了一代青年学子。著名的古史学家顾颉刚就是受了《〈水浒传〉考证》的启发而开始其疑古辨伪的工作的。后来到抗战时期，陈寅恪曾对人说，胡适之的小说考证文字，至今无人可比。其典范性不容置疑。

1919年11月，胡适写成《新思潮的意义》一文，在12月1日出版的《新青年》7卷1号上发表。文中提出了除旧布新，建设中国新文化的纲领。这个纲领就是那著名的四句话："研究问题，输入学理，整理国故，再造文明。"研究问题是总的态度，再造文明是总的目标；最根本的工作，是输入学理，整理国故。

胡适对于整理国故的根本态度，第一是彻底改变以"发扬国粹"，"发挥国光"为目的的旧式学者的态度，而以"为学术而学

---

① 曹伯言整理：《胡适日记全集》第四册第731页，台北：联经出版事业公司，2004年。

术",“为真理而求真理",以还历史本来面目为目的。第二,彻底的学术平等精神,改变以儒学为一尊,以经学为主导的狭隘心理。第三,确立以科学的方法整理国故。胡适具体地提出建议：一、用历史的眼光来扩大国学研究的范围；二、用系统的整理来部勒国学研究的资料；三、用比较的研究来帮助国学的材料的整理与解释。胡适是整理国故的发起者和领导者。他一生的学术工作,几乎都不出整理国故的大范围。但有一点特别值得注意,即胡适虽然埋头国故,却从不迷信国故。他总是带着批判的精神来对待国故,他一直把整理国故与建设中国新文化紧密联系在一起。正如他在《胡适口述自传》中说的：提倡"有系统和带批评性的整理国故,是中国文艺复兴运动中的一个部门"[①]。

大家都明白,中国近代社会与近代文化转型的一个基本问题就是如何处理中西文化的问题。除了极端顽固的保守派人物,绝大多数人都承认,中国人应当借鉴和吸收西方文化,使之与中国固有的优秀文化相结合,以造成现代中国的新文化,完成中国社会的现代转型。自然,在吸收什么,吸收多少,怎样吸收,怎样中西结合等问题上,会有许多分歧和争论,但这不影响借鉴和吸收西方文化的大方向。

要借鉴和吸收西方文化,有许多途径,外交、通商、游历、派遣留学、交换教师,等等,都可以在一定程度上达到借鉴和学习的目的。但是很明显的,上述种种途径,都只能涉及很少数的人,像

---

① 《胡适口述自传》第235页。

中国这样人口极多的国家，要使文化上、社会上发生相当的效应，就必须设法让更多的人对西方文化、西方社会有所了解。最简单直接的方法就是要大量地翻译西书，翻译那些足以反映西方社会、西方文化基本面貌和基本精神的作品，包括教育、文学、艺术、政治、经济、法律、宗教等方面有代表性的作品。这是需要大量的时间、人力与财力的工作。胡适曾两度有计划有系统地组织翻译西书的工作，一次是20年代初期主持世界丛书社，一次是30年代初期在中基会之下组织编译委员会。因缺乏安定的社会环境和其他一些原因，两次工作取得的成绩都很有限。

胡适一贯非常重视方法，这贯穿了他的一生和他的全部著作。他曾说"我治中国思想史与中国历史的各种著作，都是围绕着'方法'这一观念打转的。'方法'实在主宰了我四十多年来所有的著述"[1]。事实上，胡适在学界，特别是对于大多数青年学者的影响，也是以方法问题为最大。著名学者丁声树先生曾说，胡适"治学方法的感人之深，我敢说是三百年来没有人能赶得上的"[2]。

总之，在"五四"前后那场新文化运动中，作为那场运动的领袖的胡适，在学术领域实起了开一代风气的作用，许多新的学术趋向、学术范式，都同他分不开。而他的治学方法，实在影响了差不多一整代青年学子。

在开创期，胡适所做的另一件重要的事情，是揭出自己的基本

---

[1] 《胡适口述自传》第94页。
[2] 丁声树致胡适的信（1945年9月19日），《胡适遗稿及秘藏书信》第23册第334页。

政治主张，举起中国自由主义的旗帜，为和平改革的事业奋争。

1919年五四运动的爆发，是中国现代史上划时代的大事件。从此，政治问题逼人而来，想定二十年不谈政治的胡适，也不得不出来谈政治。关于问题与主义的论争，胡适自谓是他谈政治的导言，表达了他在政治问题上的思想主旨，那就是，在国家政治的大问题上不赞成所谓"根本解决"的办法，主张一步一步地和平改革。《新青年》同人分裂之后，陈独秀去搞他的共产革命，而胡适则坚持他和平改革的主张。胡适联络他的几个朋友，于1922年5月创办《努力周报》，发表他自己起草的《我们的政治主张》，提倡以"好人政府"为政治改革最低限度的目标。他的主张虽然得到一部分知识精英的赞成，但终奈何不得军阀混争的大局面。以后又有支持联省自治，乃至"尝试'善后会议'"的行动，都没有什么积极的成果，却遭到革命派和思想激进的人们的攻击和谩骂。但胡适始终不悔他坚持和平改革的主张。

三、磨合期(1927—1937)

这个时期，在1999年出版的《胡适评传》所收的《胡适一生的五个阶段》中，原是称作"稳定期"。现在重读，觉得不甚恰当，改称"磨合期"似乎更切合实际。所谓磨合主要是指胡适在政治上与统治当局建立有批评又有沟通的妥协关系；在思想态度上，与中间力量实现有批评又有联合的关系。他虽然仍是力主西化，批评传统，但锋芒毕竟不像前期那样咄咄逼人了。正因为如此，他的影响力，虽然在青年中有所减弱，但在广大的社会中间阶层，却是更加深入了。

1926年7月，胡适为中英庚款的事远游欧洲，后又到了美国，1927年5月才回国。这时，国内政局发生了很大的变化。胡适这个自由主义者既不为北方旧势力所容，也不为南方的国民党当局所认可。经朋友们的劝告和帮忙，他在上海赁屋住下来。

胡适欧游时期，正当国民革命军北伐，他当时对领导北伐的国民党和蒋介石颇存期待。他甚至也不反对国民党在某些方面向苏俄学习。他本人甚至还一度产生要创建自由党，适当吸收社会主义某些政策的想法。照理，他回国后应当受到国民党执政者的欢迎。然而事出他的意外，经过两年的观察，他发现国民党及其政权甚少民主和革新的气象，却在"革命"的名义下，实施种种专制的手段，不惜大规模地残杀异己，压制舆论，践踏人权。须知，那是刚刚在屠杀成千上万的共产党员和热血青年之后建立起来的政权。历史的经验证明，凡是依靠暴力建立起来的政权，它一定还要用暴力来巩固和维护。自由主义者胡适，竟然忽略了这一点。他向新统治者提出严厉的批评。1929年4月10日，在《新月》①的2卷2期上，胡适发表《人权与约法》一文，激烈抨击国民党践踏人权的种种恶行，要求"快快制定约法以确定法制基础，快快制定约法以保障人权"。接着，胡适连续发表《知难行亦不易》《我们什么时候才可有宪法？》以及《新文化运动与国民党》等文，对国民党的政策、思想

---

① 《新月》杂志是胡适和他的朋友徐志摩、梁实秋等于1928年3月创办起来的一份思想文艺性月刊，出到1933年6月的4卷7期后停刊。

理论，作出很尖锐的批评，并直接批评国民党的领袖孙中山，判定国民党在文化思想上属于反动派。这大大激怒了蒋介石和国民党人，引起他们的围攻和打压，《新月》一度遭封禁，胡适作为中国公学的校长受到教育部奉命发出的警告令。更有甚者，在《新月》上发表批评当局的政论文章的罗隆基竟被当局下令逮捕。一时间颇有些恐怖的气氛。国民党还请了他们党内的一些专家写文章集中批判胡适，书名就叫《评胡适反党义近著》。国民党的元老吴稚晖，竟在大学院委员会的会议上，公然指骂胡适就是"反革命"！足见当时胡适与国民党人及其统治当局的关系何等紧张。胡适是个自由主义者，他刚从自由民主的西方世界回国不久，哪里看得惯革命口号震天响、"反革命"帽子满天飞的局面！在国民党当局一方看来，当时新的"革命政权"，立足未稳，无法容忍来自党外的涉及本党基本政策和理论，甚至竟对本党领袖进行严厉批评的言论。但是，问题还有另一方面。在刚得势的国民党高层中，颇不乏胡适的朋友，他们深知，胡适并非根本上反对国民党。而在胡适自己一方面，他也没有根本否定国民党的意思。胡适曾明确表示，他批评国民党本来并无恶意，"只是希望他们自身改善"。所以，这一次同国民党当局的冲突，可算是胡适与国民党政权的一段磨合过程。

1930年11月，胡适举家迁回北平，重新回到他一直眷恋的北京大学。从1932年起，他担任了文学院长，成为校长蒋梦麟的得力帮手。九一八事变后，胡适同情蒋介石"先安内后攘外"的政策。他于1931年11月在上海主持太平洋国际学会的会议，在此期间他与国民党人士有所接触。回到北平后，他立即着手组织所谓"自觉爱国会",其宗旨与国民党的对日政策很谐调。这标志着,他与国民党统治当局已能互相理解,并着手建立彼此默契的关系。从此,他成了国民党政府的"诤臣"和国民党领袖诸公的"诤友"。

1932年5月,胡适在他的一班朋友们的鼓励下创办起《独立评论》(周刊),经常发表时评和讨论政治的文章,与国民党的内外政策遥相呼应。这时,经过五四新文化运动洗礼的一些胡适的学生,有的,如罗家伦等已在国民党政权中占一席地位;有的,如傅斯年、顾颉刚等已成知名学者,胡适的地位自然是水涨船高,俨然是官方认可的首席学者和知识界公认的领袖。胡适作为中基会(管理美国退还庚款的机构,全称为中华教育文化基金董事会)的董事和秘书,也大大加强了他在教育、学术、文化界的影响力。因为此会掌管着一笔相当可观的经费,可以补助中美学术文化交流,派遣留学生,交换学者,还可以补助高等教育和研究机构,等等。胡适在会中能得到中美双方董事的信任和尊重,最能协调会中各种不同意见,所以圈内人皆知,胡适是中基会的灵魂。

这一年的11月,胡适应邀南下到湖北、湖南讲演。11月28日、29日和12月2日,胡适三次应邀到蒋介石临时住地吃饭,从此,与国民党政府最高领导人建立起直接联系。至此,胡适在政治上完成了与国民党当局的磨合,建立起相互理解、相互倚重的互动关系。

胡适这时领导着两项影响很大的学术工作:一是从20年代前期即已开始的"整理国故";一是主持中基会属下的编译委员会,有计划有系统地翻译西书。整理国故是借鉴西方的学术方法整理中国古代的文化遗产，重新发现其价值。在胡适看来，这是建设新文化必要的基础工作。至于翻译西书，其意义更为明显。这两项工作，因国家的不安定而没有达到预期的目的。

　　胡适返北大后，尽管国民党政权有内外交困之窘，但胡适本人的生活毕竟相对安定，所以在学术上仍取得不少成就。除了撰写中古思想史、整理佛教史的成绩之外，首先应该提到的是他的《说儒》。这篇于1935年写成的五万字的长文，系统论述了儒的起源、儒者的社会角色和孔子对儒学的大贡献。尽管在一些具体问题上，学者有不同意见，但谁都无法否认这篇文章的学术价值。有一些未做深入研究而轻发议论的人，声称胡适改变了"五四"以来对儒学和孔子的看法，说他思想不能一贯。这是很轻浮的批评。"五四"时期的胡适从未否定儒学的历史地位，更从未否定孔子的历史地位。其《中国哲学史大纲》可以为证。人们说胡适"反孔"云云，不过是根据他在《吴虞文录序》中提到"打孔家店"一句话。稍能思考的人皆能懂得"孔家店"≠孔子，"孔家店"≠儒学。"孔家店"者何？ 官营"孔家店"是专以朱熹注"四书五经"一家之言，牢笼天下士子，售其"尊君卑臣"、主敬主静、修养心性等一套说词。民营的"孔家店"，几乎到处都是，渗透民间社会，提供造就"孝子""烈妇"和帮助士子应付科举考试，力谋升官发财的一些东西；对人民开其智慧不足，而窒其性灵有余；是压抑社会生机，阻碍社会进步的一大魔障。无论官营的、民营的，"孔家店"皆该"打"。孔子及其弟子不能为身后几百年甚至上千年的事情负责。所以，孔子是孔子，儒学是儒学，而"孔家店"则别为一物，"打孔家店"与"打倒孔子""推翻儒学"绝不可混为一谈。以评判的态度研究孔子、研究儒学,"五四"以前有之,"五四"以后有之,21世纪仍当有之。《说儒》一文表明胡适这样一位有双重教育文化背景的知识分子,对待中国文化遗产的一种非常敬慎、非常严肃的态度。所谓胡适"否定一切传统"之说,是没有根据的。

这一时期,胡适继续写了多篇古小说考证文字,其中最有代表性的是《〈醒世姻缘传〉考证》,这是胡适颇引为得意之作。罗尔纲先生也认为这是胡适小说考证文字中"最佳的一篇"①。其所以最佳,是因为胡适仅根据《醒世姻缘传》的情节与《聊斋志异》中《江城》一篇的情节绝相类似这一极简单的线索,大胆提出假设,认为《醒世姻缘传》的作者可能就是蒲松龄或者是他的朋友。然后他"上穷碧落下黄泉",广搜材料,细心求证,终于得到圆满的答案,不但求证出作者"西周生"原来就是《聊斋志异》的作者蒲松龄,而且求证出其小说人物的原型就是蒲松龄的朋友王鹿瞻。这篇考证文字是他"大胆的假设,小心的求证"治学方法的最具体的体现。但与《〈红楼梦〉考证》《〈水浒传〉考证》相比,其学术意义与社会意义是不能同日而语的。

此时期,有关中西文化的论争,是不能不提到的。本来,这种争论几乎如影随形地伴随了胡适的一生。但30年代的这场争论,因为双方旗帜更为鲜明,问题更为集中,胡适参与得也更为直接,并且

---

① 罗尔纲:《胡适"大胆的假设,小心的求证"的一个实例——〈醒世姻缘传〉考证》,耿云志编:《胡适研究丛刊》第一辑第130页,北京:北京大学出版社,1995年。

因为他曾用了一个不太确切的字眼"Wholesale Westernization"（可译为"全盘西化"），遂长期被认为是"全盘西化论"者，所以这一争论与胡适关系至为密切。

事情是这样的。1929 年，胡适为上海的《中国基督教年鉴》（*China Christian Yearbook*，1929）写了《文化的冲突》（*Conflict of Cultures*，胡适又自译作《中国今日的文化冲突》）一文，中心意思是批评折中主义地对待中西文化的态度，指出那不过是变相的保守主义，主张要"Wholesale Westernization"或"Wholehearted Modernization"。前者可译为"全盘西化"，后者可译为"一心一意的现代化"或"充分的现代化"。当时和今天差不多，留心阅读英文杂志的人毕竟少数，所以此文未引起大的反响。只有潘光旦读此文后，写过一篇评论，指出胡适用的两个英文词，意义是不一样的，他能同意后一提法，而不能接受前一提法。到了 1935 年 1 月，具有国民党背景的十教授发表《中国本位的文化建设宣言》，是很典型的折中主义的主张。当即有陈序经著文加以批评，明确主张"全盘西化"。这时胡适尚在南方。回北平后，他先在他主持的《独立评论》第 142 号的《编者后记》中声明："我是主张全盘西化的。……全盘接受了，旧文化的惰性自然会使他成为一个折中调和的中国本位的新文化。"到了 3 月底，胡适发表《试评所谓中国本位的文化建设》一文，批评十教授的主张"是今日一般反动空气的一种最时髦的表现"。同时正面阐述自己的文化主张。除了指出文化自身皆有惰性，因而文化接触引起的变化不可能毁灭一种文化的根本基础之外，又强调，所谓文化本位，实际就是那无数无数的人民，这个本位是不会被毁灭的。同时指出：在文化的大变动中，不可能有一种可靠的用以指导整个文化各方面选择去取的标准，只有让我们的老文化与世界的新文化自由接触，自由切磋、琢磨，这样文化大变动的结晶品，当然是一个中国本位的文化。两个多月后，他又发表《充分世界化与全盘西化》一文，郑重声明，为避免不必要的误解和争论，他愿意放弃"全盘西化"的提法，而采用"充分世界化"的提法。但"充分世界化"的提法仍是不圆满的，照样可有不同的解释。只是至少可以说明，把胡适说成是"全盘西化论"者显然是不恰当的。当年参与争论的陈序经就不承认胡适是"全盘西化论"者，而是某种程度的折中论者。胡适认为，文化的选择不应主观设定标准，而应在文化接触引起的变动中，求得建设新文化的结果。他关于文化本位存在于无数无数的人民之中，坚信这个文化本位是不会被毁灭的这一思想，是非常正确而富有启发意义的。这既表明他在文化上的开放态度，也表明他对民族优秀文化传统的自信心，而这种自信心来源于他对人民的尊重与信任。《说儒》一文和他在本位文化的争论中的最后表态，都显示，他在文化上与各种中间派拉近了距离。这也可说是在思想与学术文化上的磨合。

自从1932年5月《独立评论》创刊以来，胡适谈论政治的兴趣再度浓厚起来。除了对外交（主要是对日问题）、教育和思想界的倾向时常发表评论外，还一度集中地讨论过民主与独裁的问题。这场讨论比过去历次思想界有关此一问题的讨论都更为集中、更为深入，意见也更为明确。胡适是坚定的自由主义者、民主主义者。在这场讨论中，他发表文章有17篇之多。他始终一贯地坚持认为，中国应该走民主政治的路，中国无独裁的必要与可能。他很有创见地提出了民主政治其实是"幼稚园的政治"。许多人表示不解，甚至嘲笑他不懂民主政治。胡适所以提出此一见解，是有鉴于相当多的人认为中国人程度低，经济、教育落后，难以实行民主，只能实行专制。胡适说，民主政治其实正适合于程度低的人民练习政治生活的需要，是"幼稚园的政治"。胡适这话固然有毛病，但绝非毫无道理。民主是一个历史过程，不能主观设定一个标准，到什么程度才可以行民主，不到那个程度就决不可行民主。民主既然有一个从低到高、从简到繁、从粗到精的发展过程，那么，只要大多数人已觉悟到民主制度是可取的，就不妨开始向民主的路上走。起点不妨很低，制度不妨简单，但只要是朝向民主发展，那就不同于专制政治，就是在建设和发展民主政治，也就是实行民主政治。应该说，胡适的见解对于中国人具有特别的启蒙意义。因为如果不这样看问题的话，民主政治就高不可攀，就被推向遥远不可知的将来，中国人就只有永远甘受专制的份了。

四、动荡期(1937—1949)

1937年7月7日，卢沟桥事变爆发。从此，进入全国抗战时期。胡适应邀赴庐山参加蒋介石举办的谈话会，于7月9日离北平南下。当时，胡适仍希望与日本谋求外交解决，不主张抗战。所以，在南京，在庐山，他都被视为以汪精卫、周佛海为首的"低调俱乐部"中人。谈话会期间,胡适数次与蒋介石见面、谈话,又观察日本的侵略行为,知道以中国之现状,"避战"甚难。他渐渐改变态度,承认"和比战难"。不过,他仍劝蒋介石,不要完全放弃外交路线。8月19日,蒋介石提出,要胡适去美国。9月7日,胡适应召再见蒋介石,此次"谈的话很中肯"①。第二天,胡适便乘船上溯武汉,从那里到香港,再踏上赴美的征程。在由南京赴武汉的船上,他用暗语写了一封给北大同仁的信。信中表示,从此为国事奔波,过上不安定的生活,羡慕留居下来的同人们,将来在学术上肯定比他这位"行者"会取得更好的成绩。

胡适于9月26日到达美国本土西岸的旧金山。他没有任何公职身份,纯然一民间使者,除了访问朋友,接受邀请赴各地演讲,别无可为。其间,曾有几家大学邀他去担任教职,他都谢绝了。他觉得,国内同胞都在侵略的炮火中受难,自己不忍心在外过安宁的日子。1938年7月,胡适离美赴欧洲活动。7月20日,在巴黎收到蒋介石给他的电报,要他出任驻美大使。因电中说,另有行政院长孔祥熙的电报详达此事,为等待孔的电报,胡适没有及时回复蒋的电报。至25日,始见孔祥熙的电报。当时,胡适很想推辞。但周围的朋友都劝他勿辞。7月27日,胡适复电孔祥熙说:"国家际此危难,有所驱策,义何敢辞?惟自审廿余年闲懒已惯,又素无外交经验,深恐不能担负如此重任,贻误国家,故迟疑至今,始敢决心

---

① 《胡适日记全集》第七册第436页。

受命。"①于是,当年自美留学归国时,曾决心二十年不谈政治、不干政治的胡适,不但早就开始谈政治了,而至今竟干起实际的政治了,当了政府的外交官员。胡适自己解释说:"现在国家到这地步,调兵调到我,拉夫拉到我,我没有法子逃,所以不能不去做一年半年的大使。"②

1938年9月17日,中国政府正式发表胡适出任驻美大使的任命。9月28日,胡适离开欧洲赴美国,到华盛顿就任。他10月5日到华盛顿,6日到使馆视事。由于美国方面的原因,迟至10月28日才向罗斯福总统递交国书,外交活动才算正式开始。在胡适刚刚离开欧洲,准备赴美上任的时候,蒋介石曾指示胡适对美外交要抓住四个方面的事情:一,在欧局变动中,促使美国帮助中国;二,美国"中立法"问题。现有的"中立法",束缚美国援助中国和制裁日本,应争取作出修改或至少使其在运用中,尽量考虑中国的利益。三,争取财政援助;四,禁止军用品输日。随后外交部相继发出内容大致相同的指示电报。胡适基本上按蒋介石和外交部的指示展开活动。对于争取修改中立法以及争取援助尤其尽了最大努力。但美国立法只能根据其自身利益的需要,直到欧洲大战全面爆发,中立法关于军品禁运的内容才得到修改。但在这之前,美国方面以中日间并未正式宣战为由,对中日不施用中立法,这样还是对中国比较有利的。关于财政援助,胡适到任前,政府已派陈光甫

---

① 《胡适日记全集》第七册第579页。
② 胡适致江冬秀的信(1938年9月24日),《胡适遗稿及秘藏书信》第21册第469页。

先期到美国进行活动。第一次桐油贷款2 500万美元已略有眉目。胡适到任后，两人合作推动，很快成功，恰于广州、武汉失守之后，国内外出现悲观情绪之际，于1938年12月对外发表此项贷款协议，颇有为抗战打一针强心剂的作用。第二次滇锡借款，则是在胡适与陈光甫密切合作的情况下，于1940年3月达成的。至于美国对华及其远东政策，因长期受重欧轻亚观念的影响，只有在战局重大演变之后，才可能发生变化。不是任何人施以外交手腕就能奏效的。

1940年6月，蒋介石派宋子文为特使到美国，几乎接管了中国对美外交的一切事务。胡适几乎看不到国内发来的重要电报、文件。宋子文有时毫不客气地自行回复国内发给胡、宋两人的电报。胡适是个极有修养的人，他本来也不十分在意他的官职地位，不曾与宋计较这些。胡适在没有太多事情可干的情况下，常常应邀到各地，甚至远去加拿大做宣传中国抗战的演讲。

这种情况显然不很正常。之所以发生此种情况，主要有以下几种原因：

一，胡适在抗战前，一向持对日低调态度，对他出任驻美大使，本来就有些人不太满意，或持怀疑态度。

二，国人对美期望过高、过急，在抗战十分艰难困苦的情况下，对政府和胡适的对美外交成绩，不够满意。

三，胡适在美朋友众多，声望极好，常常受邀出席活动，发表演讲，以至接受一些大学的名誉学位。对此，在一些人看来，胡适是不务正业，有玷职守。

四，恰好1940年3月，中央研究院院长蔡元培因病在香港逝世，院长出缺，许多人认为胡适是继任的最佳人选。舆论一出，有些觊觎驻美大使的位置的人，乘机活动，制造种种不利于胡适继续任职的舆论。

在上述诸种情况下，作为蒋介石亲信的宋子文，以特使身份莅美，这就造成对胡适非常不利的处境。按说，宋子文与胡适都是留美出身，都是哥伦比亚大学的博士，都是1917年回国，善交朋友的胡适，本可与宋子文成为朋友。但我们却看不到他们有多少私人交往。我觉得，可能在气质上，两人有根本难以相融合的因素。胡适是彻底的平民气质，进退出入，言行举止，都是平民化的。而宋子文，出身于社会上层，他的父亲虽是传教士，但他却把一家都献给了革命，献给了政治。以宋家与同盟会、革命党及其最高领袖孙中山的关系，宋子文少年时起就居于社会上层，必然养成一些不同于普通人的习气。交朋友贵在平等和真诚，胡适大概早就看出自己与宋氏家族不是一类人。宋家兄妹太讲排场，这一点大概1927年胡适出席蒋介石与宋美龄结婚典礼时就留有深刻印象。后来，胡适使美期间，宋美龄访美，又再一次给他很深的不良印象。还有胡适对于宋家兄妹做基督徒，很感觉他们不是真诚虔信。胡适本人不信神，不信宗教。但他对于真诚虔信宗教的人是非常敬重的。相反，对于对宗教持虚伪态度，他是颇为反感的。居于权力高位的宋子文，对于不能成为朋友，又不能为己所用的胡适，自然会产生排斥心理。在胡适大使任期的最后岁月，宋子文几乎是迫不及待地要求蒋介石速速撤换胡适。

1942年8月15日，政府明令免去胡适的大使职务。胡适于9月8日办好交卸手续，18日离开华盛顿，在纽约租屋住下。

纵览胡适在大使任期内所做工作，在对美外交方面，以职业外交官的角度去衡量，胡适确实没有很多很重要的成绩。除了与陈光甫配合达成两次借款之外，有两项较重要的外交活动可说。一次是1939年9至10月间，鉴于中国政府方面一直有人期待美国出面调停中日关系，停止战争，美国总统于1939年9月8日接见胡适，提出他的调停方案。其内容焦点是在中国东北实行"共用共管"。胡适完全不能接受这一点。他婉转回驳了总统的建议。稍后，又在一次讲演中，提出了他自己的对案。他主张，解决中日间问题的基本条件是：一，必须满足中国人民建立一个统一的、独立的、有力的民族国家的合理要求。二，必不可追认一切用暴力违反国际信义造成的土地掠夺及经济优势。三，必须恢复并加强太平洋区域的国际秩序，使此种侵略战争不得再现。[①]显然，这是日本侵略者绝对不能接受的条件。胡适回驳美国总统调解中日战事的那种中国人所无法接受的建议，同时又向公众提出他自己拟定的、为日方绝对不能接受的调解方案，都是他作为大使个人独立的意见。其所以如此，固然首先是坚定地捍卫自己国家的根本利益，同时也是基于他自己的明确判断。在抗战爆发前六年之中，他一直主张避免战争，争取国际调停，是一种高度负责的态度。而抗战爆发后，坚持抗战，反对调解和谈，同样是对国家民族高度负责的态度。他

[①] 《胡适日记全集》第七册第695—698页、第709—715页。

断定，中日间决无调解和谈的可能，只有坚持抗战，苦撑待变。所要等待的"变"，就是太平洋上爆发美国回击日本的战争。最早提出此种前景预期的是著名历史学家汤因比。胡适坚信，此一预期必可实现。

另一项更为重要的外交活动是1941年太平洋战争爆发之前，美国为争取时间，与日本谈判一项避战的临时协定。其中一个重要条件是，日本退出越南南部，北部保留2.5万日军，美国则放宽对日禁运。当美国国务卿将这些对日妥协的主要条件通知给胡适和英、荷（兰）、澳（大利亚）相关国家的驻美使节时，其他使节没有提出异议，胡适则当即提出反对，指出，该妥协条件竟然对侵占中国领土的日本侵略军只字未提，而且在越南的问题上，也没有任何可靠的约束日本的办法。胡适严厉地质问，在临时协定期间，有何办法可以约束日军继续进攻中国？ 胡适将此事急电国内，得到回复后，正式向美方提出抗议。据美国学者保罗·海尔（Paul Hyer）说，胡适还为此直接找到罗斯福，"这位一向温文尔雅的学者，第一次在美国最高领导人面前发了脾气"[1]。紧接着，罗斯福又接到丘吉尔的电报，丘氏说："我们所焦虑的就是中国，如果他们崩溃，我们的危险将会大大增加。"[2]这时，罗斯福终于下定决心取消与日本的临时协定。随后珍珠港事件爆发，美国对日宣

---

[1] Paul Hyer: Hu Shih: *The Diplomacy of Gentle Persuasion*. In *Diplomats in Crisis*: *United States-Chinese-Japanese Relations*, *1919—1941* (Edited by Richard Dean Burns and Edward M. Bennett). Santa Barbara, Calif: Clio Press, 1974. p.167.

[2] ［英］温斯顿·丘吉尔：《第二次世界大战回忆录》第3卷第530页，北京：商务印书馆，1975年。

战,太平洋区域的局势开始发生逆转。这就是胡适苦苦等待的国际局势的大变化。

撤开职业外交的局限,我们看胡适在中美关系的建设性发展方面,可以说是做出了巨大的贡献。胡适在出任大使之前和在任大使期间,广泛参与各种社交活动,和各界各阶层美国人士接触,尤其是发表大量演讲,使美国朝野人士,乃至人民群众,了解中国人民坚定抗战到底的决心,了解中国对日作战不仅仅是保卫国土和人民的生命财产,同时也是保卫一种为世界人民所公认的生活方式,保卫人类对和平、正义与人道主义的信仰。所以,中国的抗战有着深远的世界意义。使美国人了解到支持中国抗战,对于建设今后国际新秩序具有不可忽视的重要性。这对于逐步转变美国人的孤立主义和轻亚重欧的传统观念,逐渐认识到与日本侵略者作战的不可避免及其重要意义,是有相当作用的。胡适还非常巧妙地把中国的抗战与当年华盛顿领导的独立战争拿来做生动而毫不勉强的对比,很能激起美国人民的同情心。

胡适对演讲之热衷与不辞辛苦,可举出以下两个数字来说明:1940年11月中旬,他在波士顿停留26个小时,作了四次讲演。①1942年上半年,胡适走了一万六千英里,演讲一百余次。②

如果说,当时的中国人(主要是指政界)还不很了解胡适做大量演讲的意义的话,那么中国的敌人——日本人却十分敏感到胡适演

---

① 《胡适日记全集》第八册第75页。
② 胡适致王世杰、翁文灏的信(1942年5月17日),胡颂平编:《胡适之先生年谱长编初稿》第五册1777页,台北:联经出版事业公司,1984年。

讲的意义。还在胡适出任大使之前,看到胡适广泛展开活动,到处发表演讲,日本人就十分焦急。有人提议,日本应派出三个最有能力的人到美国,以便抵消胡适的影响。这三个人是:鹤见佑辅(学者,曾任众议员)、石井菊次郎(老外交家,一战时与美国国务卿签订著名的兰辛石井协定)、松冈洋右(外交家,后曾任外务大臣)。1940年10月,日本一家报纸曾发表社论称,胡适的演说正在大力鼓动美国人的仇日情绪,把美国引向对日的战争。该报要求美国政府应限制胡适的演讲。[1]太平洋战争爆发,有日本人甚至认为,此事胡适要负最大的责任。这当然有些过事夸张了。但无论如何,不应像个别中国政客那样,认为胡适大量发表演讲,是不务正业,或像唐德刚所说,是"捞鱼摸虾,耽误庄稼"。胡适卸任大使后,美国《纽约时报》发表评论称,胡适的实际表现,"远超过大家对他的期望"。又说,"他在美国读书、旅行、演讲,对美国文化之熟悉犹如对其本国文化之了解。他所到之处,都能为自由中国赢得支持"。[2]

在国内,毕竟还有些具备理性头脑,对胡适较有了解的人,对胡适的大使工作有比较客观的评价。我们可引王世杰的说法作为代表。王氏于1940年8月8日致信胡适,信中说:"我不相信兄是头等外交人才;我也不相信美国外交政策是容易被他国外交官转移的。但是我深信,美国外交政策凡可以设法转移的,让兄去做,较

---

[1] 此是台湾学者张忠栋引自美国《纽约时报》报道的材料。张忠栋:《胡适使美的再评价》,见氏著《胡适五论》第148页,台北:允晨文化实业股份有限公司,1987年。

[2] 引自《胡适使美的再评价》,见《胡适五论》第146页。

任何他人为有效。"①

因胡适以学者而出任当时极为重要的外交官职务,无论是对中国外交而言,还是对胡适个人经历而言,都是非常特别的一件事,而此事又有很多争议。所以这里不吝辞费,多说了一些话。

胡适卸任大使职务之后,以心脏有病的关系不能回国,国内朋友也劝他暂不要回国。他闲居纽约四年之久,因念国内艰苦抗战,不肯在美寻求正式的工作,只答应一些临时的演讲或短期的讲座。1943 年,因王重民的一封信谈及清代学术史上一件久有争议的案子,对所谓戴震窃取赵一清、全祖望《水经注》研究成果的案子发生浓厚的兴趣。胡适说他重审此案是为他的同乡前辈戴震"洗冤白谤",同时也是为更加严格地训练自己。从此,胡适以大部分的精力投入《水经注》疑案的考证,直到晚年。大概也是因为战争环境下,心思不易集中,搞一件与时势最不相干的研究,最容易收心。这也是胡适一直劝告一般学生,摆脱现实困扰的一种办法。

1945 年 8 月,抗日战争胜利,9 月,胡适被任命为北京大学校长。次年 7 月始回国就任。胡适素为学界、教育界所推重,又是北大旧人,此番担任校长,照理本应有所作为。但政局不安,胡适又不肯忘情于政治,随着国共两党再度分裂,内战爆发,胡适站到蒋介石及其政府一边,卷进政治漩涡,虽然他谢绝了蒋介石两度敦促他从政的建议,但已渐渐失去超然地位。加之学界风潮迭起,物价

---

① 王世杰致胡适的信(1940 年 8 月 8 日),《胡适遗稿及秘藏书信》第 23 册第 589 页。

飞涨，经费不足，胡适亦徒唤奈何。胡适曾发表多次演讲，力图说明，拥蒋反共的内战是维护自由民主的战争，想以此争取多数青年到他这一边来。但结果很失败。他曾提出两项雄心勃勃的计划：一是争取学术独立的十年计划，一是在北大建立核子物理研究中心的计划，皆告落空。这一时期，仍只能靠做《水经注》疑案的考证，略为赢得内心的宁静。1948年12月，胡适乘蒋介石派出的专机，仓皇离开已被解放军包围的北平，飞往南京。这时，他知道大势已去，无可挽回，乃于第二年春，再度去美国。原本是奉蒋之托，赴美再作民间外交，为蒋争取援助。但他到美国的第三天，南京即告解放。从此，胡适只能在美做寓公了。

五、晚年(1949—1962)

在渡美的太平洋船上，于1949年4月14日，胡适为他与几个朋友商量好要办的一个刊物提前拟写了发刊宗旨。这个刊物取名为《自由中国》，于1949年11月20日在台北创刊，以胡适为发行人，雷震作为该刊的实际负责人。胡适所写的该刊的宗旨，即成为该刊的发刊词。其中说："我们在今天，眼看见共产党的武力踏到的地方，立刻就罩下了一层十分严密的铁幕。在那铁幕底下，报纸完全没有新闻，言论完全失去自由，其他的人民基本自由更无法存在。这是古代专制帝王不敢行的最彻底的愚民政治，这正是国际共产主义有计划的铁幕恐怖。我们实在不能坐视这种可怕的铁幕普遍到全中国。因此，我们发起这个结合，作为'自由中国'运动的一个起点。"反共旗帜非常鲜明。

胡适于1949年4月21日到旧金山,27日到纽约,在他原住过的第81街104号的公寓里安顿下来,从此一直住到1958年他回台北就任台湾"中央研究院"院长的时候。

胡适和多数国民党人以及一部分与国民党政府关系较密切的自由主义者一样,都对国民党政府、军队的迅速溃败没有充分的思想准备。尽管不得不承认失败,但很不甘心。所以,一方面要准备反击,一方面要设法弄明白,究竟为什么失败? 要从何处下手去补救? 这些问题是胡适离开大陆以后直到去世,一直主宰他的思想的中心问题。他为国民党的失败、世局的发展、中国的命运,感到十分的苦恼。他埋怨美国不肯对蒋介石全力支持到底,他恨国民党的不争气,他更憎恨共产党的得势。

胡适似乎觉得"世人皆醉我独醒",他每天要看好几种报纸,以便观察国际局势,思考问题。1950年6月9日,他给好友沈怡写信说:"这十三个月来,我曾搜罗一些书报,并且自己每日剪贴五种日报。我很想对国家的困厄与世界的危机,得一个自己认为满意的解释。……我的结论大致是说:这十几年中,止有国际共产党大致知道他们的目的与步骤,止有他们比较的明白他们所谓战略与策略。此外,所谓大国领袖,所谓大政治家,都不免古人所谓'盲人骑瞎马,夜半临深池'!"[①]大概由此便产生了他写作《斯大林策略

[①] 胡适致沈怡的信(1950年6月9日),《胡适之先生的几封信》,《传记文学》第28卷5期,台北,1976年5月。

下的中国》的想法。1950年10月，他用英文写成了《斯大林策略下的中国》（China in Stalin's Grand Strategy）这篇大文章。胡适认为，国民党、蒋介石的失败，都是中了共产国际斯大林的招。中共的产生，中共之拥有红军，皆是按照共产国际和斯大林的命令办的。尤其是"西安事变"的处置，释放蒋介石，再次国共合作，保存了红军，使红军得到无限发展的机会。更由于在雅尔塔会议上，斯大林欺骗了罗斯福，攫得了对中国东北、北朝鲜的控制权，促成了共产党在中国的胜利。这是胡适所描画的中国革命的历史。他当时不知道斯大林与毛泽东的矛盾，不知道中国人民解放军渡过长江，占有整个中国大陆是违反斯大林的意愿的。

胡适认为，应该从失败中汲取教训，进行改革，以便争取反共抗俄的胜利。胡适非常看重他这篇文章的价值。台北的《中央日报》和《自由中国》杂志，都很快分别发表各自的中文译文。1951年5月31日，胡适写长信给蒋介石，劝他读一下《斯大林策略下的中国》，劝他注意研究敌人方面的材料。他还提出建议，请蒋介石设法使国民党自己自由分化成几个独立的新政党，而蒋介石自己先辞去总裁的职位。胡适以为这样可以推动国民党走上自觉改革之路。蒋介石承认胡适的文章有价值，却不肯接受他的改革建议。1952年9月14日，胡适再度写信给蒋介石，重申他上年5月31日的信上所述的内容，并进一步申说，民主政治的基础就是多党制，要确立这种基础必须抛弃"党内无派，党外无党"的心理习惯，并且应当废除总裁制。他还希望蒋能够诚心地培植言论自由，在党的大会上表示出"罪己"的意思。蒋介石将胡适的意见讥之为"书生之见"①，完全不能接受这些说法和建议。

胡适与蒋介石两人，在思想上有很大的分歧，一个是独裁者，一个是自由主义者。但他们在反共抗俄这个大局上是一致的。为这个大局，胡适认为，需要做很大的改革，主要是建立民主政治的基础。这就需要改变一党政治为多党政治，需要培植言论自由。而这些，蒋介石是难以接受的。这就决定了，胡、蒋两人之间不断地产生摩擦。

这种摩擦首先在《自由中国》的言论与政府当局的冲突上表现出来。1951年5月，《自由中国》4卷11期上登出一篇《论政府不可诱民入罪》的文章，触怒当局，被迫不得不在下一期登出《再论经济管制措施》，表示歉意。为此，胡适甚表不满，向雷震提出要求撤销其"发行人"的名义，以此向政府当局表示抗议。

1956年10月，胡适应《中央日报》胡健中之请，撰写短文《述艾森豪总统的两个故事给蒋总统祝寿》。文章的主旨是劝蒋介石要充分信任下属，放手让他们负责、做事。即以下属之智为智，以下属之能为能，自己甘居一个无智、无能、无为的总统。这本来是居上位者应有的大智慧，也是胡适对蒋的一番善意。不想，此文却令蒋氏父子大为不满。不久，胡适在纽约会见来美的胡建中，继而又接见其他记者，谈话中，力言国民党应当放弃党派门户之见，走"毁党救国"之路；蒋介石则应当纯粹以全国人民领袖的地位来领

---

① 吕芳上主编：《蒋中正先生年谱长编》第十册第102页，台北：财团法人中正文教基金会，2015年。

导反共复国的运动。①可惜,胡适一番苦心却被蒋介石认为是"反对本党革命,而且存心毁灭本党,宁为共奴而不恤"②。

深明蒋介石心理的蒋经国确信,胡适是在思想上妨碍他们父子独裁大业的最主要的敌人。他当时主持国防部的总政治部,利用职务之便,组织人力,炮制了一本针对胡适的《向毒素思想总攻击》的小册子,内部下发,广为散布。小册子宣称,"有一知名学者发表所谓'向政府争取言论自由'的言论","目的在于制造人民与政府对立"。又具体提到胡适那篇"祝寿文",声称,胡适"要总裁仿效他做一个'无智、无能、无为'的元首",是"荒谬绝伦的言论"。指责胡适"名为自由主义,实际确是共匪的帮凶"。小册子的结论认为,"我们靠的是三民主义,靠的是中国传统文化"。所以,"如果有人批评三民主义,批评传统文化,诋毁我们伟大的总裁,不论他如何说法,其理论我们都认为是荒谬的,而且要及时予以攻击和肃清"。③

到了1959年,临近下届选举之时,蒋介石一心要做第三任"总统",这是违背1946年的宪法的。因此当时又盛传,国民党要修改宪法。胡适一再表明,他反对修改宪法,反对蒋介石第三次连任"总统",他力图通过种种途径希望有机会当面向蒋介石说明他的意见。但蒋介石不肯见他。胡适托张群向蒋转达他的意思:希望蒋

---

① 《胡适日记全集》第九册第247—248页。
② 《蒋中正先生年谱长编》第十册第650页。
③ 转引自耿云志:《胡适年谱(增订本)》第336页,福州:福建教育出版社,2012年。

介石树立一个"和平转移政权的风范","一切依据宪法"。希望蒋能在国大开会前,明白宣布,不做第三任"总统"。同时向张群表示,国民党人如果另有想法,可以明白宣布,不可用"劝进电报"之类的方式,这种方式,是对蒋介石的一种侮辱,是对国民党的一种侮辱,也是对老百姓的一种侮辱。但蒋介石却以自己对反共大业有责任,对军队有责任为由,拒绝接受胡适的建议。①

胡适与蒋介石的矛盾冲突,最突出的是在《自由中国》杂志与雷震的问题上。《自由中国》因争取言论自由,与政府当局屡起冲突。作为该杂志的实际负责人雷震,后来酝酿组织反对党,以图真正改变蒋介石与国民党的独裁体制。胡适对雷震的想法和做法本来都是支持的。但雷震深望可借胡适这面自由主义的大旗,请胡适亲自领导反对党。但胡适本其不党主义的初衷,拒绝直接参与组党和担任领袖。国民党当局一直密切监视雷震及其几个主要助手的行动。后来,雷震自认为组党条件已臻成熟,即将宣布成立这个预想中的反对党。这时,在蒋介石督率之下,乘胡适本人赴美未归之机,国民党当局突然逮捕雷震,《自由中国》杂志随即停刊。他们对外声称,雷震是因通共嫌疑而被逮捕的。实际上谁都看得出,是雷震组织反对党,触了国民党和蒋介石的大忌。胡适回台后,一下飞机就宣称,他深知雷震是反共爱国的。但他没有办法救雷震,他只能希望国民党当局能够依照法律,不将雷震交付军法审判。但他的这一最低希望也落空。雷震终以"莫须有"的"通共"罪名,被判

---

① 《胡适日记全集》第九册第457—458页。

十年监禁。胡适在雷震组党的关键时期,没有给予足够的支持,后来又没有到监狱去探望雷震,以此,颇遭到雷震的几个年轻朋友的不满。我们后世的研究者,完全可以理解胡适不肯与当局公开决裂的心理。

胡适与蒋介石在反共这一点上是完全一致的。但对于政治发展的走向,他们却相当地对立。一个追求自由民主;一个热衷独裁专制。近年蒋介石日记公开,人们得知,蒋介石对于胡适,有时恨得咬牙切齿。但在公开场面上,他对胡适这位被海内外人士视为自由民主的象征的知识领袖,还是相当地礼遇。1957年,他遴选胡适担任"中央研究院"新任院长,1959年,又请他出任"国家长期发展科学委员会"的主任。

胡适除了不时遭到统治当局的忌嫉,还时常要面对一批保守派文人和学者的攻击。最重要的一次是1961年11月,胡适在"亚东区科学教育会议"上发表《科学发展所需要的社会改革》的演讲,颇为严厉地批评传统文化,强调要虚心地接受西方的现代文明,为科学发展创造良好的社会条件。此文的中文稿在报纸上发表之后,不但有保守派的学者,甚至有"立法委员"这样的官方人物都出来向胡适发起攻击。那时,胡适屡发心脏病,身体、精神均感疲敝。他可能没有精力,大概也不愿意甚或不屑于回驳他们。他的几个朋友和学生出来做了反击。

自然,批判胡适最大的风暴是在大陆上刮起的。从胡适离开大陆那一刻起,胡适思想就不断遭到清算。直到1954年,由批判俞平伯的《红楼梦》研究引发一场持续一年多,遍及全国的大规模批判胡适的政治运动，出版了 300 多万字批判胡适的文章选辑。胡适认真看过这些材料，他曾打算写一篇文章谈他对此批判运动的看法。但他发现，要说清这个问题，须要对中国四十多年来的文艺复兴运动作出深入全面的检讨，工作量太大，他没法子完成。

胡适晚年寓居美国期间，以至后来回台湾之后，都一直有意集中精力把他未完成的几项学术工作做完，其中主要是中国哲学史、中国白话文学史以及《水经注》案考证的总结案。但他的愿望没能实现。这不但是他自己的遗憾，也是中国现代学术事业的遗憾。

胡适晚年在学术工作上，除了考证《水经注》外，禅宗史也是他继续关注的学术课题。从 1943 年到逝世为止，胡适有关《水经注》、禅宗史及一般思想史的手稿有数百万字之多。如今都收在台北胡适纪念馆编的《胡适手稿》（影印 10 集 30 册）和耿云志编的《胡适遗稿及秘藏书信》（影印 42 册）中。

胡适身受两种文化熏陶，有很好的学术训练，经过多年的学术经验积累，本可有一个再创造的时期，取得更大的成就。但他生长于大动荡的中国，又身为知识界的领袖，不可能完全专心于学问而不问政治。结果是被政治激流冲到寂寞的角落，而学术上亦再无创造性的成绩。

1962 年 2 月 24 日下午 6 点 35 分，在"中央研究院"欢迎新院士的酒会结束之际，胡适心脏病突发去世。

2018 年 7 月 31 日完稿

2

引领文学革命

五四时期的新文化运动，是一次伟大的思想解放运动。在普遍的民族觉醒过程中，几乎在各个文化领域都发生了一场深刻的革命。其中文学革命运动，其发生之早，历时之长，规模之壮阔，成绩之显著，是中外史家所公认的。文学革命运动一方面固然是思想解放运动的直接结果；另一方面，它反过来又给予思想解放运动以伟大的推动力。五四新文化运动的领袖们，几乎没有一个人不曾对文学革命予以特别的关注。而胡适则是这场运动的开创者。

　　文学革命运动同当时整个的历史发展相适应，它经历了自己的发生、发展和分化的过程。长期以来，人们因为胡适后来的反共立场而不敢正视他在五四文学革命运动中的积极作用，这是不对的。本文试图对胡适在五四文学革命运动中的作用作一个比较全面的评述。未敢以为必当，谨请大家批评。

一

　　文学革命运动经过很长的酝酿时期，在某些方面甚至可以一直追溯到清末。但是，作为一场群众性的文学革命运动，是从1917年开始的。那一年的1月，在著名的新文化运动的号角——《新青年》杂志二卷五号上,登出了胡适的《文学改良刍议》。他高标八项主张以为文学改革的入手办法。这八项主张是:(1)须言之有物;(2)不摹仿古人;(3)须讲求文法;(4)不作无病之呻吟;(5)务去滥调套语;(6)不用典;(7)不讲对仗;(8)不避俗字俗语。胡适的八项主张最早是在1916年8月给朱经农的信中提出的。1918年4月,胡适把他的八项主张一律改为否定的语气,并概括称之为"八不主义"。其后,人们皆沿用之。在《文学改良刍议》一文中,胡适对这八条,逐一作了解释和发挥,提出了在当时有重大影响的一些新见解。例如:他反对旧文人的"文以载道"之说,强调文学必须有情感,有思想,认为"文学无此二物,便如无灵魂无脑筋之美人,虽有浓丽富厚之外观,抑亦末矣"。他提出"一时代有一时代之文学","今日之中国,当造今日之文学",摹仿古人之作,乃是"文学下乘"。他谴责无病呻吟的文学是"亡国之音",少年人绝不可为。他指出"以今世历史进化的眼光观之,则白话文学之为中国文学之正宗,又为将来文学必用之利器,可断言也"①。综括言之,胡适在这篇文章里,提出了建设一种有思想有情感的,反映今日中国现实生活的白话文学,代替那种摹仿古人的,无病呻吟的,只讲排比对仗的滥调古文。毫无疑问,提出这样的主张,在当时大可一新人们的耳目,所以陈独秀给予很高的评价。在紧接着下一期《新青年》上发表的《文学革命论》中,陈独秀宣称,"文学革命之气运酝酿已非一日,其首举义旗之急先锋则为吾友胡适"。(《新青年》二卷六

---

① 《胡适文存》卷一第23页。

号)因而,《文学改良刍议》遂成为公认的文学革命运动的第一个宣言书。事实上,随后展开的有关文学革命的讨论和论争,正是围绕着胡适所提出的问题进行的。但这里应当指出,陈独秀的《文学革命论》的发表,在当时是起了特殊作用的,它弥补了胡适文章的过于低调与谦和。《文学改良刍议》通篇避开了"文学革命"的字样,而且在论述中,多出以讨论的口气,缺乏扫荡腐旧文学的战斗气概。据胡适后来自己解释说,这是他作为一个"国外留学生对于国内学者的谦逊态度",想不"引起很大的反感"。①实际上,胡适在留学期间与朋友讨论这个问题时,早已用过"文学革命"的提法,他对自己的主张也是颇为自信的。但无论如何,作为文学革命运动的开篇之作,《文学改良刍议》确有气势不足之嫌。陈独秀在自己的文章里,便明确地提出"文学革命"的口号,并以推倒贵族文学、建设平民文学为中心,标举三大主义。这三大主义是:(一)推倒雕琢的阿谀的贵族文学,建设平易的抒情的国民文学;(二)推倒陈腐的铺张的古典文学,建设新鲜的立诚的写实文学;(三)推倒迂晦的艰涩的山林文学,建设明了的通俗的社会文学。陈独秀以此三大主义作为自己的旗帜,并声言,他要拖上四十二生的大炮以为文学革命运动的前驱。②

起初,胡适见了陈独秀的《文学革命论》还颇嫌其武断。他写信给陈独秀说:"此事之是非,非一朝一夕所能定,亦非一二人所能

---

① 胡适:《逼上梁山》,胡适编:《中国新文学大系·建设理论集》第26页,上海:上海良友图书印刷公司,1935年。
② 《新青年》2卷6号。

定。……决不敢以吾辈所主张为必是而不容他人之匡正也。"①陈独秀则回答说:"改良中国文学当以白话为文学正宗之说,其是非甚明,必不容反对者有讨论之余地,必以吾辈所主张为绝对之是,而不容他人之匡正也。"②陈独秀的这种坚决挑战的态度,引起了全国学界的注意,使白话文的提倡,迅速推广成为全国的大运动。胡适后来承认,如果没有陈独秀的"必不容反对者有讨论之余地"的革命精神和坚决态度,那么"文学革命至少还须经过十年的讨论与尝试"。③

不论胡适的《文学改良刍议》,还是陈独秀的《文学革命论》,都是要求文学内容和形式的全面革新。但是,这两篇文章发表之后,最引起人们注意和讨论的却主要是文学形式方面的问题。检查一下当时的几种主要刊物,就可以清楚地看出这一点。当时较早投到文学革命运动中来的钱玄同、刘半农等人的文章也是一个证明。钱玄同最早的通信,主要即强调改革旧文学的种种弊病,只有代以白话才能做到。他把古文家称之为"选学妖孽,桐城谬种",这成了新文学家们讨伐古文家时共同使用的代称。他还提出把《新青年》作为白话文学的实验场地。刘半农的《我的文学改良观》,也主要谈的是文学体裁特别是诗体的改革和创新的问题。曾经轰动一时的关于"王敬轩"的双簧信,正是关于文言白话之争。刘半农借王敬

---

① 《寄陈独秀》,《胡适文存》卷一第39—40页。
② 陈独秀:《答胡适之》,《新青年》3卷4号。
③ 《五十年来中国之文学》,《胡适文存二集》卷二第157页,上海:亚东图书馆,1924年。

轩这个假靶子，淋漓尽致地批驳了古文卫道者们的种种谬论，为白话文学争取合法地位。总之，相当一段时间里，轰轰烈烈的文学革命运动在外部表现上，是白话文与古文之间的斗争。有人认为这种情况是不正常的，是以文学形式的改良，排斥文学内容的革命，并声称这是胡适资产阶级形式主义造成的恶果。由此更进一步，认为胡适不但不能被称为文学革命运动的发难者，而且应当被看成是文学革命运动的破坏者。我认为这种意见未免过于偏颇。显而易见，文学革命运动开始阶段，人们特别致力于白话文与古文之争，这是运动发展的客观趋势如此，不是哪一个人有意造成和能够造成的局面。而且，既然是运动发展的客观趋势如此，也就不能认为是不正常的情况。相反，这正是时代的客观需要的反映。

两千年来，古文一直统治着整个文坛，虽然不时也有白话文学或近乎白话的文学作品出现，但总是被认为旁门邪道，没有合法地位。在长期的历史发展中，古文也不得不经历几次变革，也曾产生一些有价值的作品。但从根本上说来，它们始终只能是为少数贵族和上层社会的文人们所专有，与广大的人民群众毫无关系。自从中国的封建专制制度受到外国资本主义的挑战，被打破了闭关自守的局面，新的生产关系和新的阶级力量逐渐发展起来，特别是人口集中，城市迅速发展起来以后，广大的城镇居民逐渐提出他们自己的文化需求，古文也就和它所依存的封建专制制度一样，逐渐暴露其不适用。而接近于口语的，为广大人民群众所容易了解的白话文便逐渐抬头。几本最有价值的古典白话小说，从清末开始迅速地广为流传。一些有见识的上层知识分子，也终于从这里发现了新价值。

戊戌维新以后,这种情况尤为明显。像梁启超、黄遵宪等一些才识卓特的知识界领袖,开始初步觉悟到革新文学的客观需要。黄遵宪试作白话诗,提出"我手写我口,古岂能拘牵"①,梁启超亲自办起《新小说》杂志,着意提倡白话小说。吴趼人的著名小说《二十年目睹之怪现状》,最早就是在《新小说》上发表的。与此同时,适应清末的民主革命运动和立宪运动的发展,白话报刊日益增多,梁启超的明白晓畅的"新文体"代替了晦涩难懂的古文,成了一切报章议论的楷模。这一切情况说明,古文的不适于应用已为越来越多的人所觉悟,在应用文领域用白话代替古文已经是大势所趋;而少数先觉分子,甚至在纯粹文学领域内也有了一点用白话从事创作的尝试。但不幸的是,辛亥革命失败后,伴随着袁世凯的复辟帝制和康有为等宣扬孔教,社会上反动复古之风大盛,使清末已慢慢开始的这种文学革新的进程中断了,古文重又笼罩了文坛。如果说,在长期的封建社会里,古文还曾造就了某些有价值的东西,那么到了这时,它却失去了任何活力,什么排比对仗、古字僻典、高文美艺,不是充当反动、腐朽的思想观念的包装品,就是毫无内容的、干瘪枯窘的滥调文章。它已不能容纳任何新内容,而只能成为禁锢人们思想的桎梏。这种状况使一切向往进步的知识分子感到难于忍受的窒闷。所以当胡适、陈独秀等在《新青年》上发表文章,高倡文学革命之后,人们衷心欢迎,全力赞助。胡适、陈独秀们不但主张一切应用文用白话,而且主张用白话作各种文学,彻底打破贵族与平

---

① 黄遵宪:《人境庐诗草》卷一。

民的界限，取消少数人对所谓"美文学"的垄断。他们还明确提出作文不用典，不讲对仗，不用陈套语，不避俗语俗字，想什么，就写什么，怎么想，就怎么写，毫无拘牵，直抒己意。人们感到一种从未有过的大解放，白话文运动被看成是一件重要的大事。这就是为什么文学革命一度主要表现为白话与古文之争的道理。

这一段历史的追述，使我们相信，在文学革命运动中，文学形式的解放问题占有特别突出的地位，正是反映了最大多数人的最普遍的要求，正是早已存在的一种历史趋势的合乎规律的发展。而胡适本人的主张，也在相当程度上受到这一客观趋势的制约。

前面指出，胡适在《文学改良刍议》一文里，对内容和形式两方面都曾加以强调。还应提到，在这篇文章里，为了强调文学内容的变革，他把原在《寄陈独秀》信中所说的文学改良八事中关涉文学内容的三点（即须言之有物；不摹仿古人；不作无病之呻吟），特别提到前边来。但后来，在白话古文之争展开以后，胡适的文章便较多地强调形式方面的问题。比如1917年5月的《历史的文学观念论》，其中心是从文学发展的历史观念，论证以白话文学代替文言文学的必然性。1918年4月发表的《建设的文学革命论》，则号召人们实地"以白话作各种文学"，提出"国语的文学，文学的国语"[①]作为文学革命的中心目标（此文还提出了关于创造新文学的许多问题，都涉及文学的内容问题，后面再谈），也是着重在语言形式方面的变革。而到1919年下半年写的《谈新诗》中，胡适更说："文

[①] 《胡适文存》卷一第73页。

学革命的运动,不论古今中外,大概都是从'文的形式'一方面下手,大概都是先要求语言文字文体等方面的大解放……这一次中国文学的革命运动,也是先要求语言文字和文体的解放。"①在《〈尝试集〉自序》中又说:"我们认定文字是文学的基础,故文学革命的第一步就是文字问题的解决。"②显然,胡适这些议论,在相当程度上是考虑到文学革命运动发展的客观情况而发的。另外,从胡适关于形式与内容的关系的见解中也可以看到,他并不以为文学革命只限于文学形式的变革。他在《谈新诗》一文中说:"形式和内容有密切的关系。形式上的束缚,使精神不能自由发展,使良好的内容不能充分表现。若想有一种新内容和新精神,不能不先打破那些束缚精神的枷锁镣铐。"形式解放了,才能容纳进"丰富的材料,精密的观察,高深的理想,复杂的感情"③。可见,他之特别强调文学形式的解放,目的是用这种解放了的新形式,"做新思想新精神的运输品"。④

只要切实研究一下文学革命运动的历史,就不难看出,所谓文学内容的革命应当优先于文学形式的革命云云,远不是当时运动的参加者们的主张。陈独秀、李大钊等人从原则上指出变革文学内容的重要性,也是在承认变革文学形式的必要前提之下。没有任何人撇开文学形式而特别强调优先进行文学内容的变革。耐人寻味的是,当时某些反对文学革命的人倒是主张文学革命主要革其内容,

---

① 《胡适文存》卷一第227页。
②④ 《胡适文存》卷一第279页。
③ 《胡适文存》卷一第227—228页。

而不津津于白话文言之争。例如学衡派的主将之一胡先骕认为，诗学不昌，不在"工具不善"，而在"实质不充"。他提出，不能"以实质之不充，遂并历代几经改善之工具而弃之也"①。另一个学衡派的主将吴宓则说，改良诗学，只需"熔铸新材料以入旧格律"。他所说的新材料，几乎包括了人们所能想到的一切：诸如"五大洲之山川风土，国情民俗，泰西三千年来之学术、文艺、典章、制度、宗教、哲理、史地、法政、科学等之书籍理论；……名家之著述，英雄之事业，儿女之艳史幽恨、奇迹异闻，自极大以至极小……又吾国近三十年国家社会种种变迁，枢府之掌故，各省之情形，人民之痛苦流离，军阀政客商人之行事，以及学术文艺之更张兴衰"；乃至"作者一身一家之所经历感受"，等等。②照某些人的看法，学衡派如此重视内容的变革，当可称为文学革命的"正轨"了。然而稍知文学革命史实的人，即能知道，学衡派的这一套，完全是为着抵制白话文学的。

用白话代替古文，是历史发展的要求，是广大人民群众的迫切需要，避开这一点，而侈谈文学内容的革命，是完全脱离群众和脱离时代潮流的，因而是不可能成功的。南社诸子致力"诗界革命"历有年所，然而终无所成，即可为鉴证。

实际上，所谓文学内容的革命问题，是个新文学的创造实践问题，而不在于说明新文学应有如何如何的内容，或应该如何如何改

---

① 胡先骕：《评〈尝试集〉》，载《学衡》第一期。
② 吴宓：《论今日文学创作之正法》，载《学衡》第十五期。

革内容,这类空话是不能解决文学内容的变革问题的。鲁迅之所以伟大,正是在于,他得到了文学的新工具以后,立即把它运用于创作实践,写出了新文学的第一篇成功的作品——《狂人日记》,显示了文学革命的实绩,标志了文学革命的成功。没有一年多的白话文运动的胜利发展,《狂人日记》就不能出现;而如果没有《狂人日记》的问世,白话文学就站不住脚,就不能算取得成功。鲁迅以自己的创作实践,实现了新的文学形式与新的文学内容的统一。但鲁迅从来不曾否定文学形式变革的重大意义。

当然,胡适有关文学革命的见解,容有错误和可以讨论的地方。这方面,后面我们会讨论到。但我们不应因此抹杀他倡导白话文运动的积极贡献。

二

五四文学革命运动,其最显著最普遍的成果就是白话文学代替了古文学,而最尖锐的斗争也正是围绕着这一点展开的。所以蔡元培说:"国文的问题,最重要的就是白话与文言的竞争。"①

值得注意的是,南社诸子的"诗界革命"闹了近十年,未曾激起顽固派的愤怒;同样地,林纾翻译西方的文学名著,严复翻译和介绍欧西哲理,章士钊等在《甲寅》杂志上议论时政,所有这些,都不曾引起严重的斗争。而实际上,这些人所发表的东西,显然都

---

① 蔡元培:《国文之将来》,《蔡元培选集》第103页,北京:中华书局,1959年。

含有一些与中国腐败的封建政治、文化、道德不相容的成分。但是为什么不曾激起腐败的旧势力的激烈反抗呢？我以为一个重要的原因，就是他们没有脱弃古文窠臼，没有反叛贵族的立场。他们写出的东西，仍只是给极少数"上等人"看的，亿万"下等人"无由得其真相。虽然，严复、林纾们翻译介绍了不尽合于封建道统的东西，章士钊、柳亚子们发了些不尽合于常规的议论，封建大老、军阀政客们却不必担心老百姓会因此起而造反。只要不发生这种威胁，他们在咀嚼圣经贤传感到腻烦的时候，也许还宁愿换换口味呢！正如清末反对实质改革的西太后，在私生活上却不妨享受一些西方文明的成果一样。

然而白话文却不同了。自从胡适、陈独秀、钱玄同等人大喊大叫，提倡白话文，反对文言文；扫荡"桐城谬种"，驱逐"选学妖孽"，其声气所被，无数青年学子起而响应。只经过一年多的时间，从《新青年》率先开始，报纸杂志陆续改以白话刊行。在1919年，由于得到伟大的五四运动的推动，白话报刊更如雨后春笋。有人统计，那一年全国计有白话报刊四百种以上，创历史上前所未有的新局面。于是新思想、新道德、新文学得到白话文作为传播工具，便如决堤的洪水一样，迅猛冲向社会的各个阶层，各个角落。反动的军阀政客、贵族遗老以及依附他们的腐旧文人，便把白话文看作洪水猛兽，拼命诅咒攻击。而白话文的首倡者胡适也被加上了"过激党"的头衔，成为他们攻击的主要目标之一。

最先起来反对白话文的是古文家林纾。胡适的《文学改良刍议》刚刚发表，林纾便在上海《民国日报》上发表《论古文之不宜废》，攻击文学革命的倡导者是"学不新而唯词之新"，哀呼"不得新而先殒其旧……吾恐国未亡而文字已先之"。但是对于究竟古文何以不当废，他却说："吾识其理，乃不能道其所以然。"①于是胡适嘲笑他说，既然古文家林纾也说不出古文不当废的道理，"则古文之当废也，不亦既明且显耶？"②

1919年春，北洋军阀政府三令五申查禁"过激主义"。那时，林纾的一个学生徐树铮正在段祺瑞手下得势。林纾乘机再次攻击文学革命，声讨白话文。他在《新申报》上接连发表毁谤小说，其中《荆生》一篇的内容是，一个"伟丈夫"痛打反孔而倡白话的三个少年书生。当时人一看便知，"伟丈夫"是暗喻林纾的门生，手握权柄的徐树铮；而三个少年书生分别是暗喻陈独秀、胡适、钱玄同。在另一篇小说《妖梦》中，不但陈、胡诸人，连蔡元培也成了他攻击的对象。小说写一个白话学堂，校长是元绪公（元绪是骂人语，暗喻大龟，用此影射蔡元培），教务长是田恒（喻陈独秀），副教务长是秦二世（胡亥，喻胡适）。因田、秦二人终日倡白话、毁伦常，元绪公不但不制止反而点首赞成。这一日忽然来了个妖魔，将三人吞噬，而化为粪臭。其攻骂之刻毒实有过于前者。这两篇小说都反映了林纾等旧文人及其所依恃的封建势力对新文化运动的无比怨毒和急切图谋报复的心理。随后，林纾又写公开信致北大校长蔡元培，指控陈独秀、胡适等北大教授两条罪状，一条是所谓"覆孔孟、铲伦

---

① 1917年2月8日上海《民国日报》。
② 《胡适文存》卷一第41页。

常"；另一条就是提倡白话文，"尽废古书，行用土语为文字"。要求蔡元培"留意以守常为是"，"为国民端其趋向"①，意即要他制止反孔，废弃白话文。蔡元培是新文化运动和新文学的积极赞助者和保护者，他以"循思想自由原则，取兼容并包主义"的立场，驳回了林纾的指责，维护了新文化和新文学运动的合法地位。林纾一无所获。

就在林纾发表毁谤小说和致蔡元培的公开信的时候，旧势力纷纷蠢动，阴谋运动安福系议员弹劾教育总长和撤换北大校长，但没能得逞。于是他们又制造谣言，中伤陈独秀、胡适、钱玄同、刘半农等几个新文学的倡导者。尤其对陈独秀，更进行恶意的人身攻击。当时社会上曾盛传，政府当局要北京大学驱除陈、胡、钱、刘四教授，可见反动气焰的嚣张。结果，蔡元培等没能完全顶住旧势力的进攻，于1919年3月底，借取消本科学长制之机，将陈独秀一人解职。这显然是一场十分激烈的斗争。但旧势力终竟不能遏止白话文的风行。恰是在这一年内，白话文取得了普盖文坛的决定性的胜利。严复曾讥笑林纾反对白话文为多事，他以为白话文运动不过"如春鸟秋虫"，可"听其自鸣自止"②。可是白话文却因其适合了历史发展的需要，适合了最大多数人民的需要，有着伟大的生命力。

1922年初，在南京创刊的《学衡》杂志，竟逆潮流而动，公开打出反对新文化运动的旗号。其中的主将之一梅光迪，乃是胡适倡

---

① 《中国新文学大系·建设理论集》第171、173页。
② 严复：《书札六十四》，郑振铎编：《中国新文学大系·文学论争集》第6页，上海：上海良友图书印刷公司，1935年。

导白话文的老对手。在美国留学时期，梅氏始终是反对胡适的最有力的人。回国后，见到白话文已成为一种全国性的运动。他不甘心，乃联络几个同道，主要有吴宓、胡先骕等人（他们虽然都是留学生，但在文学问题上，却刻意复古），连续写文章攻击白话文，企图恢复古文的统治地位。然而，这时白话文不仅已赢得了威震文坛的声势，而且确已显示了新文学的伟大实绩，放出了不可磨灭的光彩。学衡派的议论，只是一些毫无道理的攻击、指责，所以根本经不起文学革命阵营的反击。

但是，白话文与古文的这场斗争既然是新旧两大营垒的斗争，而且是在北洋军阀的反动统治下进行的，因而是不可能轻易结束战斗的。1925年章士钊当上了北洋政府的司法总长兼教育总长。他大权在握，妄想以权势来剿杀白话文运动，"屡次对于白话文学下攻击"①。他摆出一副官老爷的架势，声称"以职责所在，志虑攸关"②，不能不给白话文的提倡者胡适等人一番教训。他大骂白话文"不成文理，味同嚼蜡，去人意万里"；"以鄙倍妄为之笔，窃高文美艺之名；以就下走圹之狂，躐载道行远之业"；是"欲进而反退，求文而得野；陷青年于大阱，颓国本于无形"。③章氏指称，其罪魁祸首就是胡适。他非常恼恨人们"以适之为大帝，绩溪为上京。遂乃一味于胡氏《文存》中求文章义法，于《尝试集》中求诗歌律令，目无旁骛，笔不暂停。以致酿成今日底他它吗呢吧咧之文

---

① 胡适：《老章又反叛了》，《中国新文学大系·文学论争集》第205页。
② 章士钊：《评新文学运动》，《中国新文学大系·文学论争集》第221页。
③ 《评新文学运动》，《中国新文学大系·文学论争集》第200页。

变"①。章士钊满以为,他以老师宿儒之尊,又兼行教育总长之权,足可挽回"狂澜",把人们拉回到复古的轨道上来,使新文学运动半途夭折。但这只不过是他的梦想。胡适指出,章士钊是不折不扣的"反动派",以充当"落伍者的首领"为得意。胡适宣言道:"我们要正告章士钊君:白话文学的运动是一个很严重的运动,有历史的根据,有时代的要求,有他本身的文学的美,可以使天下睁开眼睛的共见共赏。""章士钊君的谩骂……不能打倒白话文学的大运动。"②值得指出的是,章士钊的攻击矛头主要针对胡适,然而那时已经分裂的新文学各派人物却一致发起反击,使章士钊大败而止。至此,白话文运动可谓已收"肃清克服"之功。

从文学革命过程中新旧两大营垒的尖锐斗争可以看出,白话文代替古文,确是一场革命。在北洋军阀的黑暗统治下,在一度尊孔复古的反动逆流中,古文曾是封建遗老、无耻文人们藏污纳垢、谄媚邀宠、欺世盗名的一种方便手段。白话文的兴盛,夺走了他们的世袭领地,摧毁了他们的藏身洞穴;中国文坛上,一洗千百年来的腐臭积秽,出现了通俗、明快、健康、活泼的新文学。这种新文学为一整代青年提供了精神养料,它的革命意义是十分明显的。

然而,白话文的意义远远超出了文学的范围。广大人民群众,特别是青年学生,得到白话文这种工具的帮助,从而能够以各种形式,在各种程度上参加到社会运动中来,使反帝反封建的斗争,具

---

① 《评新文学运动》,《中国新文学大系·文学论争集》第197页。
② 《老章又反叛了》,《中国新文学大系·文学论争集》第206—207页。

有前所未有的广大群众基础,拥有扫荡一切旧污的实力。五四运动期间的波澜壮阔的群众爱国运动,就是生动的证明。在这次空前的爱国运动中,白话报刊的广泛发行,青年学生的白话讲演,所起的宣传动员作用,是怎样估计都不算过分的。而后来大革命时期出现的范围更为广大的工农革命高涨,也是和成千成万的青年知识分子掌握了白话文这种利器,在工农兵中做了巨大的宣传组织工作分不开的。假如当时的青年仍只会八股式的滥调古文,与广大工农兵群众毫无共同语言,则那次大革命高潮几乎是无法设想的。这当然不是说,白话文运动造成了一次大革命运动,而是说白话文运动的胜利,是助成这次革命高潮的不可缺少的必要条件之一。

有一种说法认为,白话文代替文言文,只是文学形式的变革,而文学形式的变革算不得革命。这种说法是不妥当的。须知,世上没有无内容的形式,也没有无形式的内容。所谓革命,就是新内容冲击旧形式,并最终打破旧形式,创造一种适合于新内容的新形式。内容的变化是经常发生的,但新内容只有集聚到一定程度,才能够打破旧形式,引起形式的大变革,造成文学革命的运动。因此,胡适说:"文学革命的运动,不论古今中外,大概都是从'文的形式'一方面下手,大概都是先要求语言、文字、文体等方面的大解放。"因为"形式上的束缚使精神不能自由发展,使良好的内容不能充分表现",所以"不能不先打破那些束缚精神的枷锁镣铐"。[①]这些说法,显然是正确的。

---

① 《谈新诗》,《胡适文存》卷一第 227—228 页。

还应当进一步指出，文字、语言乃是人们思考、谈话、作文的不可少的工具，人类的各种精神生产都离不开它。因此，我们又可以说，文字、语言等的解放，实即精神生产工具的革新。我们知道，在人类的历史上每一次生产工具的大革命，都大大推动了物质生产的发展。同样地，每一次语言、文字、文体的大变革，也都大大推动了各种精神生产的进步。欧洲文艺复兴时代是个生动的证明，我国五四时期科学文化的繁荣也是一个有力的证明。这当然不是说，语言、文字、文体的解放成了推动社会进步的主要动力，而是说，它能给予社会进步以巨大的助力。它是社会进步所需要的许多必要条件中不可缺少的一个条件。

从历史发展的长远观点看问题，生产工具的革命，归根到底是对劳动人民，对无产阶级最有利的。大机器生产曾给资本家带来巨额利润，但更重要的是，它使无产阶级迅速地组织起来，并终于觉悟到自己的历史使命。因此我们不会因为大机器生产曾有利于资本家而否定它的巨大进步意义。同样的道理，白话文既是进步的、革命的思想的传播工具，同时却也可以被用来宣传反动的内容。但我们决不应该因为它可能被用以宣传反动的内容而否定它的巨大的革命意义。

我们作为新文化运动和新文学运动的继承者，没有任何理由一定要贬低白话文运动的重要历史意义，尽管这一运动的最初提倡者是胡适，我们也没有必要这样做。

有人企图证明白话文运动的首倡者不是胡适，而是清末的黄遵宪或其他什么人。这就未免太不合事实了。第一，无论是黄遵宪或其他什么人，他们只不过是感觉到白话有可取之处，有用白话作文做诗的愿望；第二，他们谁也不曾对这个问题从理论上、历史上做过系统的研究；第三，他们没有提出以白话代替文言的具体意见；第四，他们自己也不曾下决心脱弃古文完全改用白话；第五，他们更没有在社会上掀起一个提倡白话文，反对文言文的运动。因此，一定要把白话文运动的倡导者属诸黄遵宪等人，不但五四时期的人们不能同意，就是黄氏诸人如地下有知，恐怕也要声言愧不敢当。

实际上，胡适成为白话文运动的倡导者，并不是偶然的。他早在清末读中学的时候，就注意到了白话文的优点，并实际开始了写作白话文的训练。到美国留学后，他继续注意这方面的问题。而且由于得到西欧文学发展史的比较、借鉴，促使他对这个问题从理论上、历史上做较系统的研究。1915年，他就提出了"文学革命其时矣"，并立志为此而奋斗。次年，他在一篇日记里写道："吾以为文学在今日不当为少数文人之私产，而当以能普及最大多数之国人为一大能事。"①正是从这一文学革命的目标出发，逐步提出了他的改革方法、步骤，并下决心进行实地试验。在这个过程中，他与留学界的保守派进行过反复的辩难，愈辩，他的文学革命思想越明确，以白话代替古文的意志更坚定。所以，当他在《新青年》上发表文学改革的主张时，他是有充分的自信心和明确的斗争目标的。他所发表的意见大部分都是经过几年的酝酿形成起来的相当成熟的见

---

① 《胡适留学日记》第四册第956页。

解。当然，胡适后来在一些文章中声称，文学革命运动是在美国开始的，是他和几个朋友"乱谈出来的"，是许多"偶然的小事"促成的，等等。这是不确当的。第一，胡适在美国留学时期与朋友们的讨论、辩难，只能看成是胡适个人文学革命见解的形成过程，只能看成是他后来发起白话文运动的准备过程。第二，胡适在后来（主要是30年代）特别强调文学革命的发动是如何的偶然，这是有意宣扬历史唯心论来对抗马克思主义的历史唯物论，是应当加以批判的。不过，这些并不影响我们对他在文学革命运动中的地位和作用的充分肯定。

三

白话文运动如狂飙突进，扫荡了旧文坛。但还不能说文学革命已取得了真正的胜利。白话的新文学要最终取代文言文学而成为"文学正宗"，就必须创造出足够数量的成功的文学作品，才能深入人心，牢不可拔。正如任何革命在破坏之后，如不能实行建设，不善于建设，终难免于失败一样。对于这个道理，文学革命的倡导者们都是懂得的。最突出的是鲁迅，他最早投身于新文学的创作实践，写出了不朽的名作。其他如陈独秀、李大钊等也都从原则上强调了创造新文学的需要。胡适则对于新文学的创造发表了一系列的见解。

1918年4月，胡适发表《建设的文学革命论》，提出了"我们提倡文学革命的人……个个都该从建设一方面用力"，"替中国创造出一派新中国的活文学"。①胡适认为,创造新文学须有三步工夫:一是工具,二是方法,三是创造。他在这篇文章里主要讲了工具和方法,他认为这是实地从事创造新文学的不可少的预备工夫。他所说的工具就是白话。他曾反复强调过文言是"已死的文字",用这种死文字绝造不出有价值的"活文学"来。只有白话是创造新文学唯一有力的工具。他要求有志于创造新中国活文学的人,应该赶紧从各方面努力学习运用白话这个新工具。

特别值得注意的是胡适关于创造新文学的方法的见解。这些见解,在西方国家已不是什么新发明,但在当时的中国文坛上,则是人们闻所未闻的卓见。比如,他首先提出搜集材料的问题,指出:"中国的'文学'大病在于缺少材料。那些古文家,除了墓志、寿序、家传之外,几乎没有一毫材料。""近人的小说材料只有三种:一种是官场,一种是妓女,一种是不官而官,非妓而妓的中等社会,除此以外,别无材料。"②不能不承认,胡适的批评是切中时弊的。他主张,一要"推广材料的区域"。他指出,"今日的贫民社会,如工厂之男女工人,人力车夫,内地农家,各处大负贩及小店铺,一切痛苦情形"都应"在文学上占一位置"。"一切家庭惨变,婚姻痛苦,女子之位置,教育之不适宜……都可供文学的材料。"第二,他主张要"注重实地的观察和个人的经验"。反对文人"关了门虚造"③。他所谓实地观察、个人经验,接近于调查社会,体验生

---

① 《胡适文存》卷一第71—72页。
② 《胡适文存》卷一第87—88页。
③ 《胡适文存》卷一第88页。

活的意思。在"五四"前,提出这种主张,应当承认是很卓越的见解。胡适还提出了文学结构的方法问题。他很强调结构的重要性。他说:"论文学者固当注重内容,然亦不当忽略其文学的结构。结构不能离内容而存在。然内容得美好的结构乃益可贵。"①他的这个意见是很正确的。此外,他又很着力地强调应当讲求剪裁、布局的方法以及描写的方法。对于如何写人,写境,写事,写情,以求做到突出个性等,胡适都有所论列。这些都是中国文学界从未有过的新概念,对于有志于文学革命的一代新人是很有启蒙和教育的作用的。

胡适在《文学进化观念与戏剧改良》等文章中,还提出了一些颇有价值的文学见解。比如,他谴责"说谎的文学",批评文学家不敢正视和不敢揭露"天下的悲剧惨剧",不敢"老老实实写天下的颠倒惨酷",而凭空杜撰各种团圆的美满局面,"只图说一个纸上的大快人心"。他指出,这种"说谎的文学","至多不过能使人觉得一种满意的观念,决不能叫人有深沉的感动,决不能引人到彻底的觉悟,决不能使人起根本上的思量反省"②。应当指出,胡适攻击这种"说谎的文学"的时候,社会上除了少数军阀、政客,或与他们紧密相关联的上层文人之外,广大的社会阶层,广大的人民群众都受着痛苦的折磨,尤以下层群众之惨酷遭遇为更甚。胡适未必是特别出于对劳动人民的同情而发此论,但他主张正视社会的悲剧,揭

---

① 《新青年》三卷4号《通信》。
② 《胡适文存》卷一第208页。

露种种黑暗与惨酷的现实,这是提倡文学写实主义的立场。那些把当时胡适文学革命的见解,说成是反映帝国主义封建势力的意志,是对文学革命起破坏作用云云,是完全不合实际的。

胡适还对新文学某些领域的创作特别加以提倡,提出了一些具体的主张。他对短篇小说的鼓吹就是一例。1918年3月,胡适在北京大学作《论短篇小说》的长篇讲演。在这篇讲演中,他给短篇小说下了一个定义。他说:"短篇小说是用最经济的文学手段,描写事实中最精彩的一段,或一方面,而能使人充分满意的文章。"①这个定义在今天看来,虽不算很精当,然而实质并无大错。这篇讲演的主要意义不在于对短篇小说作深入的理论探讨,而是在于他有意识地提倡短篇小说的创作。在文学革命处于当时的发展阶段,这是很切实际,很有意义的。胡适十分注意翻译介绍外国优秀的短篇小说。早在1916年,他就在《新青年》上发表翻译小说,后来专门出了翻译的《短篇小说集》,其中包括都德、莫泊桑、契诃夫等举世公认的第一流作家的作品。这些作品在当时产生了积极的影响。鲁迅更早在清末就开始介绍外国短篇小说,但那时是用古文翻译的,所以未能产生广泛的影响。后来,在文学革命运动中,鲁迅自己从事写作,创造了胡适等人公认的"第一等的小说作品"。于是由鲁迅开路,并以他为主将,首先在短篇小说这个文学领域,充分显示了"文学革命的实绩",为新文学的成功奠定了基础。

胡适产生影响最大的还是白话新诗的创作。他一面自己实地从

---

① 《胡适文存》卷一第176页。

事创作，一面不断地加以鼓吹。还在他的《尝试集》出版前，就写了长篇论文《谈新诗》。他把文学革命运动以来出现的诗体的解放，白话新诗的登上文坛，看作是"辛亥大革命以来的一件大事"①。他说，只有诗体解放了，"丰富的材料，精密的观察，高深的理想，复杂的感情，方才能跑到诗里去"②。他以实例证明，要委婉地、细腻地表达感情，朴素地、真实地描写景物，只有白话新诗才能做到，旧体诗词是难于做到的。最重要的是胡适关于新诗音韵问题的见解。他说："攻击新诗的人，多说新诗没有音节。不幸有一些做新诗的人也以为新诗可以不注意音节。这都是错的。"他批评反对新诗的人"自己不懂得'音节'是什么"③。他指出，做旧体诗词的人，只知道句脚有韵，句中有"平平仄仄"，完全不懂得人们语言中自然的音节，自然的和谐。他主张，新诗废弃旧格律后，"诗的音节全靠两个重要分子：一是语气的自然节奏，二是每句内部所用字的自然和谐。至于句末的韵脚，句中的平仄，都是不重要的事"④。胡适的这个主张对于新诗的成立，实在具有关键性的意义。长期以来，新文学的反对者们，总以鄙夷的态度对待新诗，他们首先是指新诗的文字不够典雅，但更重要的是，诬称它不讲音韵，所以根本不能算诗。不但少数顽固的古文家如此攻击，许多对新文学并无恶意的人也因此不肯承认新诗的地位。归根到底，这些人是古人的奴

---

① 《胡适文存》卷一第 227 页。
② 《胡适文存》卷一第 228 页。
③ 《胡适文存》卷一第 239 页。
④ 《胡适文存》卷一第 240 页。

隶、古书的奴隶。他们以为只有韵书所记载、名家所习用，方才是诗韵，不懂得人们语言实践中自然的音节、自然的和谐完全可以成为新诗音韵的根据。胡适的见解最终打破了对旧诗格律的迷信，推翻因袭的谬见，有力地削弱了一部分人对新诗的反对，增加了新诗作者们的创造的勇气，为新诗的创作提供了崭新的理论依据，其意义是十分重大的。朱自清曾说：胡适的《谈新诗》差不多成为诗的创造和批评的金科玉律了①。这话今天看来似乎有些夸张，但我想，胡适这篇文章当时产生的实际影响，大概还是像朱自清等那些五四时期成长起来的一代新诗人们才感受得真切。

《尝试集》出版后，胡适继续提倡新诗的创作。他并且提出了新诗要向民歌学习的正确主张。他对新诗人的作品表现出很大的热情，为他们写序言加以评论和介绍。他的这些努力一方面确实有助于新诗的成长、发展，为新文学开拓新的阵地；但另一方面，受他奖掖的青年作家中，有一些后来受了他消极方面的影响，而一度脱离人民革命的时代潮流，这是应当指出的。

胡适在阐述他的文学见解时，常常列举大量的中国古代的和近代的文学范例。他对这些作品的分析评述，用我们今天的标准来衡量，不可能是完全正确的。但他所抉择的许多文学作品，确是我们至今不能不承认为优秀的文学遗产。他后来写过一本《白话文学史》，颇受过一些人的指摘，说他"片面、武断"等。然而，在当时

---

① 朱自清：《导言》，朱自清编：《中国新文学大系·诗集》第2页，上海：上海良友图书印刷公司，1935年。

根本没有一本稍有系统的文学史的情况下,他的著作和见解,对后来文学史的研究,还是起了开辟门径的作用。

当然,胡适有一些文学见解确有值得讨论和加以批评的地方。

胡适在美国系统地接受西方式的教育,多年寝馈于西洋文学之中,他的某些文学见解,颇带有舶来品的味道,在新颖之中,夹着民族虚无主义的偏见。比如,胡适在谈到创造新文学的准备工夫时,强调学习西方的文学方法,认为"中国文学的方法实在不完备,不够作我们的模范"①。这本来是实际情况,这样提在原则上也并非不可以。但是胡适在指摘中国文学的缺点和赞誉西洋文学的优点时,有时是用一种人们无法接受的、偏颇的、绝对化的态度。比如他说,中国的散文"没有布置周密,论理精严,首尾一贯的长篇";韵文"绝少纪事诗,长篇诗更不曾有过";"戏本更在幼稚时代","全不懂结构";"小说好的只不过三四部,这三四部之中还有许多疵病";"至于更精彩的短篇小说、独幕戏更没有了";"除了几首实在好的诗之外,几乎没有一篇东西当得'布局'两个字",等等。这种对民族文学鄙夷不屑的态度,不仅不符合事实,而且有些地方也同他自己的一些见解相矛盾。反过来,在谈到西方文学的时候,胡适简直用尽了溢美之辞。如他说:"以戏剧而论,二千五百年前的希腊戏曲,一切结构的工夫,描写的工夫,高出元曲何止十倍";"更以小说而论,那材料的精确,体裁之完备,命意之高超,描写之工切,心理解剖之细密,社会问题讨论之透切……真是美不

---

① 《胡适文存》卷一第93页。

胜收。至于近百年新创的短篇小说，真如芥子里面藏着大千世界，真如百炼的精金，曲折委婉，无所不可，真可说是开千古未有的创局，掘百世不竭的宝藏。"①把胡适对民族文学和对西洋文学的两种态度对比一下，其过于崇洋的民族虚无主义的态度是很有些露骨的。在我国文学史上，曾经产生了许多优秀的文学家和优秀的文学作品。要创造民族的新文学，必须对自己民族的文学遗产加以科学的总结。一切优秀的东西应加以发扬光大，不足之处，则采取外国文学的长处加以改进。但任何外国的文学，哪怕是非常优秀的东西，如不同本民族的文学传统相结合，如不使之熔铸于民族形式之中，就不可能为我们所用。如果生搬硬套，或搞什么"全盘西化"，那只能造出与人民大众对立的东西，最终必定被淘汰。在中国新文学运动史上是不乏其例的。

　　胡适从他的民族虚无主义态度出发，认为中国新文学的创造是遥远的将来的事情。他宣称："现在的中国，还没有做到实行预备创造新文学的地步。"②为什么呢？ 他后来解释道，其原因是"世界的新文艺都还没有进中国的大门里"，所以"我们实在不配谈文学内容的革新"③。前面曾指出，在文学革命发动后的一段时期里，胡适一度特别强调文学形式的改革，强调文字和文体的解放，原本并无大错。但是，当谈到创造新文学的问题的时候，胡适却认为当时只能做熟悉白话工具、学习西洋文学方法的预备工夫，而把创造新

---

① 《胡适文存》卷一第93—94页。
② 《胡适文存》卷一第96页。
③ 胡适：《导言》，《中国新文学大系·建设理论集》第28页。

文学推到遥远的将来，这就不但把文学形式（白话工具、表现方法等）和文学内容割裂开，而且更把创造新文学的预备工作同创造新文学本身割裂开来。这颇类于康德的怀疑理性的态度。康德主张，人类在认识世界之前，先应批判地检验自己的理性是否具备认识世界的能力。如果不具备这种能力，那就不配认识世界。黑格尔批判他时，很形象地指出，康德的主张正如要求一个人在下水之前先学会游泳一样，是不可能的。人只能下到水里去，在游泳中学会游泳。同样地，人类只能在认识世界的过程中发展自己的认识能力。黑格尔的见解无疑是正确的，曾得到了马克思主义经典作家的充分肯定。用这个观点来观察五四时期新文学的创造问题，我们必须说，新文学家只有在创造新文学的实践中，不断提高自己的创造能力。要求他们在预备好了创造能力之后，再去创造新文学，是同要求一个人下水之前先学会游泳一样的荒唐。

康德生长在18世纪近代资本主义生产发展迟缓，资产阶级力量软弱的德国。他对现实有所不满，希望有所改变，但却非常犹疑，怯懦。胡适生长在20世纪初期的中国，不消说，近代资本主义生产的落后，和资产阶级力量的软弱更其突出。胡适怯生生地抱着改良主义态度参加新文化运动。他对于"五四"前后马列主义的传播，青年学生和人民群众的觉醒，是颇怀疑惧的。所以在那个时候，胡适不去具体谈论新文学创造的内容问题，把新文学的创造推到遥远的将来，应是有他特别的考虑的。1919年7月，胡适发起"问题与主义"之争，表现了他对当时中国社会迅速发展的革命形势的抵制态度。他在新文学创造问题上的主张是与他的这种政治态度相适应的。

就在胡适发表他的《建设的文学革命论》之后仅仅一个月,鲁迅的《狂人日记》就在《新青年》上发表了。这篇小说,思想深刻,艺术成熟,得到举世公认。就是胡适本人也一直承认鲁迅的小说是第一流的作品。以后鲁迅又继续创作了《孔乙己》《药》等许多优秀的小说,其他作家的作品也陆续问世。新文学的伟大实绩,有力地说明了,胡适把创作新文学推到遥远的将来的主张是错误的。

不但如此,胡适自己的实践也是同他的这一主张相矛盾的。他仅有的几种创作都是在1919—1921年间问世的,并不曾等到遥远的将来。如果把他奋力提倡新诗创作的那股劲头,同他的这一主张来比照,其自相矛盾就更显而易见了。

最后,我们稍微提一下胡适在五四时期的创作活动。胡适曾说,对于创造新文学,他"提倡有心",而"创造无力",这是的确的。他的文学创作微乎其微,在文坛上没有什么大影响。比较有些影响的只是他的新诗创作。他的《尝试集》于1920年3月出版,1922年10月出了增订四版,其中收选了胡适1916—1921年所作的部分新诗。但《尝试集》无论从形式方面还是从内容方面说,都不甚高明。它之所以产生相当的影响,与其说是他的新诗本身,还不如说是他创作这些新诗的途径。当胡适下决心以白话创造新诗的时候,他几乎没有一个有力的同情者和支持者,遇到的阻力要比反对白话文更大得多。但他认准了诗体解放是一个不错的方向,坚信白话不但可以作文,也可以作诗。他不顾人们的反对和嘲笑,百折不回地坚持尝试、探索,终于摸索出一条道路,渐渐写出了一些可以被人承认的新诗。可是,他的《尝试集》出版以后,新文学的敌人们却像对待魔鬼一样地表示憎恶。胡先骕发表两万余言的《评〈尝试集〉》,竟宣称:"胡君之《尝试集》,死文学也。……物之将死,必精神失其常度,言动出于常轨。胡君辈之诗之卤莽灭裂趋于极端,正其必死之征耳。"①其实,《尝试集》中只有很少几首在形式上完全突破旧诗词的限制,可算卓然成立的新诗;在内容方面,也只有少数几首表现了对军阀专制的不满。就这样的一本新诗集,在复古主义的卫道君子们的眼里,竟成了"失其常度","出于常轨","趋于极端"的典型,足见顽固派是何等的狭隘鄙陋。难怪胡适要说:"我初读了觉得很像是骂我的话";而其实,是"过誉了"。在另一方面,《尝试集》的出版却理所应得地受到了包括鲁迅在内的新文学的提倡者、赞助者们的支持。因为它在新诗拓荒的过程中充当了开路先锋,起了召唤后来者的作用。文学史家陈炳堃(子展)说:"《尝试集》的真价值,不在建立新诗的轨范,不在与人以陶醉于其欣赏里的快感,而在与人以放胆创造的勇气。"②这一评价是颇为公允的。

在其他领域里,胡适的创作稍稍值得一提的是他1919年写的一本独幕剧《终身大事》(初以英文写成,后由作者自己翻成中文)。这是在中国出现的第一个新剧本,由于它反映了当时青年男女反对封建迷信,反对家族制度,反对包办婚姻这种有普遍意义的新的思

---

① 《学衡》第一期。
② 陈炳堃:《最近三十年中国文学史》第227页,上海:太平洋书店,1930年。

想潮流，所以有一定进步意义。在巴金的著名长篇小说《家》里面，曾提到《终身大事》这个剧的演出，可见它在当时还产生了一定的社会影响。

但总的说来，胡适创作甚少，因此，算不上一个诗人或文学家。提倡白话文的成功曾使他颇为陶醉，而临到创造新文学的时候，他却停步不前了。这首先是因为中国社会的尖锐的阶级斗争逐渐吸去了他的主要注意力。作为自由主义的代表人物，胡适对马克思主义的传播和无产阶级革命的兴起甚怀戒惧。所以，他要去组政团、办刊物，为其自由主义的理想目标奋斗。此外还有另一层原因，胡适既是实验主义的信徒，他禁不住要为自己寻求一条最易获取成功的道路。在争得了白话文的胜利之后，在出版了《中国哲学史大纲》之后，在写了几篇小说考证之后，在出版了《尝试集》之后，其创造力似已越过巅峰，以至于他的半部《中国哲学史》、半部《白话文学史》始终不曾续写完成。同时，在其他学术领域，他也几乎都半途而止，却顺水推舟地走上了"政治文人"的道路，逐渐深深地卷入政治活动之中。

原题《胡适与五四文学革命运动》
载《中国现代文学研究丛刊》1979 年 10 月第一辑

3

胡适与《新青年》
及《新青年》同人之分裂

本文涉及的问题范围较大,层次颇繁,材料亦多。故分作两大部分,第一部分,讨论胡适与《新青年》发生关系的渊源,及胡适在《新青年》中所发挥的作用。第二部分,讨论《新青年》同人间的分歧以至最终分裂的始末,并略作分析。

一、胡适与《新青年》

(一)胡适与《新青年》的结缘

《新青年》原名《青年》,是1915年9月由陈独秀在上海创刊的。是年10月6日,胡适的同乡朋友,亚东图书馆主人汪孟邹(原名炼,以字行)即将《青年》的第1号寄给胡适,并写信转达陈独秀邀稿之意。12月13日,汪续寄《青年》2、3号并再致信说:"陈君(指陈独秀)望吾兄来文甚于望岁,见面时即问吾兄来文否,故不得不为再三转达。……务求拨冗为之。……否则,陈君见面必问,炼将穷于应付也。"①从这两封信可以看出,陈独秀盼望胡适来稿是多

---

① 汪孟邹致胡适的信(1916年12月13日),《胡适遗稿及秘藏书信》第27册第265页。

么热切。在朋友再三催促下，大约在1916年的夏天，胡适把一篇翻译俄国作家泰来夏甫的短篇小说《决斗》寄给陈独秀，于2卷1号，亦即改名《新青年》后的第1号上发表了。这是胡适在《新青年》上发表文字之始。此后于2卷2号有《通信》一篇；2卷4号起连载《藏晖室札记》。2卷5号，发表那篇著名的文学革命开篇之作——《文学改良刍议》，文学革命从此开始，新文化运动也从此真正形成为全国性的运动，《新青年》也从此更加受到知识界的关注。胡适，一个远在美国的留学生，竟然成了国内思想界、文学界的知名人物。他在《新青年》同人中的地位以及在新文化运动中的地位，都因此奠定了基础。

1917年初，陈独秀被北京大学新任校长蔡元培聘为文科学长，于是他将《新青年》移到北京编辑。他向蔡元培推荐胡适，蔡亦很赏识"首举文学革命义旗"的胡适的学问与胆识。胡适于1917年7月回国，9月便受聘到北京大学任教授。1918年，《新青年》从第4卷起，改由同人轮流编辑。主要编辑人有陈独秀、胡适、李大钊、钱玄同、高一涵、沈尹默、刘复等。在1919年1月第6卷第1号上，还明确载明该卷各期的编辑人姓名。其他经常的撰稿人还有周树人、周作人、陶孟和等等。

《新青年》的编辑同人和在北京的主要撰稿者，实际上形成了一个自由结合的小团体。由陈独秀首倡的个性自由、民主平等、科学与世界化的基本精神，成了他们共同的信条。由此发生出来的文学革命、思想革命、伦理革命，都已推展成全国性的运动。后来的人们，将它概括称之为新文化运动。由于《新青年》同人绝大部分都是北京大学的教授,或在北京大学兼任教职,所以,在外间看来,北京大学是引起这场震荡全国的新文化运动的策源地。而以陈独秀、胡适为代表的北京大学一派新教授们,应当对这一运动负完全的责任。

到1919年春天的时候,《新青年》、新文化运动,以及北大的种种改革,引起守旧势力的强烈反对。

旧文化营垒中有林纾公开写信给北大校长蔡元培,指责北大新派教授们"覆孔孟,铲伦常","行用土语为文字",大失学府应有的风范。要蔡元培"留意守常为是",不可鼓励新思想。

然而这还只是"台面上"的。与此同时,"台面"底下,林纾却化名写影射小说,用极苛毒的语言咒骂陈独秀、胡适,甚至还有蔡元培。社会上的旧势力更加不择手段,攻击陈独秀的匿名传单满街飞,咒骂恐吓的匿名信寄到胡适家里。小报、传单,甚至大报的新闻栏公然登载谣言,说,北京政府要惩办北大教授,北大不得不辞退陈独秀、胡适、钱玄同等人,已把他们驱逐出京,云云。

还应指出,在北京的外国教会势力,也曾一度加入这一反对新文化的合唱,他们说,陈独秀、胡适们正在鼓吹一种危险的"三无主义",即"无政府,无家庭,无上帝"。

陈独秀、胡适、《新青年》、北京大学,使旧世界震动了。

(二) 胡适借《新青年》引领文学革命

胡适对于《新青年》的特别贡献,自然首推文学革命。他的《文学改良刍议》在《新青年》2卷5号发表,引起学界、知识界很大注意。陈独秀深知此文的意义重大,故于《新青年》的下一期（2卷6号）上发表《文学革命论》，把胡适的意思用更急进的语言加以概括。其文中明白宣称："文学革命之气运，酝酿已非一日，其首举义旗之急先锋则为吾友胡适。"此后有关文学革命的热烈讨论，基本上都是围绕着胡适所提出的问题而展开的。胡适被当时人认为是无可争议的文学革命的首倡者和主要领袖。但这一事实却曾被一些人加以歪曲或抹杀。有代表性的说法有两种：一种是说，文学革命不自胡适始，早于清末即已开始。其标志是白话报刊的盛行。另一种是说，胡适只主张文学形式、文学体裁的革命，而忽视内容的革命，因而，说他要把文学革命引入歧途。这两种片面、牵强、违背事实的说法，我早在1979年所写的《胡适与五四时期的新文化运动》及《胡适与五四文学革命运动》（此文收入本书，改名为《引领文学革命》）两文中已有详细的驳论，这里不再重复。这里要着重说明的是，《新青年》杂志当时实为领导文学革命的中心阵地。在该刊上的讨论涉及了文学革命的一切重大的基本问题。而胡适作为这场革命的倡导者，始终居于领导的中心位置。这可从几方面来看：

（1）胡适的几篇论述文学革命的文章，都发挥了纲领性的作用。如《文学改良刍议》，提出了文学革命的主要问题，引发全国性的讨论。这是尽人皆知的了，无须再谈。另有几篇大文章，如《历史的文学观念论》（载《新青年》3卷3号），是胡适倡导文学革命的基本理论根据。傅斯年在《新青年》4卷1号上所发《文学革命申义》一文，其中一个重点即是申述文学史上新陈代谢的道理，正是胡适上述文章中心思想的进一步发挥。

胡适的《建设的文学革命论》(载《新青年》4卷4号)是概述他建设新文学的纲领。此文被誉为"文学革命最堂皇的宣言"①。文章所提"国语的文学,文学的国语"这个既概括而又十分明确的目标,把文学革命的宗旨、途径及其意义都涵盖在里面了。文章对于创作新文学,介绍了许多为中国旧文人所从未闻见的观念和方法。此文的影响非常深远。罗家伦说:"主张文学革命最集中的学说,首推胡适之先生的《建设的文学革命论》。"②

继《建设的文学革命论》之后,胡适又在《新青年》上发表《论短篇小说》(4卷5号)。此文原是在北京大学国文研究所的一篇讲演,在傅斯年记录稿的基础上整理而成。胡适于文学作品,特赏识短篇小说。他为短篇小说下一定义,认为"短篇小说是用最经济的文学手段,描写事实中最精彩的一段或一方面而能使人充分满意的文章"③。作短篇小说最容易训练作家的写作方法和构思能力。胡适曾翻译西方著名作家的短篇小说共17篇,先后分两次结集出版。由于他的提倡,加之时代的需要,在新文学中,短篇小说的创作是最早取得成功的一个部门。

胡适于戏剧改革亦极具热情。中国旧式文人,多半喜欢观戏、评戏,"捧角儿"是文人一大乐趣。但中国的旧戏,内容与形式多有亟待改革的地方。文学革命运动起来之后,改良戏剧的话题自然提

---

① 郑振铎:《导言》,《中国新文学大系·文学论争集》第4页。
② 罗家伦:《驳胡先骕君的中国文学改良论》,张若英编:《中国新文学运动史资料》第168页,上海:上海书店,1982年。
③ 《胡适文存》卷一第176页。

上日程。但保守的势力亦颇大。胡适著《文学进化观念与戏剧改良》一文(载《新青年》5卷4号),在深入论述了文学进化观念的几层意义之后,指出,中国的戏剧急须借鉴西方的"悲剧观念"和"经济的文学手段"来加以改革,创作适应新时代需要的,为广大人群喜闻乐见的新剧。在发表胡适的《文学进化观念与戏剧改良》一文的同一号《新青年》上,还发表了傅斯年的《戏剧改良各面观》、欧阳予倩的《予之戏剧改良观》、张厚载的《我的中国旧剧观》、傅斯年的《再论戏剧改良》及宋春舫的《近世名戏百种目》,足见当时讨论之热烈。胡适自己身体力行,创作了独幕短剧《终身大事》,颇为新知识界,特别是青年学生所欢迎。中国现代文学中真正的新剧,实是从文学革命运动中发源的。

(2)胡适在文学革命中最有开创意义的贡献还是白话新诗的提倡与创作。胡适作白话诗始于留学时期。但写诗最勤,成绩亦较佳,则是在归国以后的两三年。1919年,胡适将所作新诗结集名曰《尝试集》,于次年出版。其《自序》(又名《我为什么要做白话诗》)把他主张作白话诗的道理及"尝试"作白话诗的过程说得清清楚楚。所以《尝试集》作为第一部白话诗集,它的最大意义不是提供一部供人赏鉴的作品,而是为新文学的响应者们提供一种勇于尝试、勇于创造的新典范。可以说,《尝试集》真正起了抛砖引玉的作用。胡适是在《新青年》上第一个发表白话新诗的人,也是发表白话新诗最多的一个人。[①]在胡适的提倡之下,在《尝试集》的影响之

---

① 《新青年》1—9卷登胡适的白话诗47首,刘半农25首、沈尹默16首,俞平伯8首,康白情3首,汪敬之2首。

下,产生出一代作白话诗的新诗人。

(3) 在文学革命运动中,胡适起了两种角色作用。第一,他是"首举义旗的先锋",这是大家都公认的。第二,他在运动中居于中心指导的地位,他是《新青年》中稳健派的代表。这可分两层来说。首先,他为运动提出基本的理论、基本的纲领和基本的目标。检看运动中所有讨论的文章,特别是《新青年》所登载的《通信》栏的内容,可以充分证明这一点,这里无须多说。这里要着重指出的是第二层意思,即胡适对于文学革命运动的中心指导地位。而他之所以能够居此地位并得到绝大多数人的承认和拥护是因为他态度稳健。他不但为文学革命提出了明确的纲领、目标和方法、途径,而且他还有意识地引导大家围绕这些问题展开讨论。而讨论之能够充分展开,是由于胡适能够虚怀容纳不同意见,肯给予反对派以平等讨论的地位。这一点,在思想、学术和文化变革中非常重要。这里需要的是以理服人,而不是像阶级斗争、政治革命中那样以力服人。胡适发表《文学改良刍议》首次系统提出自己的主张时,在其文章的末尾,特别表示希望"国人同志有以匡纠是正之"①。在《新青年》第3卷第3号上,他向陈独秀指出:"适所主张八事及足下所主张之三主义者,此事之是非,非一朝一夕所能定,亦非一二人所能定,甚愿国中人士能平心静气与吾辈同力研究此问题。讨论既熟,是非自明。吾辈已张革命之旗,虽不容退缩,然亦绝不敢以吾

---

① 《文学改良刍议》,《新青年》2卷5号。

辈所主张为必是而不容他人之匡正也。"①陈独秀的态度与胡适迥不相同，他是"必不容反对者有讨论之余地，必以吾辈所主张为绝对之是，而不容他人之匡正"②。从前，人们的观念总认为，革命总是愈坚决、愈激烈、愈能压倒对手愈好，而不管是什么革命。对文学革命运动亦作如是观，极力表彰陈独秀的态度是如何坚决，旗帜如何鲜明，如何的不妥协。而批评胡适是如何的软弱，如何的妥协。表面看起来，似颇近事实。然而这种评论实属不妥。思想观念的转变，学术新理的成立，文化习俗的变迁，都须经过一个过程。这个过程不是简单的以新代旧，以新打倒旧。新的东西的被承认，得以确立和发展，须赢得大多数人的理解和接受；而理解与接受是来不得强迫的，必须以理服人，必须令人相信你的新道理是对的。你不容人家有异议，也许暂时可以使人不敢发表异议，但异议还是存在人们的心里，你的新道理仍旧没有获得别人的承认。此意，胡适在《答汪懋祖》一文里说得最明白。他说："我主张欢迎反对的言论，并非我不信文学革命是'天经地义'。我若不信这是'天经地义'，我也不来提倡了。但是人类的见解有个先后迟早的区别。我们深信这是'天经地义'了，旁人还不信这是'天经地义'。我们有我们的'天经地义'，他们有他们的'天经地义'。舆论家的手段，全在用明白的文字，充足的理由，诚恳的精神，要使那些反对我们的人不能不取消他们的'天经地义'，来信仰我们的'天经地义'。所以本

---

① 胡适致陈独秀的信，《新青年》3卷3号。
② 陈独秀致胡适的信，《新青年》3卷3号。

报（指《新青年》——引者）将来的政策，主张尽管趋于极端，议论必须平心静气。一切有理由的反对，本报一定欢迎，决不致'不容人以讨论'。"①我认为，这是一种健全的态度。胡适一生基本上都是以此态度对待思想、学术上的各种争论。

从这种态度出发，他主张扩大《新青年》撰稿人的队伍，他主张《新青年》可以发表不同的意见。

1918年，正是《新青年》上文学革命的讨论日渐热烈的时候，胡适拟邀请张厚载为《新青年》写稿，申明他反对文学革命和戏剧改良的意见。对此，钱玄同表示激烈反对。钱致信胡适说："至于张厚载，则吾期期以为他的文章实在不足以污我《新青年》。"②胡适答复说："我请他做文章，也不过是替我自己找做文的材料。我以为这种材料，无论如何总比凭空闭户造出一个王敬轩的材料要值得辩论些。"胡适并说，若钱氏以为"我看得起张豂子（张厚载字——引者），便要脱离《新青年》，也未免太生气了"③。

钱玄同本是章太炎的学生，原是弄旧学的，思想并不很新。但自从同陈独秀、胡适等人相交，思想为之激变。从一极端走上另一极端。这是许多从旧学樊笼冲出来的人常有的思想轨迹。这种现象在中国近现代史上，不论政治界、思想界、文艺界皆有之。这也正是中国近现代史上激烈左倾思潮的基本土壤。思想观念的变化，最

---

① 胡适致陈独秀的信，《新青年》3卷3号。
② 中国社会科学院近代史研究所中华民国史组编：《胡适来往书信选》（上）第25页，北京：中华书局，1979。按原编者认为，此信写于1919年2月，是错的；此信应写于1918年夏间。
③ 《胡适来往书信选》（上）第24—25页。

好是经过一个新旧涵养、融会的过程,不可急求骤变。凡得新思想、新学理的人,首先自己须是确实领悟,确实掌握它,对它有信仰,有充分的自信。然后方能从容去向别人解释、宣传,不计一朝一夕之功,而相信目的有必达之日。否则,一遇反对意见,便有危机感,生怕别人动摇自己的真理,动摇自己的信仰,因而态度激烈,不容人稍存疑义。其实这是不自信的表示,是务新之名,而自视为高,总以愈新、愈高、愈纯为尚,不屑与人为伍。中国名教观念深重,在名教招牌下面会出许多假圣人、假正经、假革命、假改革,等等。我并不是说,文学革命中的激进派如钱玄同等是"假××"。他们虽然态度上有些不妥,但皆有真学问,还不致堕落成"假××"。倘若学问根底太浅,叛旧趋新则极易堕落。

　　胡适是经过了旧学与新学长期涵养、融会的过程。这个过程至少有10余年之久(1904—1917)。他深知变化人们的观念之不易,因而肯做改革家必不能回避的与旧人、旧事相周旋的功夫(这往往是"革命家"所不屑为的)。他在给钱玄同的信中说:"老兄说我'对于千年积腐的旧社会,未免太同他周旋了'。我用不着替自己辩护。我所有的主张,目的并不止于'主张',乃在'实行这主张'。故我不屑'立异以为高'。我'立异'并不'以为高'(着重点是原有的——引者)。我要人知道我为什么要'立异'。换言之,我'立异'的目的在于使人'同'于我的'异'(正当的'立异',皆所以'求同')。"①

---

① 《胡适来往书信选》(上)第27页,此信约写于1918年夏间。

1918年8月18日，胡适曾写信给张厚载，①讨论改良旧戏，"废唱用白"的问题。张厚载是做戏评的文人，对旧戏有一种说不出所以然的爱好。他坚决反对废唱用白的主张，在《晨钟报》上发表文章批评胡适。胡适的信即针对他的文章而发。胡适平心静气地分析张氏的说词，指出其内在的矛盾，说明废唱用白的新戏，易为广大人群接受的道理。张厚载是个思想守旧而又无行的人。胡适原已想到："若他真不可救，我也只好听他。"②到1919年，新旧思潮斗争白热化的时候，张厚载向《公言报》提供假消息，造出陈、胡、钱等被辞退出京的谣言，为反对新文化的人张目。事实证明，他是不可救了。但胡适对这样一个人，亦不做詈骂之语，仍是平心讲道理，虽未能说服张厚载，但对于许多受旧戏、旧观念影响的人，却不无辨疑解惑之功。

理性、稳健，这是胡适的最大长处。革新的事业，特别需要这种长处。但，我们自然也不能因此而抹杀激进派的作用。激进，往往可以给麻痹的社会、麻痹的人群一种大的刺激，逼使他们作出反应。因而对于造成声势，扩大影响，会有相当的作用。但仅此而已。若整个的革新运动，按照激进主义的路线走，则往往收不到成功的实效。当时有一位在海外关注文学革命运动的人，这样评论过，他说："《新青年》《新潮》听说在内地各省奏效很大。此地留学生都格外敬重先生。因为先生所持的纯粹是学者的态度，不像钱先

---

① 此信在《晨钟报》上连载（1918年8月22、23、24日）。
② 《胡适来往书信选》（上）第24页。

生他们常常怒骂。我以为钱先生们也是少不得的。他并不是喜欢骂,实在是不得不骂。"①

胡适自己对文学革命中革新阵营内部两种不同的态度也有很公允的评估。30年代初,他在回忆《新青年》与文学革命时曾说过:"当日若没有陈独秀'必不容反对者有讨论之余地'的精神,文学革命的运动决不能引起那样大的注意。"因为胡适自己的"态度太平和了。若照这个态度做去,文学革命至少还须经过10年的讨论与尝试。但陈独秀的勇气恰好补救这个太持重的缺点"。②

在一场带有群众性的运动中,总是难免有激进、保守与稳健的不同倾向。它们各有各的作用。激进固然可以起造势和推进的作用,即使保守,只要是真正有所见的保守,而非顽固不化的僵尸,其实亦可从反面对运动产生有益的作用。自然,激进与保守都会产生消极的负面作用。唯一最少弊病而真能起建设性作用的,是稳健派。但不可能要求所有的人都做稳健派。哲学家霍布斯说,世界好比一筐梨子,若全部拣出烂了的,那筐子里就不热闹了。

(三) 胡适以《新青年》为思想解放运动的中心

《新青年》所引发的思想革命运动,就其对中国社会的直接影响而言,实具有更为重大的意义。现在人们都知道,《新青年》的旗帜是科学与民主。在当时所讲的科学,主要是提倡一种实事求是的态度,反对无意义的空想和玄谈,反对武断和迷信。所讲的民主,

---

① 《胡适来往书信选》(上) 第49页。
② 《五十年来中国之文学》,《胡适文存二集》卷二第157、158页。

也主要是一种民主的精神,提倡尊重人的自由,尊重人的个性,反对各式各样的专制与强人接受的一尊的权威。后来许多人误解当时人提倡科学与民主的实在意义,指责《新青年》的同人们,新文化运动的领袖们自身不懂得科学,也未提出什么具体的民主政制的构想云云。这些指责实是文不对题。

胡适发表在《新青年》上的文章,着重讲科学的很少,但强调思想解放,主要是个性解放和女子解放的大块文章颇多,其影响亦非常之大。所以这里着重讨论这一个方面。

《新青年》创刊之初,陈独秀写《敬告青年》一文,实具有发刊宣言的性质。一则它明确此刊面对青年,二则提出对青年成为一代新人的期望,亦即新青年的几个主要标准。陈独秀所提六条标准中,只有第一条:"自主的而非奴隶的"是发挥个性自由的思想。其最要紧的话如"解放云者,脱离夫奴隶之羁绊以完其自由自主之人格之谓也"。又如"盖自认为独立自主之人格以上,一切操行,一切权利,一切信仰,惟有听命各自固有之智能,断无盲从隶属他人之理"。基本意思是主张个人自主、自立,意思是很好的。但总嫌有些抽象,有些笼统。以后,陈独秀又在《新青年》上发表过几篇有关同一题旨的文章,都不免笼统或未中肯要的毛病。除陈独秀外,发表此类文章较多,分量亦较重的是高一涵。但高氏是专攻政治学的,他每从政治学的意义上阐发个人自由的意义。

《新青年》的其他编者和主要撰稿人,如陶孟和、吴虞、李大钊、鲁迅等,也都分别发过少数同一题旨的文章,比较言之,分量和影响都不能与陈独秀、胡适相比。鲁迅写过《我之节烈观》(5 卷

2号)和《我们现在如何做父亲》(6卷6号)两文,但实在说,这两篇文章都不如他的一篇《狂人日记》的影响大。

当时被目之为提倡个性解放的主要思想家是胡适。他的《易卜生主义》(4卷6号)被诩为个性解放最有力的宣言。此文之所以能发生最大的影响,我想有以下几个原因:(一)他借用一位声名甚著的西方思想家和文学家易卜生来发挥他的个性解放的思想。(二)胡适本人在美国受过系统的西方教育,他在文学革命中已赢得了很高的社会声望,他对西方思想的介绍,比较最易得到新知识界的信任。(三)他宣传个性解放的思想,恰当地借用了易卜生所创造的几个生动的文学形象,因而更富感染力。(四)胡适对个性解放做了比陈独秀等人清楚得多、具体得多的阐释和界说。

这里须对第四点稍作进一步的说明。

在《易卜生主义》一文中,胡适介绍易卜生揭露社会"往往用强力摧折个人的个性,压制个人自由独立的精神"[①]。而"社会最大的罪恶莫过于摧折个人的个性不使他自由发展"[②]。易卜生希望,"你要想有益于社会,最好的法子莫如把你自己这块材料铸造成器"[③]。个性主义,不是狭隘的自私自利的个人主义,它的最高宗旨是要每个人有充分机会发挥自由意志,发挥个人的才性,使有益于社会。这是个人与社会真正合理的健全的关系。所以胡适又指出:"发展个人的个性须要有两个条件:第一,须使个人有自由意志;第

[①][②] 《胡适文存》卷四第34页。
[③] 《胡适文存》卷四第32页。

二，须使个人担干系，负责任。"①这第二点非常重要。许多人对个性主义，自由主义有误解，都是因为不懂得这第二点所说的意思。一个自由的人和一个奴隶，他们之间的区别自然首先是有无自由意志。但是还有一个区别也是很重要的，即自由人须对自己的言行负责任，负法律的责任，负社会的责任。而奴隶则不然。奴隶是主人的所有物，没有独立的人格，没有发自本身独立意志的言行，所以他没有个人的责任。许多人误解自由，误解个性解放，以为是个人可以为所欲为，无所顾忌。这绝对是误解。在专制制度下生活惯了的人，要么是放弃自由的追求，要么就要摆脱一切，也摆脱一切责任，无限制地放纵自己。这正是无政府主义最易在久行专制的社会里发生的一大原因。在真正尊重个人自由的社会里，个人因为要对社会负责任，所以他的行为绝不可能是毫无节制的。蒋梦麟在他的回忆录——《西潮》里曾提到，他初到美国时发现，"美国这个共和政体的国家，他的人民似乎比君主专制的中国人民更少个人自由"②。他的观察，正是一个长期生活于专制社会里的青年人，对个性自由尚缺乏深切理解的一种反映。

胡适总括地说："自治的社会，共和的国家，只是要个人有自由选择之权，还要个人对于自己所行所为都负责任。若不如此，决不能造出自己独立的人格。社会国家没有自由独立的人格，如同酒里少了酒曲，面包里少了酵，人身上少了脑筋，那种社会国家决没有

---

① 《胡适文存》卷四第35页。
② 蒋梦麟：《西潮》第70页。

改良进步的希望。"①

胡适后来在其《不朽》一文中，极力提倡一种"社会的不朽论"，即"小我"——个人，要对"大我"——社会负责任。充分发挥"小我"的才性，以不辜负"大我"的无穷过去。更不可因"小我"而遗害"大我"的无穷未来，而应力求有补于"大我"的将来。这种"社会的不朽论"是进一步在个人与社会的健全关系的基础上，建立一种新型的淑世的个性主义的人生观。

提到个性解放，必须提及女子解放的问题。《新青年》的同人们，有好几位写过这方面的文章。如李大钊、鲁迅、陶孟和等，但李大钊谈的只是女子参政问题（6卷2号《战后之妇人问题》），鲁迅谈的只是节烈问题（5卷2号《我之节烈观》），陶孟和则着重从社会问题的角度讨论妇女问题（4卷1号《女子问题》）。只有胡适，是从人的解放、个性的解放的最为普遍的意义上讨论女子问题，是与新文化运动的民主精神、人文精神紧密协调的一种立场。胡适发表在《新青年》上有关女子解放的文章共有3篇（5卷1号《贞操问题》、5卷3号《美国的妇人》、6卷4号《论贞操问题答兰志先书》），而在《易卜生主义》一文中也包含有女子解放的内容。胡适在讨论女子贞操问题时，把它作为男女之间相互的道德原则。这就同我们前面介绍他的个性解放是个人自由意志，加上个人对他人对社会负责任的观念统一起来。而胡适对于女子问题尤所强调的是，女子应确立"超于良妻贤母的人生观"，应当做一个充分"自立"的

---

① 《胡适文存》卷四第36页。

人。"'自立'的意义只是要发展个人的才性,可以不依赖别人,自己能独立生活,自己能替社会做事。"①社会上男女都能"自立"了,社会自然健全进步。所以,我们的目标是"造成无数'自立'的男女,人人都觉得自己是堂堂的一个'人',有该尽的义务,有可做的事业。有了这些'自立'的男女,自然产生良善的社会"。②

正因为胡适的女子解放论与他的个性解放思想极为协调一致,所以它产生的社会影响更为广远。当时有许多略有新知识的女子,因读了胡适的文章,仿佛受电一样,觉醒起来,活动起来,走出封闭自己的家庭四壁,或求学,或做事,或参加各种社会活动,争做一个与男子一样能"自立"的新人。

胡适写的《李超传》,也是一篇关乎女子解放问题的大文章。它通过一个女子的挣扎、奋斗而终不免悲剧的命运,深刻揭明了女子争取受教育权,争取与男子同等的继承权的重要意义。

二、《新青年》同人的分裂

《新青年》的编辑同人们在外界看来,真是精兵强将的阵容,是无法从外部攻破的。这个小团体的内部,一向没有什么共同的戒约,一向是个自由组合的群体。他们之能够走到一起,主要是对自由的共同追求和救起一代青年的共同愿望,加上蔡元培先生执兼容

---

① 《美国妇人》,《胡适文存》卷四第40—41页。
② 《美国妇人》,《胡适文存》卷四第61页。

并包的方针而延揽各方人才的宗旨有以致之。在政治态度、政治趋向上，他们原无任何默契。他们的门第出身、教育背景、生活经历并不相同，因而对时势的反应亦不可能相同。一旦政治问题逼人而来，他们的分歧就会公开暴露了。

关于《新青年》同人在"五四"后逐渐走向分裂，已有很多人论及。最主要的说法是胡适与陈独秀思想路向不同，又各不相让，遂致分裂。中间也有人注意到，同人中多少有些派系的分别，也是分裂的一个原因。有一点却一直被忽略，那就是，在1919年初，胡适曾有意要将《新青年》收归自己一人独办，遭到沈尹默等人的反对。这是分裂迹象的第一次显露。过去，因只有沈尹默的回忆中谈及这一点，未得其他证据。而沈尹默的回忆是在大规模批判胡适运动之后所写，其中对胡适贬损过甚，多有不实之词，所以对他所说，胡适曾要一人独办《新青年》的话，大家都不予注意。我本人也是如此。2014年，梁勤峰、杨永平先生将他们刚刚搜集到的原亚东图书馆准备编辑出版的胡适与其好友许怡荪之间的通信的抄清稿复印一份送给我看。我看到胡适1919年1月20日写给许怡荪的信最后有一句："《新青年》事，我决议收回归我一人担任。"这句话显得有些突兀。前无"缘引"，后无"结果"。但这确是胡适自己所说，他确曾有此打算。这一重要细节的发现，促使我重新细读从前读过而没有连贯起来思索的材料，从中理出线索，从而进一步了解胡适想将《新青年》收归自己独办的想法的产生缘由，及其未能如愿，以致胡适与陈独秀最终分道扬镳的真实过程。我觉得，这一细节的发现，对于更深入地了解《新青年》的分裂及其意义，以及分裂过程中各人所表现的态度具有极为重要的意义。

(一)《新青年》的编辑到底有哪些人

《新青年》原是陈独秀一人主创,一人主编的刊物。1917年,因受蔡元培委任为北大文科学长,陈独秀遂将《新青年》带到北京编辑。在这里,他和他的《新青年》,得到了一批具有新思想、学问优秀的北大教授们的支持,《新青年》在思想、学术上的影响力大大提升。从1918年四卷一号开始,《新青年》改由陈独秀和北大几个教授轮流编辑,成为同人刊物。现在已经查明:《新青年》四卷一号,陈独秀编;二号,钱玄同编;三号,刘半农编;四号,陶孟和编;五号,沈尹默编;六号,胡适编。五卷一号,陈独秀编;二号,钱玄同编;三号,刘半农编;四号,胡适编;五号,沈尹默编;六号陶孟和编。六卷一号,陈独秀编;二号,钱玄同编;三号,高一涵编;四号,胡适编;五号,李大钊编;六号,沈尹默编。这当中,凡沈尹默担名编辑的,实际都是别人代他编的。四卷五号和五卷五号,都是钱玄同与刘半农代他编的;六卷六号,则是钱玄同一个人替他编的。①

除了上述直接参与轮值编辑的《新青年》同人之外,经常为《新青年》供稿,且与《新青年》的编辑们关系密切的还有鲁迅、周作人、沈兼士、陈大齐、朱希祖、王星拱等,其中尤以周氏兄弟最关重要。一则他们供稿比较多,二则他们都是浙江人,与沈尹

---

① 参见张耀杰:《北大教授与〈新青年〉》第2—13页,北京:新星出版社,2014年。

默、钱玄同极熟悉。钱玄同是个胸无城府、性情直率的人。而沈尹默则是城府甚深、善于周旋的人。他担着《新青年》编者的名义，却不亲自动手，由他人代编。而他人竟也愿意如此做，可见沈尹默非一般人可比。据记载，蔡元培很倚重他的几个浙江同乡，尤其是沈尹默、汤尔和（时任北京医学专科学校的校长）两人。请来陈独秀，以及后来赶走陈独秀，都是这两个人的主意。在周氏兄弟是否曾是《新青年》编辑人的问题上，只有鲁迅和沈尹默两人认定周氏兄弟都是《新青年》的编辑，并且参加该刊的编辑会议。而这一点连周作人本人都不予承认。且看沈尹默怎么说。

沈氏说："《新青年》杂志由独秀带到北京之后，有一时期，曾交由鲁迅弟兄、玄同、胡适和我分期担任编辑。"①

鲁迅则说："《新青年》每出一期，就开一次编辑会议，商定下一期的稿件。其时最惹我注意的是陈独秀和胡适之。"②

而周作人却是这样说的："鲁迅写文的态度本是严肃、紧张，有时戏剧性的，所说不免有小说化之处，即是失实——多有歌德自传'诗与真实'中之诗的成分。例如《新青年》会议好像是参加过的样子。其实，只有某一年中由六个人分编，每人担任一期，我们均不在内。会议可能是有的，我们是'客师'的地位，向不参加的。"③

周作人日记中记载他曾参加过个别几次《新青年》编辑同人的

---

① 转引自张耀杰：《北大教授与〈新青年〉》第18页。
② 鲁迅：《忆刘半农君》，《鲁迅全集》第6卷第71页，北京：人民文学出版社，1981年。
③ 张菊香主编：《周作人年谱》第636页，天津：南开大学出版社，1985年。

会议。例如1919年6月23日，胡适做东，邀请《新青年》同人餐聚，商量陈独秀被捕后的《每周评论》的编辑问题，结果由胡适接编。又例如1919年10月5日，在胡适家里举行《新青年》同人的会议，商量陈独秀出狱后，《新青年》的编辑问题，结果决议，重归陈独秀一人编辑。这两次会议，周作人参加了，但鲁迅并没有参加。至今，人们没有发现鲁迅参加编辑《新青年》，或参加其编辑会议的直接证据。

但《新青年》同人之间有个不成文的规矩，凡遇到重大问题，常常向编辑人以外，经常供稿的朋友征求意见。鲁迅就是这样的朋友之一。1920年末至1921年上半年，关于《新青年》办刊方针发生重大分歧时，鲁迅就曾参与提供意见。

（二）《新青年》同人内部分歧的由来

《新青年》同人之间逐渐暴露出分歧，其分歧主要来源有二：一是地域不同。人们知道，在中国传统社会，地域观念是非常重要的。同乡之间保持联络，相互援引，相互照应，是很自然的事。遇到关键时刻，患难与共，拔刀相助，也是该有的情谊。研究新文化运动，研究北京大学校史的人都曾注意到，在1920年前后一段时期里，籍隶浙江的章太炎的门生故旧，一度占据着北京大学国学教授队伍的优势地位。在《新青年》编辑群体中，他们的优势地位，虽不甚明显。但相对于其他分子比较分散而言，他们还是颇能构成有影响的一股势力。

在《新青年》编辑同人中，沈尹默和钱玄同是浙江人，太炎门生。刘半农虽不是浙江人，亦非太炎门生，但他与钱玄同关系最密。而他肯与钱玄同一起甘为沈尹默代编《新青年》，亦可见他同沈尹默的关系也非常不错。我前面说过，沈是城府甚深、善于周旋的人。由他们三人结合一起，相对于没有城府的陈独秀和其他人而言，他们就拥有了一定的优势。编辑中的另外两位：胡适与陶孟和，两人相较，胡适可能更世故一些，但他们都有一点西方绅士派头，不做激烈主张，也不会像沈尹默那样伺隙搞名堂。后来加入的李大钊，在思想上跟陈独秀最近。但他作为后来者，似乎不愿意太出头。高一涵和陈独秀、胡适是同乡，跟他们两人的关系都不错。在《新青年》分裂前，在思想上他与胡适更近一些，态度比较平和。

以上的叙述是想说，以地域和门派关系，沈尹默、钱玄同与刘半农，意气比较相投。他们同胡适、陶孟和思想上、情感上比较有些距离。陈独秀因他本人思想亦倾向激进，所以，沈尹默、钱玄同、刘半农对他应该没有明显的疏离感。而这正是下面要谈的分歧的第二个来源。

分歧的第二个来源就是思想倾向的不同。

这种思想倾向的不同简单说来，就是一部分人比较激进，一部分人比较稳健。激进者如钱玄同、刘半农，不但思想激进，态度上、文风上也趋向激烈，不容人反驳，甚至还常常取攻击谩骂的态度。稳健者如胡适，主张平心讨论问题，允许发表反对的意见，反对攻击谩骂的方式。

《新青年》编者们这种不同的倾向，外间也清楚地看到了。

《新青年》4卷3号有一个标题叫做《文学革命之反响》，在此标题下,发表钱玄同假托王敬轩之名写给《新青年》编者的一封信,大倡反对文学革命的论调。同期发表刘半农答复王敬轩的信。刘半农在答复中,极尽嬉笑怒骂之能事。这一出双簧戏,外人暂时未必知道。但看了刘半农的答复,态度如此激烈而文辞又极轻慢,颇有不以为然者。其中有一位"崇拜王敬轩先生者"写信给编者,质问:"贵志记者对于王君议论,肆口污骂,自由讨论学理,固应又(如)是乎?"①《新青年》第5卷1号的《通信》栏,又登载了汪懋祖的一封信,信中说:"两党讨论是非,各有其所持之理由,不务以真理争胜,而徒相目以'妖',则是滔滔者妖满国中也,岂特如尊论所云,桐城派为妖于文界哉!"又说:"独秀先生答钱君书(见《新青年》第3卷第4号——原注)亦有'焚十三经毁孔庙'之说。知十三经之不适于共和,不读可也;以孔子为不足尊崇,不祀可也,焚经毁庙果有裨于思想之革新耶?"又说,《新青年》记者之文有"如村妪泼骂,似不容人以讨论者,其何以折服人心?"②按汪懋祖这封信,原不是直接投给《新青年》杂志的,而是先揭载于《季报》,胡适见到了,以为既是对《新青年》提出意见,应当转载过来,并作出答复。胡适也正好借此机会,表明他自己的态度。胡适说,汪懋祖的"诤言",具见他是"爱本报"的,"故肯进此忠告"。胡适接着说:"从前我在美国时,也曾写信与独秀先生,提及此理。那时,独秀先生答书说,文学革命一事,是'天经地义',不容更有异议。我

---

① 《通信》,《新青年》4卷6号。
② 《通信》,《新青年》5卷1号。

如今想来，这话似乎太偏执了。……所以，本报将来的政策，主张尽管趋于极端，议论定须平心静气。一切有理由的反对，本报一定欢迎，绝不致'不容人以讨论'。"①胡适提起这段往事，一则表明，在《新青年》内部，态度上的不同是早已存在的。二则进一步申明，他一直都不同意那种激进和偏颇的态度，提倡反对意见之间展开讨论。正是本着这种态度，他邀请反对文学革命、反对戏剧改革的张厚载写文章给《新青年》发表。对此钱玄同曾激烈表示反对。钱氏说："至于张厚载，则吾期期以为他的文章不足以污我《新青年》（如其通信却是可以）。"信中还说："老兄的思想，我原是极佩服的。然而我却有一点不以为然之处：即对于千年积腐的旧社会，未免太同他周旋了。平日对外的议论，很该旗帜鲜明，不必和那些腐臭的人去周旋。"②按照钱玄同的意思，反对我们的主张的人，就是积腐的旧社会中人，是我们的敌人，不应和他们周旋，更不应在我们的杂志《新青年》上发表他们的文章。这是一种绝对划清界限的主张。这好像是在做政治斗争，必须敌我界限分明。胡适则认为，凡思想学术上的问题，都应当取讨论的态度。我们确信自己的主张是对的，别人的反对是错的，我们正应该努力把我们的道理讲得更明白更透彻，以便说服对方。而不应将对方拒之千里。胡适指出："吾辈不当乱骂人，乱骂人实在无益于事。"胡适还提到，找一位真实的反对者写文章同我们辩论，总比凭空造出一个王敬轩来要

---

① 《通信》，《新青年》5卷1号。
② 钱玄同致胡适的信，《胡适遗稿及秘藏书信》第40册第254—256页。

更有意义。言者无心,听者有意。这话后来让刘半农知道了,心中极为不满。这次争论是发生在 1918 年的夏间,①当时《新青年》5 卷 2 号正准备齐稿交付出版,第 3 号正在集稿之时。第 2 号是钱玄同编的,第 3 卷是刘半农编的。第 4 号则归胡适编辑。在胡适编的 5 卷 4 号上,胡适把张厚载的《我的中国旧戏观》作为附录发表出来。同作为附录发表的还有拥护戏剧改革的欧阳予倩的文章,更突出表明了胡适对于学术问题平等地展开讨论的主张。

《新青年》编者间这种主张平心讨论问题的,和态度激进、时作攻击谩骂之语的两者之间的分别,连身在外国留学的人们也是看得很清楚的。

例如,在美国留学的张奚若在写给胡适的信中说到,《新青年》中有些人"他们说话好持一种挑战的态度——谩骂更无论了——所以人家看了,只记着无道理的,而忘却有道理的,这因人类心理如此,是不能怪的。此外,这些脑筋简单的先生们又喜作一笔抹杀之论。……盖吾人发言在欲令人信我,此种不通之论,欲人之信,得乎?"信中指出:"老胡在他们这一党里,要算是顶顽固的了。"而

---

① 作者按:上面所引两封信,谈的是同一件事。现在在《胡适全集》中被分排在 1918 年和 1919 两个年份里。时间判断上肯定有误。实际上都应是 1918 年夏间,很可能是 8 月内。我还进一步推想,这两封信很可能是一封信,分两次写完的,被不意间分拆开了。前一信未写完,故有头无尾,没有标示时间。后一信无头有尾,末尾署明"廿夜"。此两信本来都收藏在近代史研究所档案中,当年我都曾见过,但后来再查时,竟不见了(还有周作人给胡适的一些信件也不见了)。所以我后来坚持向研究所建议必须重新彻底整理胡适档案,所有文献逐一登录,避免再有丢失。因为原件不在,详细考订有些困难。我在这里只是先提出这一假定,待后来者进一步证实或否证。

"陶履恭（即陶孟和——引者）似乎还属学有根底"的。①他看出来，胡适与陶孟和两人在思想学问上是最相近的。而钱玄同、刘半农诸人则代表一种与胡适、陶孟和不同的倾向。

但《新青年》同人间的思想分歧还有更重要的一个方面，那就是对马克思主义、社会主义及俄国革命的态度上的不同。这一点已是尽人皆知的事实，这里不须多说。

（三）胡适想把《新青年》收归自己独办

1918年下半年到1919年初，胡适无论在北京大学校内，还是在全国学界与思想界，都成了拥有很大影响力的领袖人物。不但在文学革命方面如此，在思想革命方面也是如此。大概此时的胡适，自己也很得意。于是，在1919年1月20日给他的好朋友许怡荪的信中说出自己的打算："《新青年》事，我决意收回归我一人担任。"②这是胡适给许怡荪的最后一信。这句话显得很突兀。但看了许怡荪2月23日给胡适的信，以及许怡荪2月20日给高一涵的信，我们便可知道，胡适在南京与许怡荪畅叙两日，曾经很认真地讨论过《新青年》的问题。在给高一涵的信上，许怡荪说："《新青年》之事，适之前过此间曾与讨论过的。本是偶尔结合，基础不稳固的，既是意见参差，何妨另外组织。"③而且许怡荪相信，胡适回

---

① 张奚若致胡适的信（1919年3月13日），《胡适遗稿及秘藏书信》第34册第278—281页。
② 胡适致许怡荪的信（1919年1月20日），《胡适许怡荪通信集》第91页，上海：上海人民出版社，2017年。
③ 许怡荪致高一涵的信（1919年2月20日），《胡适许怡荪通信集·附录三：许怡荪致高一涵的信》第192页。

北京后就会实行他把《新青年》收归自己办的打算。他在给胡适的信中说:"以后,《新青年》将由足下一人负责,即将内容刷新,自然会博多数人的同情。"接着并谈他对办杂志的看法说:"办杂志本要觑定二三十年后的国民要有什么思想,于是以少数的议论去转移那多数国民的思想,关系如何重要! 虽是为二三十年后国民思想的前驱,须要放开眼界偏重急进的一方面,但不可过走极端,致生阻力。此于登载议论不可不慎选择也。盖办杂志固须杂收并蓄,以求内容丰富;而最要的,尤在于有一贯的主张耳。以后办法,政治可暂避不谈,对于社会各种问题不可不提出讨论。能够多多的介绍些西洋最新的学说,以为今日的馈贫粮,那就更好了。"[1]可以看出,这位被胡适视为知己的好友,其看法与胡适自己的想法可谓极为相近。

胡适对自己的好友,坦然说出自己的打算。但他是否在《新青年》同人中公开说出自己的打算,现在没有证据可以证明这一点。过去,我们只在沈尹默的回忆文章里见到胡适想自己独办《新青年》的说法。由于沈氏的话是在大规模批判胡适运动之后所写,而且种种迹象表明,沈氏与胡适个人之间颇有嫌隙。所以,他的说法不尽可信。过去,完全不相信胡适有过这种打算,显然是失之片面了。下面我们重新引录沈氏的回忆,看其中有哪些可信和不可信的说法。沈尹默回忆说:"胡适是在美国留学时投稿《新青年》,得到

---

[1] 许怡荪致胡适的信(1919年2月23日),《胡适许怡荪通信集》第161—162页。

陈独秀赏识的。回国以后,在北大教书。《新青年》在北京出版后,曾发生一件事,钱玄同、刘半农化名写文章在《新青年》发表,驳林琴南复古谬论。玄同、半农的文笔犀利,讽刺挖苦(当时,打倒孔家店的口号已经出来——原注),胡适大加反对,认为'化名写这种游戏文章,不是正人君子做的',并且不许半农再编《新青年》,要由他一个人独编。我对胡适说:'你不要这样做,要么我们大家都不编,还是给独秀一个人编吧。'二周兄弟(树人、作人)对胡适这种态度也大加反对,他们对胡适说:'你来编,我们都不投稿。'胡乃缩手。由这件事也可看出,胡适从'文学改良'到逐渐复古,走到梁任公、林琴南一边,不是偶然的。"①

经过最近四十年来相关研究取得的进展,我们已经可以明白指出,沈氏的回忆中一些不合事实的地方。一,他说,胡适投稿《新青年》,得到陈独秀赏识,这不准确。事实是,陈独秀再三恳请汪孟邹写信要求胡适给《新青年》写稿。二,他说,胡适对钱玄同、刘半农化名写文章的事,大加反对,也不准确。事实是,胡适认为,与其假造一个反对文学革命的王敬轩,再来批驳他,不如请一个真实反对文学革命的人写出文章来,我们再加批驳,这样更有实际价值。三,不许半农再编《新青年》,这话没有根据。《钱玄同日记》中记载:1月24日"下午三时,半农来,说已与《新青年》脱离关系。其故因适之与他有意见,他又不久将往欧洲去,因此不复在

---

① 沈尹默:《我和北大》,《五四运动回忆录》(续)第166页,北京:中国社会科学出版社,1979年。

《新青年》上撰稿"。关于刘半农与胡适的关系，曾有过种种说法。基本意思是说胡适看不起刘半农。但还不曾有说胡适明确不让刘半农再参与编辑《新青年》的说法。钱氏记载应当属实。刘半农与胡适之间有意见，刘半农不高兴。加之，不久要去欧洲，于是就干脆不愿再参与《新青年》的事了。刘半农是个性情直率的人，也是个容易受刺激的人。按胡适为人的作风，当不至于当面说出让对方下不了台的伤人面子的话。刘氏反应比较强烈，或是其中有误解，或是有人从中挑拨。再说，既然照沈氏所说，问题是由"化名王敬轩"作文一事引起，那样，合乎逻辑的是，胡适也会不许钱玄同再编《新青年》，何独不许半农再编《新青年》？况且，照沈氏所说，胡适不许半农再编《新青年》，目的是要自己独编《新青年》。那样的话，胡适就不是单单不许半农再编《新青年》，而是不许其他所有同人再编《新青年》，才合乎逻辑。于此，也可见沈氏的说法是后来根据需要编出来的，而不是当时的实际情况。四，说二周兄弟对胡适说，你来编，我们都不投稿。一来，我们从周氏兄弟的记载中完全看不到这样的痕迹。二则，这种说法，也太贬低了周氏兄弟。若周氏兄弟果然知道胡适要一人独编《新青年》的事，他们顶多会在浙籍朋友间表明此种态度，不会特地去找到胡适对他说这样一句颇像小孩子斗气一样的话。我们已经知道，周氏兄弟是不参加《新青年》的编辑会议的。所以他们没有机会在争论现场对胡适说这句话。五，沈氏说，胡适后来逐渐复古，走到梁任公、林琴南一边，这话更不靠谱。这里无须赘述了。

沈氏回忆中，所说胡适打算一人独编《新青年》，现在得到证实，胡适确曾有此打算。但，沈氏究竟是如何知道胡适有此打算的。现在没有看到有关的直接记载。估计不出三种可能：一，胡适曾在编辑会议上公开提出这一主张。这种可能性不大，因为倘若如此，应该不止沈氏一人留此记忆。二，胡适向同人中的某人透露过此想法，沈氏从此人处得知胡适之意。或胡适曾直接向沈氏试探过此意。三，胡适在言语、行为中流露此意，被多疑的沈氏首先看出。

由于材料不足，不能作出进一步的推论。我觉得重要的是，胡适何以会产生要把《新青年》收归他一人独编的想法。

那个时期，胡适没有日记，书信除许怡荪以外，也未见向他人提起。现在见到的材料，唯一可供探索的只有钱玄同的日记。

钱玄同日记1919年1月22日有一段未写完就轻轻涂抹的话，这段话在杨天石整理的排印本中未录，现依据影印本，将全文引录在下边：

"适之此次来京，路过南京、上海一带，不知怎样捱了人家的骂，一到就和独秀说，有人劝我，为什么要同这班人合在一起办报。适之自己也发了多（原文到此止——引者）"①

原来，胡适的母亲于1918年11月23日病逝，25日，胡适与江冬秀及侄子回绩溪奔母丧。丧事办完，胡适回京途中，在上海、南京停留。其间会见一些朋友，可能有不少人对《新青年》中较激烈的一派人的文章颇有微词。其中特别亲近的朋友，比如许怡荪，就

---

① 《钱玄同日记》（影印本）第4册第1749页，福州：福建教育出版社，2002年。

觉得与这些人一起，蒙受外界的疵议，未免不值，希望胡适自己独立出来。上面所引许怡荪的信将这个意思表达得很清楚。照钱玄同的说法，胡适回京以后，首先向陈独秀说了他在上海、南京所受到的批评与劝告，似有发牢骚的意思。但应该不止如此，胡适若不把自己想接办《新青年》的意思，或用委婉的方式，或用直截了当的方式向陈独秀说明，只停留于发牢骚，那就没有任何意义了。而胡适的打算没有继续进行下去，我们有理由推断，陈独秀不赞成他的想法。以陈独秀在《新青年》编辑同人中的地位，陈氏一人一票否决，就足以打消胡适的念头。所以，沈尹默所说他如何劝说胡适，周氏兄弟又如何威胁胡适的话，就都是画蛇添足了。

钱玄同日记中的这条材料相当重要。它说明胡适产生独办《新青年》的想法的来由，那就是他觉得和一些思想、做派不同的人一起勉强合作，于己不利。

钱玄同日记中还有一条材料与此有关。1919年1月27日，钱氏记道："《新青年》为社会主义的问题，已经内部有了赞成和反对两派的意见。现在《每周评论》上也发生了这个争端了。"①这里虽未指明对社会主义谁赞成，谁反对，但这已是学界皆知的事情了。当时，在这类争端上，钱玄同是中立的。主要是胡适与陈独秀、李大钊之间的争论。

这条材料说明，引起胡适想独办《新青年》的想法的，除了上

---

① 杨天石主编：《钱玄同日记》（整理本上册）第344页，北京：北京大学出版社，2014年。

面说过的缘由之外，还有他与陈独秀、李大钊的政治思想分歧。按钱玄同后来的归纳便是："一则主张介绍劳农，又主张谈政；一则反对劳农，又主张不谈政治。"①

我觉得，这后一个缘由应该是更为根本的。前一个缘由可能主要是一个刺激因素。后来《新青年》同人终于公开分裂，其根本原因正是后者。

(四) 事未果而引起负面影响

中国有句古话，叫做"谋定而后动"。胡适想把《新青年》收归自己一人独办，这在《新青年》内部绝不是一件小事。必须做相当多的筹谋和预备功夫。第一，《新青年》自实行轮流编辑以来，虽有时略有愆期的情况，但总的说是运作良好。在其他同人们看来，不存在必须大改变的危机情况。第二，若改变，首先亦须征得陈独秀的同意，因为这个刊物原是属于他的。而且，要改回一人独编，也首先要交给陈独秀，除非他本人放弃。我想，照人们习惯的思想观念，这应该是同人们之间最可能的心理运势。如果我这个推论不为大谬，那么就可见，在这种情形下，胡适提出自己要独办《新青年》是不合时宜、不切实际的想法。照我前面所说，胡适应该还没有公开地直接地提出他的主张，但肯定有所流露，有所试探。而敏感多疑的沈尹默必定已经看出胡适的打算，也就必定有所活动，使胡适知难而退。胡适自己说，他对沈氏一向开诚相待，笔者也相信他确实是这样做的。但沈氏却是个受旧社会熏陶很厉害的人。他城

---

① 《钱玄同日记》(整理本上册) 第371页。

府太深,工于算计,在人际关系上,总想伺机寻隙,利用他人,发展自己。不单对胡适如此,对他人亦然。在北大的历史上,几乎每一次的人事纠葛,都有他参与活动。因为这里不是详细讨论沈尹默,不能一一列述。只做如此概括的交代。沈氏既是这样的一个人,无怪乎用他惯用的手段来对付胡适,想让胡适为己所用。胡适是何等人!他颇能看出沈氏所用的这一套旧社会的处事伎俩,而他作为一个具有绅士风度的人,不屑与沈计较。沈氏确定胡适终不能成为其圈内人,不能为其所用。既非己类,必须防范。

　　胡适一人独办《新青年》的打算,不能实现。但当时胡适在北大校内外,声名甚盛。在选举1919—1920年度北大校评议会评议员时,胡适在文本科获得最高的20票,在全校各科系互选中竟以60票的最高票当选。①1919年4月,北大要提前施行废除各科学长制,实行文理合并,新设本科教务长的办法。当时胡适当选教务长的呼声甚高。沈尹默不能坐视不为己用的胡适的影响力如此快速提升,于是大力展开活动。胡适日记在记载他同几个朋友闲谈北大历史掌故时谈及此事。胡适说:"当时原议教务长只限于文理二科合并的本科,而不管法科。尹默又怕我当选,故又用诡计,使蔡先生于选举之日打电话把政治、经济两系的主任加入。一面尹默亲来我家,说百年(陈大齐)等的意思不希望我第一次当选为教务长。他们明说要

---

① 北京大学档案:《八年至九年度评议会评议员(下注票数)》:胡适60 蒋梦麟52 俞同奎52 马寅初48 陶履恭47 马叙伦43 陈大齐39 张大椿37 沈尹默36 温宗禹33 何育杰33 朱希祖32 贺之才32 马裕藻31 黄振生29 朱锡龄28。此项材料在近代史所胡适档案中亦有副本。

举马寅初（经济系主任）。我本来不愿当选，但这种手段是我不能忍耐的。当时我声明要推举俞星枢。开会时我自己先声明不当选，提出星枢来。当时景阳（秦景阳——引者注）不曾投票，故结果为星枢与寅初各三票，蔡先生加寅初一票，遂举寅初。但后来尹默与寅初又成冤家，至今不已。"①

这次，阻止胡适当选北大教务长的计谋，沈尹默成功了。

这年的6月，陈独秀被捕。胡适接编《每周评论》。按周作人日记，这事是经过开会决定的，也就是说，胡适获取接编《每周评论》的权力，是由同人们公推的。对胡适而言，在他独编《新青年》的打算失败后，堪称是一个可喜的机会。但不幸该刊于是年8月底被警察局封禁。9月，陈独秀出狱。这时，《新青年》已停滞三个多月。如果这时不是陈独秀思想进一步激化，要利用《新青年》大展其宏愿，则此时，胡适接编《新青年》倒是有一点机会。但这个机会，又被打消了。值得注意的是，在《周作人日记》里，他明确记载道："（10月）5日晴，上午得尹默函，往厂甸，至公园。下午二时，至适之寓，议《新青年》事，自七卷始，由仲甫一人编辑。"②沈尹默特在商议《新青年》今后编辑办法的会议之前，将周作人约出来，我们有理由怀疑，他是要对周氏有所沟通。沟通的目的自然是设法阻止胡适接编《新青年》。这当然只是个推论。但如果这个推论成立，则沈尹默一定不只与周作人一人做这种事前沟通

---

① 《胡适日记全集》第三册第655页。
② 周作人：《周作人日记》（影印本中册）第52页，郑州：大象出版社，1996年。

的工作。不过话说回来,即使沈氏不做这些活动,只要陈独秀坚持要收回《新青年》由自己一人主编,其他人也无法公然反对。《新青年》与《每周评论》不同,《每周评论》是陈独秀与大家合作办起来的,所以,大家可以公决如何办法。《新青年》是陈独秀一人创办起来,辛苦经营两年之后才搬到北京,吸收北大同人合作续办下来。因此在大家心目中,《新青年》基本上是属于陈独秀的。没有陈独秀的同意,大家是不好决定如何办法的。我前面指出的当时人的心理运势是确实存在的。

(五)《新青年》同人最终分裂,是两年前隐而未发的危机的总爆发

陈独秀出狱后,在北京停留一段时间,于1920年2月南下上海,把《新青年》也带到上海去编辑。5月,与共产国际代表维经斯基接触,经过几次深谈之后,陈独秀完成了从一个民主自由主义的知识领袖到从事共产革命的领袖的转变。他带到上海编辑的《新青年》也完成了由一份广受大学教授和青年读者欢迎的自由主义的思想文艺性的杂志,变成宣传马克思主义、社会主义和俄国革命的刊物。但这一巨大转变,使陈独秀和《新青年》面临两大困难:一,稿源问题。《新青年》在北京编辑时,编辑阵容强大,供稿人众多,稿源不曾发生很大的问题。《新青年》被陈独秀带到上海后,他本人忙于革命活动,忙于组党,平时将编辑工作交给两三个经验不多、人脉不广的小青年来做。况且,因其内容的巨大变化,北京原来的《新青年》同人,跟不上陈独秀及其青年伙伴们的思想快速急进的步伐,很少再提供新的稿件。二,经费问题。陈独秀奔走革命,亟需《新青年》配合宣传。第七卷第六号作成"五一劳动节专号",篇幅大为膨胀。一直担任《新青年》出版发行的上海群益书社,要求提高杂志的定价。陈独秀为扩大宣传的需要,不肯提高定价。为此大为争吵一番。一气之下,陈独秀要摆脱"资本家的压迫",解除与群益的合同关系。这就造成了经费无源的大问题。为了这两个问题,陈独秀不得不向北京的朋友,原来的《新青年》同人们求助。还在"五一节专号"出版发行,以及与群益书社冲突之前,陈独秀以颇为温和的态度给北京同人(包括李大钊、胡适、钱玄同等12人,有周作人,没有鲁迅)写信说:

"本卷(指第七卷——引者)已有结束,以后拟如何办法,尚请公同讨论赐复:

(1)是否接续出版?

(2)倘续出,对发行部初次所定合同已满期,有无应与交涉的事?

(3)编辑人问题:

(一)由在京诸人轮流担任;

(二)由在京一人担任;

(三)由弟在沪担任。

为时已迫,以上各条,请速赐复。"①

这是陈独秀与胡适等在北京的《新青年》同人们讨论《新青

---

① 陈独秀给北京同人的信(1920年4月26日),《陈独秀著作选编》第二卷第224页,上海:上海人民出版社,2009年。

年》今后出路问题的第一封信。值得注意的有几点：陈独秀提出的第一个可能的办法就是停刊。第二个是与群益书社老板的关系问题。第三个是编辑人问题，于此，有三个方案：第一方案是恢复1918年至1919年的轮流编辑办法，第二方案是"由在京一人担任"。如我们前面曾推论，胡适于1919年1月曾向陈独秀表露他想接办《新青年》的意思，那么这时他提出，"由在京一人担任"的备选方案，肯定会想到此一人就是胡适。第三方案，"由弟在沪担任"，这肯定是陈独秀最想要的结果。

陈独秀急于知道北京同人的反应。十天之后，他再发一信，此信只给胡适和李大钊。信中重申："《新青年》或停刊，或独立改归京办，或在沪由我设法接办（我打算招股办一书局），兄等意见如何，请速速赐知。"①我再提醒一下，《新青年》停办，是陈独秀两次信中都作为一个可能的选项提出来的。

因为当务之急是陈独秀与多年来一直担任《新青年》出版发行的群益书社闹翻，出版发行成了最紧迫的问题。如果解决不了，就只有停刊。正因此，胡适与李大钊等北京同人首先关注的也是这个问题。从陈独秀5月19日给胡适一个人写的信里，我们知道胡适曾有两封信给陈独秀商量办书局或书社以及招股的事。并不像某些人以为的那样，胡适对《新青年》即时遇到的困难不管不顾，只作自己的打算。

但恰好就在这前后，陈独秀与共产国际代表维经斯基见面，从

---

① 据原件照片。

此,陈接受共产国际的帮助和领导,着手创立中国共产党,《新青年》的经费问题也有了着落。到1920年8月,《新青年》八卷一号得以出版,从此,它便成了陈独秀为首的共产主义者的刊物。陈本人忙于建党事务,《新青年》交给几个年轻的共产主义者具体负责,他们是陈望道、沈雁冰、李达、李汉俊,陈望道主持日常编务。《新青年》这一发展态势,大概除了李大钊以外,北京同人都不很清楚,即使李大钊也未必完全清楚。直到1920年12月,陈独秀应广东的陈炯明之招,前往广东接受陈炯明的委任之前夕,才给胡适与高一涵写信①,告知《新青年》编辑部已交由陈望道负责。同时承认:"《新青年》色彩过于鲜明,弟近亦不以为然;陈望道君亦主张稍改内容,以后仍以趋重哲学文学为是。"《新青年》一向以思想学术和文艺为主要内容,其读者也是以这些方面的爱好者为主。现在骤然改为以宣传马克思主义、社会主义和俄国革命为主要内容,势必会失掉一部分读者。陈独秀感觉到须要作出调整,尽管经费已无问题,但稿源和发行量仍然有问题。但是他说:"近几册内容稍稍与前不同,京中同人来文太少也是一个重大原因。"这显然是倒果为因了。不是京中同人来文太少,才迫使陈独秀去宣传马克思主义、社会主义和俄国革命,恰是因为习惯于以思想学术文艺为主旨内容的北京同人们,一时适应不了《新青年》的骤然变化,有些跟不上需要,所以才"来文太少"。

---

① 此信见张静庐辑注:《中国现代出版史料》(甲编)第7页,北京:中华书局,1954年。

胡适以为，陈独秀及其追随者既然感到"（政治）色彩过于鲜明"不好，希望"仍以趋重哲学文学为是"，那么最好不过的办法，就是将《新青年》移回北京编辑。但是，陈独秀原来提出三种办法，胡适也不便武断地只提一种办法，令对方无选择的余地。他也提了三条办法：

"1. 听《新青年》流为一种有特别色彩之杂志，而另创一个哲学文学的杂志。……

"2. 若要《新青年》'改变内容'，非恢复我们'不谈政治'的戒约不能做到。但此时上海同人似不便做此一着，兄似更不便，因为不愿示人以弱。但北京同人正不妨如此宣言。故我主张趁兄离沪的机会，将《新青年》编辑的事，自九卷一号移到北京来。由北京同人于九卷一号内发表一个新宣言，略根据七卷一号的宣言，而注重学术思想艺文的改造，声明不谈政治。

"孟和说，《新青年》既被邮局停寄，何不暂时停办，此是第三办法。但此法与新青年社的营业似有妨碍，故不如前两法。"①

胡适告诉陈独秀：他的这篇复信，"一涵、慰慈见过。守常、孟和、玄同三人知道此信的内容。他们对于前两条办法都赞成，以为都可行。余人我明天通知"。又补充道："抚五看过，'深表赞同'。"②

这封信里，胡适说，"色彩过于鲜明……是已成之事实。今虽有意抹淡，似亦非易事。北京同人抹淡的工夫，决赶不上上海同人染浓的手段之神速"。这段话似稍涉意气，但全信都是很平和的。却

---

①② 此信见张静庐辑注：《中国现代出版史料》（甲编）第8页。

不想，陈独秀见此信竟大为光火。他于1921年1月9日回信给胡适，并列出"适之、一涵(高一涵)、慰慈(张慰慈)、守常(李大钊)、孟和(陶孟和)、豫才(鲁迅)、启明(周作人)、抚五(王星拱)、玄同(钱玄同)"共九人的名字，特别是加上了鲁迅的名字。

陈独秀的信上说：

"第三条办法，孟和先生言之甚易。此次《新青年》续出，弟为之甚难。且官厅禁寄，吾辈仍有他法寄出，与之奋斗，销数并不减少。自己停刊，不知孟和先生主张出此办法的理由何在。阅适之先生信，北京同人主张停刊的并没有多少人，此层可不成问题。

"第二条办法，弟虽离沪，却不是死了。弟在世一日，绝对不赞成第二条办法。因为我们不是无政府党人，便没有理由可以宣言不谈政治。

"第一条办法，诸君尽可为之。此事与《新青年》无关。更不必商之于弟。若以为别办一杂志更无力再为《新青年》作文章，此层亦请诸君自决。弟甚希望诸君中仍有几位能继续为《新青年》做点文章。因为反对弟本人，便牵连到《新青年》似乎不大好。"

仔细阅读陈、胡两人的信，可以看出，使陈独秀大生气的关键，是他看出胡适的根本目的是跟他争夺《新青年》的主编权。

对于第三条"停办"的办法，陈独秀虽也很生气，但幸好北京没有多少人赞成此一条，所以可视为"不成问题"。胡适也认为，这一条不成问题。不过我们要注意，"停刊"本来是陈独秀头两次写信时，首先提出此一选项。那时，《新青年》面临极其严重的危机，经费与稿源都成问题，所以他有此一说。现在，有了共产国际的支持，经费已无问题，顶多是稿源与销量有所影响。所以他可以完全不考虑"停刊"的办法了。

对于第一条办法，陈独秀看出北京同人多数有此想法，他不便公然反对。唯独对于胡适最力争的第二条办法，陈独秀简直怒狠决绝。他竟说出："弟虽离沪，却不是死了。弟在世一日，绝对不赞成第二条办法。"但第二条包括两点内容。陈独秀整个地反对第二条办法，具体地，却只说到反对不谈政治，而不提及将《新青年》移回北京编辑的话。谁都看得出，陈独秀坚决不能同意将《新青年》移回北京编辑。因为那样，就是把《新青年》交到胡适的手上，自己便失去了宣传马克思主义、社会主义和俄国革命的阵地，也便失去了建立共产党进行革命运动的舆论凭借。当时的陈独秀，已经把这视为他终生以之的事业，焉能放弃?

其实，胡适也未必看不出陈独秀是绝对不赞成"移回北京编辑"的办法。但只要有一线希望，他还是要奋力争取。

胡适说："独秀对于后者（指"宣言不谈政治"——引者）似太生气，我很愿意取消'宣言不谈政治'之说，单提出'移回北京编辑'一法。理由是：《新青年》在北京编辑或可以多逼迫北京同人做点文章。否则，独秀在上海时尚不易催稿，何况此时在素不相识的人的手里呢！岂非与独秀临行时的希望——'非北京同人多做文章不可'——相背吗？"为了争取《新青年》移回北京编辑，胡适不惜放弃另办一个杂志的希望。他说："独秀对于第一办法——另办一杂志——也有一层大误解。他以为这个提议是反对他个人。我并不反对他个人，亦不反对《新青年》，不过我认为近日有一个文学哲学的杂志的必要。今《新青年》差不多成了 Soviet Russia 的汉译本。故我想另创一个专关学术艺文的杂志。今独秀既如此生气,并且认为反对他个人的表示,我很愿意取消此议,专提出'移回北京编辑'一个办法。"①

倘胡适最想要的结果是另办一个杂志。则他与陈独秀的争论就没有多大必要了。他真正想要的是《新青年》移回北京,归他一人掌握。这是他两年前想争取而无法实现的目标,他觉得现在是一个机会。所以,他宁愿放弃其他一切要求,只坚持一条,将《新青年》移回北京编辑。

在当时,尽管有一定程度的言论出版自由,办杂志获得立案批准并无太大困难。但,办杂志须要经费,须要相对稳定的稿源,须要有人愿意担任发行,等等,皆非易事。更何况,《新青年》已是拥有广大读者,享有很高声誉的"金字招牌"!

胡适与陈独秀所争之焦点是《新青年》归谁办的问题。所以我们看当时参与表态的各个同人,就看他们对这个焦点采取什么态度。

从北京同人签署意见看,完全无条件地赞成胡适的意见的,是高一涵、张慰慈;有条件地,但实质上是赞成胡适的,是陶孟和与王星拱。就是,在北京有四个人站在胡适一边。

其他人,须要逐个分析一下。

钱玄同,他是个性情率真,不会有意"左右袒"的人。当他得

---

① 胡适征求北京同人意见的信(1921年1月22日),《中国现代出版史料》(甲编)第9—10页。

知胡适与陈独秀为《新青年》事,已到短兵相接地步时,他在给周氏兄弟的信中说:"初不料陈、胡二公已到短兵相接的时候!……我对于此事决不愿为左右袒,若问我的良心,则以为适之所主张者为近是。(但适之反对谈'宝雪维儿'这层我不敢以为然。——原注)"①他所谓"适之所主张者为近是",应是指胡适坚持《新青年》仍以思想学术为主这一点。至于对三种方案的意见,他在胡适征求意见的信上签注的是"觉得还是分裂为两个杂志的好"。特别值得注意的是,钱氏非常强调"绝对地不赞成""停办"之说。他的理由是:"我以为我们对于仲甫兄的友谊,今昔一样,本未丝毫受伤。但'新青年'这个团体,本是自由组合的,即此其中有人彼此意见相左,也只有照'临时退席'的办法,断不可提出解散的话。极而言之,即使大家对于仲甫兄感情真坏极了,友谊也断绝了,只有他一个人还是要办下去,我们也不能要他停办。"这里表达出来的中心意思,无非是说,《新青年》原本是陈独秀的,别人可以"临时退席",决不可令陈独秀停办。有这种心理的,应该不止钱氏一个人。如此一来,就是本来同情于胡适,以为他的主张"为近是"的钱玄同,也不赞成胡适与陈独秀争夺《新青年》。

他对胡适的同情还表现于替胡适洗刷陈独秀误认为胡适接近研究系一事。在上述给周氏兄弟的信中,他指出:"仲甫疑心适之受了贤人系的运动,甚至谓北大已入贤掌之中,这是他神经过敏。"②钱

---

① 钱玄同:《钱玄同五四时期言论集》第215页,上海:东方出版中心,1998年。
② 《钱玄同五四时期言论集》第216页。

氏还另外专门写一便笺给胡适，对此一点表示慰解。他说道："仲甫本是一个卤莽的人。他所说那什么研究系的话，我以为可以不必介意。我很希望你们两人别为了这误会而伤了几年来朋友的感情。"又在信纸边幅的一侧加注道："广东、上海本来是一班浮浪浅薄的滑头的世界，国民党和研究系，都是'一丘之貉'。我想，仲甫本是老同盟会出身，自然容易和国民党人接近，一和他们接近，则冤枉别人为研究系的论调，就不知不觉说出口了。"①

周作人，此人与他的大哥鲁迅性情截然不同，温润柔和，对事对人从不出以挑战的态度。

在胡适征求意见的信上，周作人因病请他的大哥鲁迅代签，意思是，《新青年》要分裂，已是无法挽回，"所以索性任他分裂，照第一条做，或者倒还好一点"②。即，他赞成在北京另办一个杂志。鲁迅又加上自己的一句话："但不必争《新青年》这个名目。"鲁迅看出胡适与陈独秀争的，就是《新青年》这个名目，他不赞成胡适争这个本属于陈独秀的《新青年》。但过了没几天，鲁迅又专写一信给胡适，表示：1. 作人"以为照第二个办法最好"。2. 他自己认

---

① 钱玄同给胡适的信（据原件照片），按此信许多学者都误认为是陶孟和给胡适的信，其根据就是把这张便笺上一个西文字判定为陶孟和的英文签字。这是很不妥当的，第一，我们谁也不曾见过陶孟和的英文签字是什么样，如何断定此字便是陶孟和的英文签字？而且，陶孟和是给自己的好友胡适写信，有何必要加上英文签字？再细看这个西文字，未必就是英文，很可能是钱玄同当时喜欢提倡的世界语的字母拼合。第二，信的内容完全不像是陶孟和所说的话，如谈《诗经》的《双声叠韵谱》，这恰是钱玄同的本行。第三，我曾在这批信件拍卖前，特地赶到北大图书馆看过这批信件的展览，我现在手中还有这张便笺的照片，信的笔迹确是钱玄同无疑。

② 《关于〈新青年〉问题的几封信》，《中国现代出版史料》（甲编）第11页。

为,"三个(办法)都可以"。此语近于"和稀泥",这应该不是他的本意。他接着说:"如北京同人一定要办,便可以用上两办法,而第二个办法更为顺当。至于发表新宣言,说明不谈政治,我却以为不必。"①看这话的意思,似乎鲁迅改而赞成将《新青年》移回北京编辑,只要不做"不谈政治"的宣言。但他前边加一句"如北京同人一定要办",他似乎觉得,北京同人不大可能真的会支持胡适将《新青年》争回到北京来办,所以他才顺水推舟地说了这么一句。他最主要的意思是不赞成胡适向陈独秀争《新青年》这个名目。

我们看后来周作人给李大钊的两封信(1921年2月25日和27日),都是强调,《新青年》"只有任其分裂,仲甫移到广东去办,适之另发起乙种杂志。此外实在没有法子了"。绝不赞成将《新青年》一分为二,南方一个,北方一个。周作人的态度,是前后如一的。他还表示,一旦办成两个杂志,只要陈独秀还要哲学文艺方面的稿子,他会尽力所能及地支持,对于胡适所办的杂志,他也同样尽力给予支持。②

至此,我们看出,周作人与钱玄同在陈、胡冲突中比较倾向于中立的立场。钱氏准备对陈与胡各自办的杂志都不供稿。③周作人则都尽力支持。他们只是不赞成胡适争《新青年》的名目。

---

① 《关于新青年问题的几封信》(鲁迅:《鲁迅致胡适的信》),《中国现代出版史料》(甲编)第12页。
② 欧阳哲生:《新发现的一组关于〈新青年〉同人的来往书信》,《历史研究》2009年第3期。
③ 钱玄同致胡适的信(1921年2月1日),信上说:"无论陈独秀、陈望道、胡适之……办,我是一概不做文章的。绝非反对谁某,实在是自己觉得浅陋。"(据原件照片)。

李大钊在这场冲突中，态度颇有点耐人寻味。

首先，在胡适第一次回复陈独秀的信稿上签署意见时，他便很犹豫。他先是表示："我还是主张从前的第一办法（即北京另办杂志——引者）。但如果不致'破坏新青年精神之团结'我对于改归北京编辑之议亦不反对，而绝对地不赞成停办，因停办比分裂还不好。"随后他又"取消此议，改主移京编辑之说"。

但在陈独秀看过胡适给他的回信——这封回信附有北京同人们签注的意见——之后，竟大发雷霆。胡适作出种种让步之后，仍坚持一条——将《新青年》移回北京编辑。

这时，李大钊给胡适写信说："我不是说仲甫应该主张在粤办，你不应该主张在京办。不过仲甫的性情我们都该谅解他的，——他的性情很固执——总之，我很愿意你等他的回信再决定办法。"他不赞成胡适与陈独秀互争《新青年》，他没有说，《新青年》本该就是陈独秀的。但他说："若是与《新青年》有关的人都争起来，岂不同时出十几个《新青年》，岂不是一场大笑话！"这话说得很厉害！这等于说，你胡适一定要争《新青年》这个名目，那其他与《新青年》有关的人，岂不都可以出来争？ 这是把胡适置于很不义的地位。李大钊承认，他个人的主张"与仲甫的主张相近"，但"绝不赞成你们这样争《新青年》"。①

归结起来，李大钊不赞成胡适争《新青年》，他又要求胡适谅

---

① 李大钊致胡适的信（未署时间，应是陈独秀回复胡适报告北京同人的意见的信到北京，各同人均看过此信之后，即1921年1月下旬至2月初），此据原件照片，可见欧阳哲生：《新发现的一组有关〈新青年〉同人的来往书信》，《历史研究》2009年第3期。

解陈独秀的固执。明显地是倾向于陈独秀的立场，但他又不愿意让胡适觉得他不公平，始终表示劝慰的态度。他还表示，北京同人要一起向陈独秀说明，他责备胡适与研究系接近的话是冤枉了朋友。①但是有一件事却最令人不解：陈独秀回复胡适报告北京同人的意见的那封大发雷霆的信，胡适是第一受信人。李大钊却先接拆此信，并将信给其他北京同人传观，后仍收在自己手里，最后才给胡适看。这样做的结果是："独秀答书颇多误解。守常兄已将此书传观，我至今日始见之，未及加以解释，恐误会更深。"②李大钊这样做，据说是他要当面将此信交给胡适，以便和胡适好好谈谈。不用说，在当时，对于新青年同人来说，此事是最关重要的事，李大钊要当面和胡适交换意见，本属好意。但何以必须在所有其他人传观之后，再去找胡适？又何以为了不甚相干的《北京晓报》的一位先生而耽搁去见胡适，面交陈独秀的信？③即使不去深论李大钊到底出于何种动机，不使胡适早日见到此信，那么，这样做的结果，会让胡适处于更加被动的地位，则是谁都看得出来的。

至此为止，陈独秀致信北京同人作为受信人的九个人，对这次争执所取的态度已经明了。无条件支持胡适的，只有高一涵和张慰慈两位。陶孟和与王星拱虽有条件，但实质上是支持胡适的。钱玄

---

① 见李大钊致胡适的信，《中国现代出版史料》（甲编）第12页。
② 胡适致守常、豫才、玄同、孟和、慰慈、启明、抚五、一涵的信，《中国现代出版史料》（甲编）第9页。
③ 李大钊致胡适的信（未署日期，其时间应在李大钊在除胡适以外的北京同人传观陈独秀回复胡适的信之后，约在胡适见到此信（1921年1月22日）之前的一两天），《中国现代出版史料》（甲编）第12页。

同与周作人两人倾向于中立的立场，但他们不赞成胡适争《新青年》这个名目，因此实际上有利于陈独秀。鲁迅和李大钊两人实际上是支持陈独秀的。这样，如果真是投票的话，就是4:4。这时，那个反对胡适的沈尹默和对胡适有意见的刘半农都不在北京，一个在日本，一个在法国。他们若在的话，情形会另是一样。

1936年，上海亚东图书馆重印《新青年》杂志，胡适应邀题辞。他写道："《新青年》是中国文学史和思想史上划分一个时代的刊物。最近20年中的文学运动和思想改革，差不多都是从这个刊物出发的。"除了一部分反对和否定新文化运动的人以外，大约中国知识界都会基本同意胡适的这种估计。

这份杂志在创办、发行的当时，真可谓是名气冲天，无与伦比。但时代的风暴却使办杂志的同仁们最终分道扬镳。其分裂的原因及其过程已如上述。现在我们想略略引申讨论一下它的历史意义。

这次为争办《新青年》而发生争持，胡适失败之后不久，他确曾想另办一个杂志，名字都起好了，叫"读书杂志"。但诚如我前面说过的，新创办一个杂志绝不是很容易的事。直到第二年，1922年5月，胡适才办起《努力周报》，而且也不是"专关学术艺文的杂志"，而主要是谈政治的杂志。这就是说，争《新青年》的失败，也促使胡适破戒走上谈政治的"歧路"。

笔者认为，胡适与陈独秀争夺《新青年》的冲突，在两年前的1919年1月就隐然开始了。那时，冲突的表面原因或者说是直接刺激因素，是绅士做派与非绅士做派之间的矛盾，实质上乃是政治思想的分歧，钱玄同当时就已经看出这一点。不久，爆发了五四运动，政治问题逼人而来。陈独秀被捕，思想进一步激化，出狱之后，他把《新青年》收归自己来办，把它变成为政治革命服务的刊物。《新青年》一向以思想学术与文艺为主旨内容，虽然大家隐然都有自己的政治理想，而这理想，大家是基本一致的，那就是走科学、民主的路。为了走上这条路，须要做一番持久的思想启蒙工作。胡适的不谈政治就是基于此种考虑。思想启蒙是一项长期的工作，是为社会变革积蓄力量的过程。陈独秀没有耐心陪着胡适一类教授们长期隐忍地做这种立竿不见影的工作。特别在他被捕受到强烈的现实政治刺激之后，他已经决心要走革命的路。他收回《新青年》自己办，就是为实施他的革命路线服务。而国内外的形势又恰好促使多数人因对现实失望而朦胧中怀有对革命的期待。陈独秀到南方不久，就有许多青年凑集到他的周围，就说明了这个问题。所谓"形势比人强"，就是这样。胡适想把陈独秀拉回来，想把《新青年》拉回来，尽管他不是没有理由，尽管也不是没有人支持，终究还是做不到。

陈独秀走的是革命的路线，胡适选择启蒙——和平改革的路线。在这次冲突中，更其明显。陈独秀已经选择了走俄国人的路。

在这次冲突中，陈独秀隐然以家长的态度，居高临下。他宣称，他还没有死，别人就不能改变他的方针。胡适虽是秉持新道德观，他可以承认家长的地位，可以不直接"犯上"，可是他要求允许讨论，允许商量。他可以放弃一切令陈独秀大生气的条件，唯独不放弃将《新青年》移回北京编辑的要求。这是西方绅士的派头，可以不闹翻，可以退让和妥协，但底线不放弃。然而这一套做派在陈独秀这里行不通。他在争论的最后告诉胡适："现在《新青年》已被封禁，非移粤不能出版，移京已不成问题了。"①根本不存在移京的可能了。

在这场冲突中，还有一个观念起了重大作用，那就是"物归原主"。《新青年》的多数同人，认为《新青年》原是陈独秀一人所创，因此这个杂志就应该归属于他。实际上从1918年开始，《新青年》由各同人轮流执编，编辑人不拿稿费，出版发行者所给的编辑费成为编辑部公共财产。这种情况下，按现代观念，它就已经不属于陈独秀个人了，它是同人们共同所有的刊物，个别人不得同人授权，不能改变刊物的宗旨。依此而论，两年前胡适要将《新青年》争归自己办，实是欠缺理据。而这一次不同了，是陈独秀将《新青年》由一个思想学术文艺的刊物变成了政治革命的刊物，甚至变成了共产党的刊物。胡适要求恢复《新青年》的原有宗旨，在道理上是站得住的，这正是钱玄同所说"若问我的良心，则以为适之所主张者较为近是"的道理。然而，尽管胡适主张"较为近是"，怎奈大家多数还是以为，《新青年》是陈独秀的，他们隐然放弃了自己作为《新青年》一分子的权力。李大钊说，若像胡适这样与陈独秀争《新青年》，岂不要办出十几个《新青年》了！他的意思就是大家

---

① 陈独秀致胡适的信（1921年2月15日），《中国现代出版史料》（甲编）第13页。

都不应该争这个权力。按现代社会，大家合作办团体，办公司，办杂志，都应采取集体合议制的办法，而不管原来谁为先，谁为大。可是按传统，谁在先，谁是老大，这是天经地义的事，不能动摇的。《新青年》的同人们搞了几年的新文化运动，到了关键时候，新观念还是不如传统观念来得根深势大。

胡适与陈独秀争《新青年》，失败了。将近十年之后，胡适在日记中追述此事说："理出我和陈独秀争论《新青年》移北京编辑事的来往书信一束，此事甚有关近年思想史。"①笔者以为，其意义恐怕远较陈独秀被迫离开北大的意义要深刻重大得多。启蒙与和平改革的路线远不如暴力革命更能鼓动人心；绅士派头斗不过土豪（不是恶霸土豪的意思，是指本土的强势力量）；新观念不如传统旧观念根深势大。这是近代中国的宿命，只有超越这个宿命，中国才真正有希望。

2018 年 11 月 10 日

---

① 《胡适日记全集》第六册第 404 页。

4

建立学术新典范

学术，是一个国家、一个民族文化的核心部分，文化转型时代，文学艺术、政治思想、道德礼俗等等，因时代风潮之驱迫，往往率先发生变化，而学术则必待社会思想稍稍沉潜之后，才会慢慢展舒，渐显出新的趋向。

胡适早在留学时代就下决心要做革新中国文化的事业，要做"国人之导师"，自然在学术上须要做相应的准备。他最终决定以中国古代哲学作为自己的博士论文的题目，不是偶然的。他要以新方法读旧书，以新眼光看旧有的学术，这已经预示了要革新中国学术的志向。

在回国两三年之后，在文学革命、思想革命已经凯歌行进之时，胡适在学术方面的辛苦耕耘，也渐渐取得进展。当《中国哲学史大纲》出版，并赢得普遍好评，当《〈水浒传〉考证》《〈红楼梦〉考证》已经引导新学术之发展，当胡适所倡导的治学方法也已风靡新学界的时候，人们渐渐看出，与新文化运动之前明显不同的新的学术趋向已经彰彰在目了。

1922年8月25日，胡适在会见日本学者今关寿磨时说了一段很重要的话。他说："我们的使命是打倒一切成见，为中国学术谋解放。""我们只认方法，不认家法。"①

---

① 《胡适日记全集》第三册第731页。

这段话非常重要。因它清楚地说明了，新文化运动在中国学术方面所追求的目标和所使用的方法；清楚地概括了胡适和他在学术方面的朋友们这几年来所做的学术功夫的根本意义所在。

下面，我们首先对他最有代表性的一些学术著作的基本特点做一番贯通的考察与分析，彰显出其建立新的学术典范的意旨，然后再概括出胡适所建立的学术新典范的几个要点。

一、《中国哲学史大纲》

胡适在他的博士论文《中国古代哲学方法之进化史》（又作《先秦名学史》）的基础上增补改写的《中国哲学史大纲》（卷上）于1919年2月出版。这是第一部成功地用现代学术方法撰写的中国古代哲学史，确有开创规模、建立典范的意义。

胡适在其书的《导言》中，提出中国哲学史的位置的问题。这是在他之前，乃至在他之后一段时间，其他人没有明确加以注意的问题。这是一个中国哲学家绝对不应忽略的问题。西方哲学家因受欧洲中心论的强烈影响，多半有着根深蒂固的偏见，认为中国哲学不属于世界哲学史的范畴。黑格尔在其《哲学史讲演录》中明确地谈到这一点。中国学者要治中国哲学史，不能回避这个问题，必须有明确的态度。胡适能够很自信地提出这个问题，并给予明确的回答，正因为他确是兼通中西哲学。胡适说："世界上的哲学大概可分为东西两支。东支又分为印度、中国两系。西支也分希腊、犹太两系。初起的时候，这四系都可算作独立发生的。到了汉以后，犹太系加入希腊系，成了欧洲中古的哲学。印度系加入中国系，成了中国中古的哲学。到了近代，印度系的势力渐衰，儒家复起，遂产生了中国近世的哲学，历宋元明清直到于今。欧洲的思想渐渐脱离了犹太系的势力，遂产生欧洲的近世哲学。到了近日，这两大支的哲学互相接触，互相影响，五十年后，一百年后，或竟能发生一种世界的哲学也未可知。"① 这段话中，某些具体判断是否精确，以及他对未来会产生中西合流的世界新哲学的期待是否合理，是另一个可以讨论的问题。这里重要的是，他认为世界上的哲学有东西两大支，中国是东支的最主要的一系。如此确定了中国哲学在世界哲学史上的地位。

胡适的《中国哲学史大纲》（卷上）作为开创性的著作，至少有下面几点是值得特别指出的：第一，从前学者讲中国哲学史，都是从三皇五帝讲起，没有确切的史料作依据。此书剔除了神话传说等等非哲学史的材料，使中国哲学史第一次被置于可靠的史料的基础上。书中叙述各家哲学思想时，亦首先重视其材料真伪的鉴别。全书显示出考证学的功力之深厚（自然，在今天看来，其材料的使用仍有不够精审之处）。第二，撇开历来以儒家为正统的偏见，以平等的眼光研究各家各派的哲学思想（这一点不自胡适始，章太炎已经有此眼光，但章氏终未做成哲学史的系统）。第三，全书以哲学方法为中心把各家哲学统贯起来。把哲学方法问题突出起来是世界近代哲学的显著特点。由此也可看出胡适和他的西方先驱者们一样，力图在哲

---

① 胡适：《中国哲学史大纲》第 4 页，上海：上海古籍出版社，1997 年。

学思想领域划出一个新的时代。以往，虽有过中国哲学史、中国思想史或类似的著作，但从没有人发掘和阐释知识论和方法论方面的东西。胡适是首创。梁启超批评他的哲学史，说他的书对于知识论、方法论每有石破天惊的伟论，但对于中国哲学宇宙观、人生观方面"十有九很浅薄或谬误"①。梁氏的批评固然有一部分道理，但，诚如我前面所说，重视知识论和方法论，乃是世界近代哲学家的特别之处，有其不容忽视的伟大意义。而且恰因胡适以知识论、方法论这一中心把中国哲学史统贯起来，所以才充分显示出系统研究的长处。在此以前，所谓的"中国哲学史"或"中国思想史"，表面上看似有系统，实际上没有脱离"经学史"或"儒学史"的窠臼，更没有抓住一个中心，把各种思想的联系、异同总结出来，因而不足以深刻揭示各种思想之间的内在联系。胡适比前人高明之处，是他充分注意到各派哲学思想的内在联系。第四，胡适充分注意历史的方法，"明变"，"求因"，成为他写书的一个重要宗旨。从前治思想史的人，往往只是平行并列各家各派的思想，胡适则力求勾出各家各派思想的产生、发展的渊源脉络及其相互渗透、交替、演变的痕迹。

冯友兰在其《三松堂自序》中说，胡适的《中国哲学史大纲》是"一部具有划时代意义的书"，"对于当时中国哲学史研究，有扫除障碍，开辟道路的作用。"②大约在上世纪80年代初，我提出，胡

---

① 梁启超：《评胡适之〈中国哲学史大纲〉》，《饮冰室合集·文集之三十八》（影印版）第60页，北京：中华书局，1989年。
② 冯友兰：《三松堂自序》，《三松堂全集》第一卷第182、184页，郑州：河南人民出版社，2013年第2版。

适的《中国哲学史大纲》一书的出版，是中国哲学史学科成立的标志。正是这部书首先明确了中国哲学史在世界哲学史上的地位，确定了中国哲学史研究的正当范围和研究的基本方法。这都是前人所未曾做过的，而此后的中国哲学史研究者，都不能不受到此书的影响。在中国，用全新的、系统的研究方法整理中国的各种学问，胡适是先驱。

二、古小说考证

胡适所作《〈水浒传〉考证》《〈红楼梦〉考证》以及随后陆续发表的古小说考证的文章，在学界也曾发生很大的影响。尤以《〈红楼梦〉考证》和《〈水浒传〉考证》两篇大文章，对学术界，特别是对新生代的青年学者，产生了指引治学途径和训练方法的作用。

在胡适做《〈红楼梦〉考证》之前，自清末以来对《红楼梦》的研究，可分为三派。一派以王梦阮为代表，他所著《〈红楼梦〉索隐》，认为《红楼梦》是写顺治皇帝和董鄂妃的爱情故事。另一派以蔡元培为代表，认为《红楼梦》是政治小说，专门描写康熙朝宫廷及上层政治斗争的故事。第三派认为《红楼梦》写的是清朝第一才子纳兰性德的故事。胡适的《〈红楼梦〉考证》一文，打破了近百年有关这部奇书的种种猜测之论，破除了索隐派笼罩此书的种种迷雾，第一次把《红楼梦》研究带上了正当的学术研究的轨道。胡适全力从搜求著者的身世背景和有关版本的材料上下功夫。胡适确定《红楼梦》的作者是曹雪芹。并在顾颉刚等人的帮助下得以了解到有关曹雪芹家世的重要材料。原来，曹家从曹雪芹的曾祖曹玺起，曾三代四人做过江宁织造，其第二代，曹雪芹的祖父曹寅还曾一度做过苏州织造。织造是少有的阔差，故其家曾极其富贵，曾办过四次为皇帝接驾的事。同时，其家富有文学美术的氛围，曹寅曾主持《全唐诗》的编印。这样一个家庭，到曹雪芹出生后，渐渐没落。以致曹雪芹生活极其贫苦，经常靠朋友接济。在如此境况下，感叹身世，写成以自己亲身遭际为主要题材的小说《红楼梦》，用胡适的话说，《红楼梦》是作者曹雪芹的自叙传。胡适还考证《红楼梦》的版本，指出，曹雪芹的原作《红楼梦》只有八十回，书未成而身死。后四十回是高鹗续成的。他肯定高鹗续写后四十回的成功，将《红楼梦》一部大书，成就为悲剧的结局，这大体符合曹雪芹的原意。

我说，胡适的《〈红楼梦〉考证》，是把对这部古小说的研究带上了正当的学术研究的轨道，这一点至关重要。在中国古代，诗文尚可被承认为正当的文人事业，而小说则从不登大雅之堂。写小说常常被视为没落文人借以发泄个人私欲之物，不是诲淫诲盗，就是发泄私愤、影射报复等等。因此，本来是一种反映社会现实生活的艺术形式，却总被猜测成某种影射之类的东西。这直接关系到小说作为一种艺术形式，它的存在价值及其社会意义的大问题。前面所说的，在胡适之前的三种关于《红楼梦》的说法，都不是站在正当的文学史和文学批评的立场上而发的议论，都不是把小说作为反映现实社会生活的艺术形式来加以研究和评论。胡适在家乡和在上海读书时期，读过大量的中国旧时的小说作品，而在留学美国时期，又读过大量的西方文学家的小说作品，使他通过比较观摩，能够比较深刻地认识到小说这种文学形式的重大社会意义。胡适终生服膺写实主义文学，确信文学，包括小说，是反映现实生活的艺术。如此，要研究一部作品，就必须了解其作者生活的时代背景，了解作者的一生遭际，了解他的生活状态、朋友关系、兴趣爱好等等。因为这些东西都直接间接地和他要反映的社会现实生活有关。那三种猜谜式的《红楼梦》评说，都是与此相背离的。而胡适才真正从小说作者及其社会背景入手，来研究《红楼梦》。在一些学生和朋友们的帮助下，胡适得到许多过去不被人注意的重要史料，从而确定作者曹雪芹的真实身份，其家庭社会背景，以及其本人的生平遭遇。从而得出结论：认为《红楼梦》一书，是作者曹雪芹以其自身遭遇为基本题材，"老老实实的描写这一个（指曾经三代四人担任江宁织造的曹家——引者注）'坐吃山空''树倒猢狲散'的自然趋势。因为如此，所以《红楼梦》是一部自然主义的杰作"①。（须要指出，1920 年代之初，自然主义是写实主义的一种不很确切的表述。后来，自然主义是专指没有批判精神的消极的写实主义，以与批判的现实主义相区别。）当然，胡适所作《〈红楼梦〉考证》也存在片面性的缺点。比如，他过分强调《红楼梦》是曹雪芹的自叙传，因而有时就把小说中的人物、情节、背景机械地往曹雪芹等真人的身上套。受他影响的一些学者，后来更发展了这种偏向，实际上在新形式下重复了索隐派的错误。还有人批评胡适过于注重考证，而不注意从文学

---

① 《〈红楼梦〉考证》，《胡适文存》卷三第 231 页，1921 年。

艺术方面作出应有的分析与评论，这也是很中肯的。

胡适所作另一部发生重大影响的小说考证是《〈水浒传〉考证》。《〈水浒传〉考证》一文，主要是揭示出《水浒传》的成书，曾经经历了长时间的演化过程，从最早的民间口传故事，到元代杂剧兴起后，片断的、分散孤立的梁山泊英雄故事剧，然后到元末明初形成稍为连贯的长篇，又经过不同本子的流传，最后形成《水浒传》。通过对大量史料的认真梳理勾稽出一部书的历史故事从产生、传播到形成单本的戏剧，再到连贯成一部书的历史演变过程，这是用史料重构历史的典型做法。他的巨大学术启示意义，由顾颉刚受此文启发而创立古史辨学派这一事实而得到充分体现。

胡适研究和发表古小说考证方面的文字近百万言，所涉古典文学作品十数种，对中国文学史和文学批评史的研究产生了广泛的影响。至今，文学史、小说史等研究和著述，仍脱不开胡适的某些积极影响。例如，对作家身世和时代背景的注重，对版本流传的考察，对人物角色的社会意义的理解等等。这些对于文学史作为新学科的成立，是很有意义的。

三、整理国故

1919年11月，胡适写成《新思潮的意义》一文，在12月1日出版的《新青年》第7卷第1期上发表。文中提出了除旧布新，建设中国新文化的纲领。这个纲领就是那著名的四句话："研究问题，输入学理，整理国故，再造文明。"研究问题是总的态度，再造文明是总的目标；最基本的工作，是输入学理，整理国故。我们这里主要谈他在整理国故的倡导和身体力行的过程中所昭示出来的一些基本理论与方法。这对于当时和以后中国学术界的趋向与规范有很重要的影响。

"国故"作为一个学术专有名词，是章太炎先生最早确立的。他于1910年在日本出版《国故论衡》一书。在此书问世之前，人们称呼中国旧的典籍、文物等为"国粹"，研究这些东西的学问则称之为"国学"。但在清末，因特别的时代环境，"国粹"与"国学"的提倡与标榜，是同"反清革命"与抵制"过分"欧化相联系的。这时期的国粹主义者们，虽然也提到"研究"的字样，但他们怀着强烈的革命目的，主观性很强，不是完全客观地，平心静气地为求真理而研究国故。"他们都毫不讳言以国粹、国学激动种性，推动革命"[①]，同后来提倡整理国故的学者们的态度是不一样的。

新文化运动中最早提及国故的是北京大学保守派的教授们和追随他们的一部分学生于1919年3月所办的《国故》杂志。他们以"国故"命名自己的刊物，颇有与新文化相抗衡的意味。但《国故》的主办者和主要撰稿人们一般都不承认这一点。《国故》的领军人物是对古籍非常熟悉的刘师培，其他有黄侃、林损、马叙伦等。他们多是章太炎的故旧或门生。他们这时似乎谈不上有什么明确的政治抱负。但其对国故、国粹有割舍不得的眷恋之情是非常明显

---

① 耿云志：《近代中国文化转型研究导论》第444页，成都：四川人民出版社，2008年。

的，他们不肯以怀疑与批判的态度对待国故。因为这样一种情怀，使他们与比他们早两个月出世的《新潮》杂志的作者们发生了冲突。冲突的核心问题是对国故的态度。《新潮》派的人把国故看成是过去的已死的东西，学者对待国故，就如同医生解剖死人的尸体一样。此说大触《国故》派之忌，于是发生论争。

胡适也介入了这场论争。他正是从抓住对待国故的态度上的根本分歧入手，提出他的基本观点，即整理国故应该以"为学术而学术"，"为真理而求真理"作为唯一目的。因此，研究国故只有用科学的方法，才能取得成功。清代学者不自觉地使用了暗合科学的方法，便能取得很大的成绩，若学者们都能自觉地使用科学的方法来整理国故，必会取得更大的成就。

这次关于国故的争论是1919年5到8月间的事。到了这年的11月，胡适发表他那篇影响极其深远的大文章《新思潮的意义》，把"整理国故"作为建设中国新文化的四大纲领之一提出来。这样，整理国故在文化上、学术上的意义得到确认，它是为建设中国新文化清理地基的工作，是无可回避的必须要做的一项大工程。尽管参与到这项工作的学者群中，仍会有偏于开新与偏于守成的分别，但大体上开始形成一种在新的历史条件下，吸引广大学者在建设中国新文化的总目标下共同工作的环境氛围。

现在研究这一段整理国故的历史的学者，都承认胡适是整理国故的发起者和领导者。在北京大学的国学门，具体做整理国故的学术工作的学者，较有资历的多半都出自章太炎的门下。青年学者也有相当一部分可称是章门再传弟子。胡适在北大的影响，起初是在英文与哲学两门。他能够成为《国学季刊》的主编,成为整理国故的领军人物,实在是由诸多因素促成的。

首先,胡适自己早就在做整理国故的工作,且有显著的成绩。早在留学时期,他就悟到,必须以新的眼光、新的方法读中国的旧书。他在给许怡荪的信中曾明确地提到这一点。其所作《诗三百篇言字解》《尔汝篇》《吾我篇》以及《诸子不出于王官论》等,都可看作是他早期整理国故的尝试之作。他后来选定《中国古代哲学方法之进化》做自己的博士论文的题目,归国后又在其博士论文的基础上,作成《中国哲学史大纲》(卷上),这在当时是很了不起的成绩。《中国哲学史大纲》(卷上)出版于1919年2月。随后在1920年、1921年相继发表《〈水浒传〉考证》与《〈红楼梦〉考证》两篇大文章。按陈寅恪的说法,这样的大文章,其他人是无人做得出来的。这就是说,当整理国故大张旗鼓地兴起来的时候,胡适已经在这方面作出了异常骄人的成绩。

其次,从1919年到1923年,胡适一直都是提倡整理国故最积极的学者。

1919年8月16日,胡适给毛子水的信(后来发表时题为《论国故学》)中,已明确提出:"我们应该尽力指导'国故家'用科学的研究法去做国故的研究。"[①]这年的11月,胡适写成《新思潮的意义》,这是一篇极端重要的文章,它是对此前的新文化运动的总结,是指导运动进一步发展,乃至规划中国新文化建设的纲领性文

[①] 《论国故学》,《胡适文存》卷二第286—287页,外文出版社2013年。

献。在这篇文章中，把整理国故认定为建设中国新文化的必备基础。这说明，整理国故是新文化运动题中固有之义，它同输入学理同样是创建新文化的实践过程。因此，那些把整理国故看成是与新文化运动相悖的说法是过于皮相之见。同时也廓清了某些把新文化看成是某种与固有的传统文化不相干的、彻底排斥旧文化的误解，从而可以把许多文史学者通过整理国故而联合起来。往大的方面说，这暗示出，中国新文化的建设，应是一个包容的多元的文化创新过程。

1920年11月23日，胡适在给顾颉刚的信中提出要搞一个"国故丛书"的想法。不久，他主动提出，要为顾颉刚编的《伪书考》写长序，其中一个要点就是申说他自己对于古书"宁可疑而过，不可信而过"的主旨[①]。顾颉刚对古史有关的记载，抱着强烈怀疑的态度。他曾有一个很大的计划：辨伪书、辨伪事，从而达到辨伪史，揭真史的目的。在胡适的鼓励下，顾氏发奋埋头于故纸堆中，不断有所发现，终于形成他的"层累地造成的中国古史说"。即认为中国古史的记载："时代越后，知道的古史越前；文籍越无征，知道的古史越多。"直白一点说就是，旧有的古史记载与叙说是后人一代一代加添上去的。[②]顾氏此说一出，立即得到胡适、钱玄同的赞同，其他许多学者，包括一部分马克思主义学者如郭沫若，也给予很高的评价。自然，每一初创的学说，难免会有这样那样的缺点，

[①] 胡适致顾颉刚的信（1920年12月18日），顾颉刚编著：《古史辨》第一册第13页，海口：海南出版社，2005年。

[②] 顾颉刚：《与玄同先生论古史书》，《古史辨》第一册第79页。

但决不足以掩盖此学说主旨的价值。顾颉刚疑古派的崛起，无疑与胡适有极为密切的关系。而疑古派的辨伪工作，无疑是整理国故运动的主要实绩之一。

1921年7月31日，胡适在南京暑期学校讲演《研究国故的方法》。有四个要点：一，历史的观念，一切古书皆是历史。二，疑古，重申其"宁可疑而过，不可信而过"的主旨。三，提倡系统的研究，要从乱七八糟里寻出系统条理来。四，整理，就是要使从前只有专门家能读的古书，让初学者亦能读。使更多的人有能力投入到整理国故的学术工作中来。

1922年9月3日，胡适在《努力周报》上，辟出副刊《读书杂志》，发表大量整理国故，特别是研究古史的文章。早在上一年2月间，胡适就已经酝酿要仿照当年王念孙、王引之父子《读书杂志》的名目，办这样一个杂志，还曾就此向一些朋友发出征求文稿的信。此事直到此时才得以实践。第一期发表胡适自己写的《读〈楚辞〉》和《一千九百年前的一个社会主义者——王莽》两文，显然都属于整理国故的范畴。顾颉刚那篇宣布他的"层累地造成的中国古史说"的文章，即《与玄同先生论古史书》就是在《读书杂志》上首先发表的（第九期，1923年5月6日）。《读书杂志》成为古史讨论的中心园地。胡适后来曾回顾说，《努力周报》真正有历史意义的东西，不是它的政论，而是它发表的有关古史讨论和批评梁漱溟（《东西文化及其哲学》）与张君劢（《人生观》）的文章。①

---

① 《一年半的回顾》，《胡适文存二集》卷三第150页。

前面我们提到胡适曾酝酿编辑"国故丛书"的构想。1922年8月初，胡适在一次关于中学国文教授问题的讲演中，谈到需要编一部"中学生国故丛书"。他指出："古书现在还不曾经过一番相当的整理。古书不经过一番新式的整理，是不适宜于自修的。"①所以，他主张要对古书进行整理。整理古书的方法，他提出七条：

（1）加标点符号。

（2）分段。

（3）删去繁重的，迂谬的，不必有的旧注。

（4）酌量加入必不可少的新注。

（5）校勘。用古本善本校勘异同，订正讹脱。

（6）考订真假。

（7）作介绍及批评的序跋。每书应有鲜明的序跋，内中至少应有下列各项：

（a）著作人的小传。

（b）本书的历史。

（c）本书的价值。②

胡适作为领军人物，他为整理国故提出了颇为完整的理论与方法。这是其他人所没有的。

我们对胡适的相关文章、讲演略加提炼与归纳，可以显现出胡适关于整理国故的基本理论与基本方法。

---

① 《再论中国的国文教学》，《胡适文存二集》卷四第256页。
② 《再论中国的国文教学》，《胡适文存二集》卷四第256—258页。

首先，胡适给国故提供出一个比较宽泛的大家都能接受的界说。他指出："中国的一切过去的文化历史，都是我们的国故。"[①]国故如此繁杂，几乎无所不包，过去却缺少系统的整理，更没有评判性的研究。胡适承认古代学者特别是清代学者在这方面曾做过一些工作，有一定的成绩。但还远远不够。整体上说，中国古代的文化历史还没有经受现代科学的洗礼。所以胡适说：整理国故，"就是从乱七八糟里面寻出一个条理脉络来，从无头无脑里面寻出一个前因后果来，从胡说谬解里面寻出一个真意义来，从武断迷信里面寻出一个真价值来"[②]。这是 1919 年新文化运动高潮期中，胡适批判的锋芒锐进之时所说的话。尽管如此，胡适仍很理智地归结道：这样的整理工夫，无非是为着"各家都还他一个本来面目，各家都还他一个真价值"[③]。而这一说法，同他三年多以后，平心静气所写的《国学季刊宣言》中所说的话完全一致。在这篇宣言里胡适说："整治国故，必须以汉还汉，以魏晋还魏晋，以唐还唐，以宋还宋，以明还明，以清还清；以古文还古文家，以今文还今文家；以程朱还程朱；以陆王还陆王……各还他一个本来面目。然后评判各代各家各人的义理的是非。不还他们的本来面目，则多诬古人；不评判他们的是非，则多误今人。"[④]简言之，整理国故就是通过整理的工夫，使国故有个条理系统，说明其前因后果，揭示出其真实意义，

[①] 《国学季刊发刊宣言》，《胡适文存二集》卷一第 11 页。
[②] 《新思潮的意义》，《胡适文存》卷四第 162 页。
[③] 《新思潮的意义》，《胡适文存》卷四第 163 页。
[④] 《国学季刊发刊宣言》，《胡适文存二集》卷一第 12—13 页。

判明其实在价值。在这篇宣言中,胡适高瞻远瞩,提出整理国故的基本原则和方法:第一,用历史的眼光来扩大国学研究的范围。第二,用系统的整理来部勒国学研究的资料。第三,用比较的研究来帮助国学材料的整理与解释。

四、治学方法

胡适一贯非常重视方法问题,这贯穿了他的一生和他的全部著作。他曾说:"我治中国思想史与中国历史的各种著作,都是围绕着'方法'这一观念打转的。'方法'实在主宰了我四十多年来所有的著述。"[①]事实上,胡适在学界,特别是对于大多数青年学者的影响,也是以方法为最大。

胡适的方法是实验主义哲学同中国传统考证学相结合的产物,最早是他在《清代学者的治学方法》一文中总结出他的方法的。他把它简括成十个大字,叫做"大胆的假设,小心的求证"。这里有两点特别重要:一是重实证。对前人或他人的判断不可轻信,必须求证实。如果经不起检验,不能得证实,那就要提出新的假设,然后再去求证实。只有被大量的事实证明了的假设,才可视为可信的判断,才可认为是真理。二是重思想。思想的能力来源于训练。训练就是多观察,多疑问,多假设,并耐心地求证实。

从思想理论渊源上说,胡适的实验主义及其方法,本属经验主

---

① 《胡适口述自传》第94页。

义学派。但正如他的老师杜威一样,他们不流于经验的堆积,而是十分地重视思想,重视思想的程序。善于提出假设是思想有训练的一个标志。而有耐心地一步一步地去求证实,更是一种训练。胡适治学方法的"十字真言",在广泛流行中难免产生流弊。流弊就在于,一些年轻人只从字面上理解胡适的方法,而不注重训练。胡适自己后来颇察觉到他简单概括的公式有产生这种流弊的危险。他在给董作宾的信中曾说过如下一段话:"凡能用精密方法做学问的,不妨大胆地假设;此项假设虽暂时没有证据,将来自有证据出来。此语未可为一般粗心人道;但可为少数小心排比事实与小心求证的学者道。不然,流弊将无穷无极了。"① 为防弊,胡适特别注重证据,并且对证据提出严格的条件。他提出,审查证据时要注意:(1)这种证据是在什么地方寻出的?(2)什么时候寻出的?(3)什么人寻出的?(4)从地方和时候上看起来,这个人有无做证人的资格?(5)这个人虽有做证人的资格,但他说此话时有无作伪的可能?② 从这些条件上可以看出,胡适对证据的审慎态度。从防弊的考虑出发,胡适还特别强调,方法不应成为人人照搬的公式,而应是每一个具体的研究人员通过自己的研究实践逐渐养成的一种自觉的思想习惯和工作习惯。也是从防弊的考虑出发,胡适中晚年后,在谈到治学方法时,较少重复前面提到的那个"十字诀",更多的是引用古代老吏断狱的经验提炼出来的"四字诀",即以"勤、谨、和、

---

① 胡适致董作宾的信,《胡适全集》第23卷第389—390页。
② 《古史讨论的读后感》,《胡适文存二集》卷一第162页。

缓"四个字来概括严谨治学的态度。"勤",指勤于搜求,不偷懒。"谨",是指谨慎,不马虎,细心,认真,不苟且。"和",是指心气和平,不激切,不偏宥。"缓",是指从容推求,不急于下结论,不急于发表。

其实,这四个字,严格地说,也算不上是治学方法,而是办事、治学都应有的态度。但是,若真能坚持这样的态度来做学问,久而久之亦必能训练出一套具体的严谨的治学方法。

胡适一生提倡治学方法。他给年青一代学者影响最大的也正是他的治学方法。但这并不是指他的"十字诀"或"四字诀",而是从他的著述中所体现出来的方法。例如顾颉刚就说"那数年中,适之先生发表的论文很多,在这些论文中他时常给我以研究历史的方法,我都能深挚地了解而承受"[1]。顾颉刚的感悟表明,所谓治学方法,是在学者著述中所彰显出来的治学态度与步步寻求证据的训练与习惯。

另一个显著的例子是罗尔纲。他在《师门辱教记》(后来胡适在台湾印行此书时,改名为《师门五年记》。再后来,罗氏重印此书时,亦沿用胡适所改之书名)中曾说到:"我做学问的态度和方法便是在这一年里亲承师教,读了(胡适的)《蒲松龄的生年考》和《〈醒世姻缘传〉考证》两篇考证得来的。"[2]

其他还有许许多多的学者谈论过他们如何受到胡适的治学方法

---

[1] 顾颉刚:《古史辨·自序》,见《古史辨》第一册第 22—23 页。
[2] 罗尔纲:《师门五年记·胡适琐记》(增补本)第 15 页,北京:生活·读书·新知三联书店,2006 年。

的影响。著名学者丁声树先生曾说，胡适的"治学方法的感人之深，我敢说是三百年来没有人能赶得上的"①。

总之，在"五四"前后那场新文化运动中，作为那场运动的领袖的胡适，在学术领域实起了开一代风气的作用，许多新的学术趋向、学术范式，都同他分不开。而他的治学方法，实在影响了差不多一整代青年学子。

五、学术新典范的要旨

在考察过胡适治学的几个主要方面之后，我们可以从中提炼出他创立新学术典范的几个要旨。

(一) 世界的眼光

近代中国人治中国学问，必不可仍拘于传统的只就中国学术论中国学术，应当以世界的眼光来看中国的旧学术。早在留学时期，胡适就意识到，必须用新眼光读中国的旧籍，必须用新方法研究中国的学问。他在《中国哲学史大纲》（卷上）一书的导言中，一开始就提出中国哲学在世界哲学史上的地位问题，立即就把读者引入世界的平台上，眼界为之大开，心胸为之大展。他用以分析问题、处理证据的方法都曾借鉴西方学者和他们的最新研究成果。他的古小说考证，他的整理国故，都是如此。在已经世界大通的现代世界，

---

① 丁声树致胡适的信（1945年9月19日），《胡适遗稿及秘藏书信》第23册第334页。

无论是自然科学还是人文社会科学，都已不再只是各个分散独立的国家或民族完全独有的东西，如果没有人为的特设的障碍，它们必将在世界学术的大平台上互相交流，互相融通，各展所长，共同发展。我们看经历新文化运动的冲击、磨洗，新一代的中国学者，他们的研究成果没有不带上世界化的烙印的。就是那些所谓纯粹"国学"的东西，也不再是抱残守缺、孤陋寡闻的"土产"，而是多少吸收了一些世界性的东西，至少是与西方同行有所沟通。

(二) 注重历史的观察

胡适经常说他最重视历史的方法。任何事物，都不是凭空来的。胡适的历史的方法，有两层意思：1.任何的人、事、物，必要把它放在它本来的历史背景上去加以考察。他研究古代哲学史，必先确定某哲学家生卒年代，研究这一时代的社会背景，然后再去考论其人的思想。他考证《红楼梦》，也是先确定作者及其生存年代，其家庭背景历史，生平遭际，然后论其创作与思想。2.注重历史的演变过程，借以明变、求因。胡适在《中国哲学史大纲》（卷上）里是这样做的，在《白话文学史》里是这样做的，在《〈水浒传〉考证》里，也是这样做的。他追溯事物历史演变的这种细腻的工夫，给青年学者顾颉刚以无比深刻的影响，使顾氏成为古史辨学派的创立者，足见胡适历史的方法的工夫之深，影响力之大。

(三) 严格地依靠证据

蔡元培在为胡适的《中国哲学史大纲》（卷上）写序时，指出该书的四大优点，第一就是"证明的方法"。而所谓证明的方法，就是充分运用证据的方法。证据必须可靠，才能达到证明的目的。胡适在总结清代学者的治学方法时，提出"大胆的假设，小心的求证"十个大字。大胆的假设，对于缺少治学经验的年轻人，很容易走偏。胡适特别强调要注重证据，强调，有几分证据说几分话。对于证据，他还提出种种防伪、防弊的方法。

（四）抓住重心，做系统的研究

蔡元培所提《中国哲学史大纲》（卷上）四大优点的最后一点，是系统的研究。胡适的哲学史，紧紧抓住知识论、方法论这个中心，对各个哲学家的思想做系统的考察，按梁启超的说法，胡适这样做的结果是"到处发现石破天惊的伟论"。但是，梁氏接着责备胡适没有把中国古代哲人们最擅长的宇宙论、人生观重点加以论述。这里不去讨论。我们要注意的是，胡适所抓住的重心，恰恰是历来中国学者都不曾注意的，而这一个方面又恰恰是近代哲学所最应该加以重视的。胡适这样做了，所以取得非凡的成功。胡适作文学史，作古小说考证都是紧紧抓住作者、时代、小说的社会内容来做系统研究，结果创开中国文学史研究的崭新模式。以后的中国文学史，没有不是沿着这个路径走的。

（五）评判的态度

研究任何的人、事、物，都要持评判的态度，不可迷信、武断。胡适在总结新文化运动的性质时说，新思潮的根本意义就是一种新态度，这种新态度就是评判的态度。而评判的态度最根本的意义就是"重新估定一切价值"。他在哲学史研究中，在文学史研究中，在整理国故中，以及对一切问题的研究中都贯彻了这一原则。

(六)自觉的治学方法

胡适说他一生都强调方法问题,方法实在主宰了他的全部著述。2014年12月,我在某高校讲演,题为《目标产生动力,方法决定成就》,就是基于我对胡适、王国维等人的学术生涯的了解而形成的看法。理解胡适的方法,不是去考究他的"十字诀"或"四字诀",而是深入研究他的代表性著作。凡是因受胡适影响而在学术上有成就的学者,都是如此做的,例如顾颉刚、罗尔纲。方法的自觉,就是在自己的研究实践中,逐渐养成一种自觉遵循的严格戒约,使自己少走弯路,少犯错误。胡适晚年倾注数十年时间、心力考证《水经注》疑案,他的一个重要目的就是训练自己的方法。方法是否合乎科学,方法是否能够自觉,是成功与失败的一大关键。

2018年11月9日

关于中国近代文化转型的
几个重要观念

中国近代文化转型，照我的理解，是指从近乎封闭的，与大一统的中央集权的君主专制制度相联系的，思想定于一尊的，泪没个性的古代文化，转变到开放的，与民主的政治制度相联系的，多元的，鼓励个性发展的近代文化。这个转变是一个非常漫长的历史过程，这个过程至今尚未结束。自晚清以来的一百余年中，有两个时期显得特别重要，一个是清末戊戌变法至辛亥革命时期；一个是民国成立后的新文化运动时期。前者因急遽的政治变革与革命运动带动了社会文化的变动；后者则是直接的文化自身的觉醒。在前一个时期，胡适还只是一个读书的少年，但他也在一定程度上参与了那个过程。在后一个时期，胡适是那场运动的公认的最重要的领袖之一。所以，胡适可以说是中国近代文化转型的一位见证人，一位权威性的诠释者。他有关这一过程的思想、言论，对我们应具有借鉴和启示的意义。

一、正确地提出问题

1915年《青年》杂志创刊，文化问题的讨论逐渐展开。当时讨论最多的是东西文明、东西文化之比较。如陈独秀、李大钊、杜亚泉等陆续发表了许多文章，都是企图说明东西文明、东西文化差异与优劣的评论。例如他们指称，西洋是动的文明，东洋是静的文明；西洋人好竞争，东洋人喜安和。①有的甚至细加分别，认为东西之文明，"一为自然的，一为人为的；一为安息的，一为战争的；一为消极的，一为积极的；一为依赖的，一为独立的；一为苟安的，一为突进的；一为因袭的，一为创造的；一为保守的，一为进步的；一为直觉的，一为理智的；一为空想的，一为体验的；一为艺术的，一为科学的；一为精神的，一为物质的；一为灵的，一为肉的；一为向天的，一为立地的；一为自然支配人间的，一为人间征服自然的"②，等等。这种外在的比较观察，有时固然也能道出某些真相，例如他们说，西洋人以个人为本位，东洋人以家族为本位。③但总的说来，他们的观察是表面的、肤浅的，其判断是倾向于主观的。基于这种表面的观察和主观的判断，在逻辑上很容易导出对于东西文化问题的一些流于主观片面的看法。例如，以为东西文化各走极端，主张调和折中之；杜亚泉可为代表。又例如，认为东西文化绝异，不能走到一起，不能相互融通；梁漱溟可为代表。又例如，以为西方文化尽是优点，东方文化尽是劣点；于是倾向于以前

---

① 见陈独秀：《东西民族根本思想之差异》(《青年杂志》1卷4号)，李大钊：《东西文明根本之异点》(《言治》季刊第3册)，杜亚泉：《静的文明与动的文明》(《东方杂志》第13卷1期)。

② 李大钊：《东西文明根本之异点》，原载《言治》季刊第3期（1918年7月），收入《李大钊文集》第二卷（北京：人民出版社，1999年），见该书第202—203页。

③ 见陈独秀：《东西民族根本思想之差异》，原载《青年杂志》1卷4号（1915年12月），收入《陈独秀文章选编》（上，北京：生活·读书·新知三联书店，1984年），见该书第98页。

者取代后者；陈独秀可为代表。

杜亚泉认为，自欧战后，西洋文明已暴露其缺点。于是，对西洋文明的信赖，不能不为之减弱。而东方文明之缺点，早为识者所共认。他说："平情而论，则东西洋之现代生活，皆不能认为圆满的生活，即东西洋之现代文明，皆不能许为模范的文明。"他认为，人类文明之两大重心，一为经济，一为道德。在经济上，西洋人为满足欲望而无限制地发展生产，其发展生产的手段即是科学；东方人则以满足生活之需要而止。于道德上，西洋人崇力行；东方人尚理性。杜氏有鉴于此，主张"以科学的手段，实现吾人经济的目的；以力行的精神，实现吾人理性的道德"①。基本上是取长补短的一种常识的见解。这种见解，是基于东西方文化优劣点的比较，企图将两者的优点结合起来，使成为既胜过东方文化，又胜过西洋文化的一种新的文化。这样的主张，自然谁也不能说它不对。问题是在于这种主观的良好愿望如何才能实现。折中论者之失于主观，就在于，他们把新文化的建设，看成是像厨师在厨房里调和五味，或化学家在实验室里做化合实验那样的简单操作。实际的文化交流与文化融合是要复杂千百倍的事情，它是整个民族都参与其中的事情。好心的折中论者们，任何人都不具备掌控这一复杂过程的能力。

梁漱溟集中表达其文化思想的名著《东西文化及其哲学》，也

---

① 杜亚泉：《战后东西文明之调和》，载《东方杂志》第14卷4期，收入《杜亚泉文选》（上海：华东师范大学出版社，1993年），见该书第271页。

是从表面的、主观的东西文化之比较而推阐出来的。①他从东西文化根本相异这一点出发，认为"要将东西文化调和融通，另开一种局面，作为世界的新文化"，乃是"糊涂、疲缓，不真切的态度，全然不对"。②梁氏遂将东西文化之不同，又从哲学的高度加以深化，概括为："西方化是以意欲向前要求为其根本精神的。"③他把东方文化又区分为中国文化与印度文化两支，认为，"中国文化是以意欲自为调和持中为其根本精神的"；"印度文化是以意欲反身向后要求为其根本精神的"。④关于印度文化，我们暂且不论。我们主要看梁氏对于中国文化与西洋文化的关系问题持何种见解，抱何种态度。梁氏不但认为中西文化调和是"完全不对的"，而且认为，中国文化与西洋文化走的根本就不是一条路。他说，中国人"无论走好久，也不会走到那西方人所达到的地点上去"⑤。他认为中西文化的不同，不是一个高了，一个低了；或一个走快了，一个走慢了，而是两家各走自家的路。梁氏特尊崇孔子，故又把中国人走的路说是"孔家的路"。梁氏承认西洋文化的诸多优点。但他认为，欧洲大战以后，世界正面临一次大的变化。西洋人原来所走的文化路线碰了壁，弄得西洋人的生活"不自然，机械，枯窘乏味"⑥。所以，西洋

---

① 梁漱溟：《东西文化及其哲学》（影印本）第7—8页，北京：商务印书馆，1987年。
② 《东西文化及其哲学》（影印本）第13页。
③ 《东西文化及其哲学》（影印本）第34页。
④ 《东西文化及其哲学》（影印本）第35页。
⑤ 《东西文化及其哲学》（影印本）第65页。
⑥ 《东西文化及其哲学》（影印本）第165页。

人的生活态度须要转变到中国人的生活态度上来，即要从向外追求，变为向内自求调节。梁氏大胆地下结论说："质而言之，世界未来文化就是中国文化的复兴。"①我们可以将它视为中国文化救世论。

陈独秀是新文化运动的主要领袖，态度亦比较地最为激进。他认为，自西洋文化输入我国，初知学术不如人，继知政治不如人，及今乃知伦理道德不如人。"此而不能觉悟，则前之所谓觉悟者，非彻底之觉悟。"②彻底的觉悟，就是必须于学术、政治以及伦理道德，全面地学习西方。他说："欲建设西洋式之新国家，组织西洋式之新社会，以求适今世之生存，则根本问题不可不首先输入西洋式社会国家之基础，所谓平等人权之新信仰，对于与此新社会新国家新信仰不可兼容之孔教，不可不有彻底之觉悟，猛勇之决心。否则不塞不流，不止不行。"③陈独秀在许多文章里，都不同程度地表示出，要尽可能彻底地洗刷掉中国固有文化之一切不适于新时代的东西，代之以借鉴于西方的新思想，新文化。我曾指出，尽管陈独秀比较激进，也不能把他归结为所谓"全盘反传统"或"全盘西化"。④但我们应可承认，陈独秀的语言表述，确容易使人理解为，有以西洋文化将传统文化取而代之的倾向。这种倾向在知识与训练方面均欠成熟的青年人中间，尤易造成影响。

---

① 《东西文化及其哲学》第199页。
② 陈独秀：《吾人最后之觉悟》，原载《青年杂志》1卷6号，引自《陈独秀文章选编》（上）第109页。
③ 陈独秀：《宪法与孔教》，《新青年》2卷3号，引自《陈独秀文章选编》（上）第148页。
④ 参见拙著：《五四新文化运动再认识》，《中国社会科学》1989年第3期。

我认为，无论是杜亚泉的折中论，还是梁漱溟的中国文化救世论，还是陈独秀的彻底觉悟论，都有失于主观、片面，不切实际。其所以如此，主要是论者本人对西方文化缺乏真切的了解与体验，对中外文化交流史缺乏深入研究，只是从片段的书本介绍，得其印象而已。中国文化的更新，不可能像中药房配药那样，将西洋文化选出几样，与中国文化相配合，从而产生出中国的新文化。也不能像梁漱溟所说，中国与西洋文化，相互绝异，永远不可能走到一起，只能等待有朝一日，中国文化翻转身来成为世界的文化。同样，也不可能像陈独秀所说的那样，彻底觉悟，以西洋文化取代中国的旧文化。

与上述偏于主观的文化见解不同，胡适认为，根本的问题是：

"我们中国人如何能在这个骤看起来同我们的固有文化大不相同的新世界里感到泰然自若？一个具有光荣历史以及自己创造了灿烂文化的民族，在一个新的文化中决不会感到自在的。如果那新文化被看作是从外国输入的，并且因民族生存的外在需要而被强加于它的，那么，这种不自在是完全自然的，也是合理的。如果对新文化的接受不是有组织的吸收的形式，而是采取突然替换的形式，因而引起旧文化的消亡，这确实是全人类的一个重大损失。因此，真正的问题可以这样说：我们应怎样才能以最有效的方式吸收现代文化，使它能同我们的固有文化相一致，协调和继续发展？"①

胡适这段话包含几个重要的意思。

---

① 胡适：《先秦名学史》第7—8页，上海：学林出版社，1983年。

第一，他从总体上说明，中国人置身于一种新的世界文化中，一定会感到不适应。这个新的世界文化之所以显得新，使中国人感到不适应，一是由于中国过去不开放，或开放不足，相对封闭，所以对外部世界感到生疏。二是从历史发展上说，中国相对于西方国家而言，是落后了一个时代，所以令人感到西方文化是新的。

第二，如何解决由不适应到比较适应的问题，这是关键。胡适不赞成用突然替换的方式来解决问题，那样，不但人们难以接受，而且会引起旧文化的消亡。他主张采取"有组织的吸收的形式"来借鉴和汲取世界的新文化。怎样才是"有组织的吸收的形式"？胡适没有给出具体的说明。我们看他稍后提出的"研究问题，输入学理，整理国故，再造文明"的建设中国新文化的纲领性主张，以及稍后又相继身体力行地进行整理国故的工作和组织"世界丛书"与编译委员会，计划系统翻译介绍西方文化典籍等等事实，似乎可以理解为，就是他的"有组织的吸收"西方文化这一思想的具体化和实施方案。

第三，吸收现代世界的新文化是否有效和成功，要看能否让新文化与旧有的文化找到一致性，从而能够相协调并继续发展。这也是非常重要的。两种文化若根本找不到一致性，则它们便无从融合；不能融合，就不可能相协调并继续发展。

应当说，胡适对中国文化所面临的问题的认识和表述，是比当时其他绝大多数人都来得更深刻，更正确。不仅超脱了所谓"华夷之辨"的拘牵，而且也超脱了"中西"对立的思想框架。胡适不是把中国文化与西方文化看成对应甚或对立的两极，而是把它们都看作是世界文化的一部分。只是西方文化代表了世界文化的最新成就，所以相对于中国文化，它是一种新文化。胡适也超脱了人们在中西文化问题上所惯用的"体"与"用"的格套。所谓"中体西用"的说法，在人们对西方文化因为还不了解而充满戒惧心理的时候，它多少起到容纳一部分西方文化的作用。而对于进一步地学习和引进西方文化，它却起着限制的作用。无论在前一种情况下，还是在后一种情况下，它都只是一种政策策略，而不是一种严谨的科学的文化观念。胡适有关中国文化问题的正确表述，标志着国人对中国近代文化转型的问题，有了比较清楚的理性认识。

胡适之所以能有如此认识，是因为他对西方文化有更深入的体验和理解。这不仅是由于他在美国留学七年。当时留学欧美归来的人已颇不少，但并不是留学归来者便都能对于东西文化问题有清楚而深入的观察与理解。胡适与一般留学生不同的是，他在留学期间，能够主动地、积极地设法使自己融入西方人的文化生活中去。他与那里的教授、学生、基督教家庭，以及各种社会团体保持着经常的密切的接触，参与他们的生活和他们的各种活动。这对于胡适深切领悟与理解西方文化是有特殊作用的。胡适曾得过英文大奖，说明他融入西方文化的努力完全不存在语言的障碍。也正因此，他常常被当地的各种团体请去作讲演，说明那里的西方人社会接纳了他。一个在青少年时期，在国内植下良好的传统文化根基的人，又如此深入地融入西洋文化之中，他对两种文化之间的关系的观察与见解，应该更值得我们的信赖。

二、人类文化的同一性

上面我们已经触及到这个问题。我们说,胡适提出要有效地吸收世界的新文化,——这里说的世界新文化,实即是指的西方文化——必须认识到两种文化的一致性。对此,胡适后来作了许多论述和发挥。在批评梁漱溟的《东西文化及其哲学》一书时,胡适谈及文化的本质的问题,他说道:

> 我们的出发点只是:文化是民族生活的样法,而民族生活的样法是根本大同小异的。为什么呢?因为生活只是生物对环境的适应,而人类的生理的构造根本上大致相同,故在大同小异的问题之下,解决的方法,也不出那大同小异的几种。这个道理叫做"有限的可能说"。[①]

这个"有限的可能说",实即是对人类文化同一性的表述。此前,以及与胡适同时代的绝大多数学者,都不曾明确地如此提出问题。原因是他们都只从文化的枝叶上看文化,而胡适则是从文化的根干上看文化。试看前面提到的陈独秀、李大钊、杜亚泉等议论东西文化的差异时,岂不都是从文化的各种表象上加以比较,然后便发议论的吗? 从文化的枝叶看问题,不仅东西方有很大的差异,即在一个国家、一个民族内部,因地域环境的不同,也会表现出相当的差异。通常越是生产不够发达,交通不够便利,则这种差异也就

[①] 《读梁漱溟先生的东西文化及其哲学》,《胡适文存二集》卷二第64页。

越大。相反，若从文化的根干上观察文化，就会看到，地球上所有的人类，其文化都有基本的共同性质，那就是，向自然界索取所需要的材料，根据生存的需要进行必要的加工改造，以满足衣、食、住、行的种种需求。人类一切的文化都是从这个最基础、最根本的需求上产生出来的。随着人类自身的进步、发展，向自然索取的能力与方法不断进步，人类社会亦随之变得越来越复杂，人类在满足物质需要的基础上，精神上的需要亦越来越高，越来越复杂。于是，文化也就越来越枝繁叶茂。这样，各国家、各民族、各地域的文化也就表现得多彩多姿，千差万别。所以，若不从文化的根干上看，若不了解文化之所以发生的原因和条件，就容易为各种文化表象的多彩多姿与千差万别所迷惑。

梁漱溟以为东西文化所走的路向根本不同，无论怎样走，无论走到何时，也走不到一起。胡适根据他的文化的"有限的可能说"，或者说，根据人类文化的本质的同一性，他得出结论说：

> 我们拿历史的眼光去观察文化，只看见各种民族都在那"生活本来的路"上走，不过因环境有难易，问题有缓急，所以走的路有迟速的不同，到的时候有先后的不同。

与大多数学者强调文化之民族的、地域的差别不同，胡适更着重强调文化的历史发展之程度的不同。这是基于对时代议题的认识和知识领袖的历史使命感。自从列强通过战争，强制地打开中国的大门以来，一个最紧迫的问题就摆在中国人的面前，即怎样才能摆脱受制于人的境地，谋求独立和富强。如何才能实现这一目标？这个问题一直争论不断。从一开始，人们基于"华夷之辨"，根本拒斥西方文化;继则以为,西方之器物工艺之类不妨采用,而中国之政教制度决不可改。到了新文化运动起来,人们总算有了进步。绝大多数人都在某种程度上承认西方文化的优长。即如梁漱溟也认为,"对于西方文化是全盘承受,而根本改过,就是对其态度要改一改"①。他也觉得,中国人因没有好好走过西方文化所走的"向前要求的路",而过早地走上"精神自为调和持中"的路,结果经受种种痛苦。他感叹中国人太不知竞争,不求上进,而至于任凭少数人争权夺利,受其盘剥。他竟也声称:"今日之所患,不是争权夺利,而是大家太不争权夺利;只有大多数国民群起而与少数人相争,而后可以奠定这种政治制度(指民主制度——引者),可以宁息累年纷乱。"②

可以说,新文化运动时期,中国稍有知识者,都在一定程度上承认,至少西方的科学与民主制度是中国应该学习的。所以,胡适宣称:"现在全世界大通了,当初鞭策欧洲人的环境和问题现在又来鞭策我们了。将来中国和印度的科学化与民治化是无可疑的。"③

既然人类的文化在本质上是具有同一性的,那么,把东西文化说成是本质绝异的东西就是没有根据的。自从中国文化遇到西方文化的挑战以来,一直有人把中国文化说成是体现精神文明的,西方文化是体现物质文明的。意思是西方人为物欲所困扰,中国人超脱

---

① 《东西文化及其哲学》第 202 页。
② 《东西文化及其哲学》第 208 页。
③ 《读梁漱溟先生的东西文化及其哲学》,《胡适文存二集》卷二第68页。

物欲，追求更高的精神满足，因此，创造了更高等的文化。在清末，这是很流行的说法。到了新文化运动时期，仍然有人这样说。例如张君劢就是这样说的。他在那篇著名的《人生观》的讲演中说：

> 自孔孟以至宋元明之理学家，侧重内心生活之修养，其结果为精神文明。三百年来之欧洲，侧重以人力支配自然界，故其结果为物质文明。①

胡适认为这是自欺欺人之谈。胡适说：

> 凡一种文明的造成，必有两个因子：一是物质的(Material)，包括种种自然界的势力与质料。一是精神的(Spiritual)，包括一个民族的聪明才智感情和理想。凡文明都是人的心思智力运用自然界的质与力的作品；没有一种文明是精神的，也没有一种文明单是物质的。②

胡适的说法在理论上是完全正确的。文化本来就是因人类生存的需要而创造出来的，离开自然界的物质，人类就无法生存。在保证生存的条件下，随着人类智力的发育、进步，精神上的需要逐渐增加，于是精神生活乃有继长增高之势。然而即使满足精神需要的文化产品，它的生产，也仍离不开一定的物质原料和物质作成的工具。所以，绝对不存在可以离开一定的物质条件而存在的所谓精神文明。反过来说，任何物质文明也必然包含人的智力的创造。一个

---

① 张君劢：《人生观》，《科学与人生观》第38页，济南：山东人民出版社，1997年。
② 《我们对于西洋近代文明的态度》，《胡适文存三集》卷一第4页，上海：亚东图书馆，1930年。

简单的石器工具的产生，不知包含了人类祖先们多少代人的经验与智慧。

胡适知道，杜撰精神文明与物质文明的对立的说法的人，实际上是要贬低西方的所谓物质文明，抬高中国的所谓精神文明。既然物质文明与精神文明不可分离，物质文明中包含着精神（智力、思想、情感、理想等等），精神文明必须以物质为其基础；则贬低物质文明，抬高精神文明就毫无道理了。胡适说：

> 我们深信，精神文明必须建筑在物质的基础之上。提高人类物质上的享受，增加人类物质上的便利与安逸，这都是朝着解放人类的能力的方向走，使人们不至于把精力心思全抛在仅仅生存之上，使他们可以有余力去满足他们的精神上的要求。①

胡适指出，"西洋近代文明的特色便是充分承认这个物质的享受的重要"，由此确定了人生追求幸福的天经地义的正当性。②这样，才会鼓起人们勇往直前地开拓与创造的勇气，不断改善人的生活，改善社会的制度，创造更为精致和更为美好的人生。胡适认为，这种通过运用智力，运用科学，以不断改善人生的文明，才真正够得上精神的文明。而相反，鼓吹东方的精神文明的人，提倡安分，知命，遏制物质享受，专意向内心寻求精神的满足，结果是被恶劣的物质环境所压倒，终老于贫病之中，那才是缺乏精神文明的

---

① 《我们对于西洋近代文明的态度》，《胡适文存三集》卷一第6页。
② 《我们对于西洋近代文明的态度》，《胡适文存三集》卷一第7页。

"唯物的文明"。①

中国古代圣贤们强调精神生活的重要，本来有其积极的意义。人类文明的发达，本来就是他们超脱野蛮状态的尺度。人之异于禽兽，就在于其有精神，能思维，能自律，能创造的精神。发达这种精神，就能提高人的生活的质量，从而也能不断提高人类自身。古代圣贤们教人注重精神的陶冶，提倡高尚的君子人格，但他们并没有因此忽视物质生活的基本的重要性，如孔子就主张"富而后教之"。后世儒者为当权的统治者着想，片面地只讲精神生活的追求，要人们安贫乐道，在贫苦的境域中，老老实实地服从统治者的意志。大一统的中央集权的君主专制制度确立以来，在中国占统治地位的意识形态就一直是鼓吹这种片面的所谓精神文明的说教。两千余年中，久受此种说教的熏陶，养成一种惯性，对于西方人那种发展科学，向自然界索取，创立民主的制度，让每个人拥有自由的权力，都感到无法理解。从自家老祖宗的字典里，只能找出四个字来评价西方的这种文化，那就是"人欲横流"。长时期里，只有很少的优秀分子，能够撇开成见，认识西方文化的真价值。比如，郭嵩焘最早看出西人"有本有末"；严复最早承认西人崇尚自由的价值；梁启超最早承认在中国之外，也有高等的文化；胡适最早明白确认，西方文化与中国文化的差别，主要是发展程度高低的差别。但即使到了新文化运动时期，仍然有许多人在深层意识中怀疑西方文化有多少精神价值。在"科学与人生观"的争论中，参与争论的

---

① 《我们对于西洋近代文明的态度》，《胡适文存三集》卷一第 21 页。

都是上层知识分子，那些批评和贬低科学的人，有不少还曾在西方留过学。然而，他们却照旧不能充分承认科学的精神价值，不能充分承认科学可以给人以更高的精神上的满足，可以将人提到更高的精神境界。为此，胡适在他为《科学与人生观》一书所写的序言中，最后用很长的一段话来申诉他的看法。他说：

> 然而，在那个自然主义的宇宙里，这个渺小的两手动物却也有他的相当的地位和相当的价值。他用他的两手和一个大脑，居然能做出许多器具，想出许多方法，造成一点文化。他不但驯伏了许多禽兽，他还能考究宇宙间的自然法则，利用这些法则来驾驭天行，到现在他居然能叫电气给他赶车，以太给他送信了。他的智慧的长进就是他的能力的增加；然而智慧的长进却又使他的胸襟扩大，想象力提高。他也曾拜物拜畜生，也曾怕神怕鬼，但他现在渐渐脱离了这种种幼稚的时期，他现在渐渐明白：空间之大只增加他对于宇宙的美感；时间之长只使他格外明了祖宗创业之艰难；天行之有常只增加他制裁自然界的能力。甚至于因果律的笼罩一切，也并不见得束缚他的自由，因为因果律的作用一方面使他可以由因求果，由果推因，解释过去，预测未来；一方面又使他可以运用他的智慧，创造新因以求新果。甚至于生存竞争的观念也并不见得就使他成为一个冷酷无情的畜生，也许还可以格外增加他对于同类的同情心，格外使他深信互助的重要，格外使他注重人为的努力以减免天然竞争的惨酷与浪费——总而言之，这个自然主义的人生观里，未尝没有美，未尝没有诗意，未尝没有道德的责任，未尝没有充分运用"创造的

智慧"的机会。①

我们可以说,为中国的秀才们所不了解的西方人的"物欲",是由科学带动的,是生产的,是创造的;而中国习惯上所了解的"物欲",只是由享乐主义带动的,是消费的,是堕落的。对这样的"物欲",取抵制态度自然是有道理的。但却决不可以此种眼光去看待西方人的物质文明。从这里也可以看出,处于两种不同历史发展阶段的文化,其对事物的观察与认识,存在着多么大的差别。

长久以来,有些人批评胡适对于中西文化,只强调其发展程度的差别,而忽略其民族与地域的差别,这一批评是有根据的。但这并不意味着胡适蓄意抹杀中国文化与西方文化的民族性差别。这个差别是显而易见的,谁也不会看不到。胡适所以特别坚持强调中西文化历史发展程度的差别,只是如我们前面说过的,是基于对时代议题的认知和知识领袖的使命感。

三、文化交流是自由切磋、自由选择的过程

在中国固有的文化传统中,有一点很突出,即君师合一。所谓君师合一,就是最高统治者既是政治的主宰,同时也是教化的主宰。这一体制,自秦始皇开其端,此后一直沿袭不辍。秦始皇明定"以吏为师";汉武帝诏定"罢黜百家,独尊儒术",一直到清朝皇

---

① 《科学与人生观序》,《胡适文存二集》卷二第22—23页。

帝们崇尚理学，都是企图在政治上掌握统治权的同时，还要掌握对臣民的精神统治权。甚至于清末主张变法的光绪皇帝诏饬群臣研读张之洞的《劝学篇》，也是企图由官方掌控文化的发展方向。到了民国时期，因为只有"民国"其名而并无民国之实，统治集团仍然梦想既要紧握政权，同时还要控制文化的发展。有的明目张胆，如袁世凯之祭孔读经令，有的比较隐晦。

中国的这一传统，也影响到许多本身不一定高居统治地位的知识分子，他们有意无意地认为他们有责任规划甚至规定文化发展的路径。那些与统治集团有关联的知识分子自然在这一点上会表现得更明显。

1935年初开始，发生一场所谓"中国本位的文化建设"的争论。争论是由王新命、何炳松、陶希圣、萨孟武等十教授联合发表《中国本位的文化建设宣言》引起的。这十位教授中有好几位与国民党统治集团的高层有联系。所以，当时学界有人认为他们的言论与行动是有政治背景的。在七十多年后讨论这个问题时，我觉得可以不必深究其政治背景的问题，而集中精力分析胡适对他们的主张所作的批评，以及从中所表达出来的胡适本人的重要观念。

胡适认定，十教授的宣言本质上是一种折中论。我们在第一节里就说过，折中主义是主观的。近代以来各种折中主义的文化主张，无例外地都表示主张者要按照自己的主观意愿来规划或规定文化发展的路径或模式，而其结果也都无例外地归于失败。胡适批评十教授因主观性太强，所以不懂得文化变动的性质。胡适

指出:

> 凡两种不同文化接触时,比较观摩的力量可以摧陷某种文化的某方面的保守性与抵抗力的一部分。其被摧陷的多少,其抵抗力的强弱,都和那一个方面自身适用价值成比例:最不适用的,抵抗力最弱,被淘汰也最快,被摧陷的成分也最多。如钟表的替代铜壶滴漏,如枪炮的替代弓箭刀矛,是最明显的例。如泰西历法之替代中国与回回历法是经过一个时期的抵抗争斗而终于实现的。如饮食衣服,在材料方面虽不无变化,而基本方式则因本国所有也可以适用,所以至今没有重大的变化:吃饭的决不能都改吃"番菜",用筷子的,决不能全改用刀叉。①

胡适所讲的这种文化变动的过程,是全民族、全社会参与的过程,因此它决非某个人或某些人的主观意志所能操控。马克思和非马克思主义的著名学者哈耶克都认为,社会的变动是一种近似于自然史的过程,每一次重大的变动,都是一系列小的变动所导致的自然的结果,而决不是人们设计出来的。胡适的上述看法也是这个意思。因此胡适又说:

> 在这个优胜劣败的文化变动的历程之中,没有一种完全可靠的标准可以用来指导整个文化的各方面的选择去取。十教授所梦想的"科学方法",在这种巨大的文化变动上,完全无所施其技。至多不过是某一部分的主观成见而美其名为"科学方法"而

---

① 《试评所谓"中国本位的文化建设"》,《胡适论学近著》第一集第554—555页,北京:商务印书馆,1935年。

已。……政府无论如何圣明,终是不配做文化的裁判官的,因为文化的淘汰选择是没有"科学方法"能做标准的。①

既然文化的变动没有预定的标准,没有人或什么政府的机构可以做文化变动的裁判官,那么,对这种文化的变动——就眼下我们所讨论的而言,是中西文化接触所带来的变动——我们就只有听其"自由接触,自由切磋琢磨"。这当然不是说,政府和教育家、学者们都可以毫无作为。只不过他们的作为是做一个参与者,而不是设计者、主控者。他们在其中究竟能发挥什么性质的作用,作用有多大,将取决于他们的认知能力及经验智慧。

如我们前面所说,由于君师合一的传统,中国历朝历代的统治者总是企图以人民的精神主宰自居。近代以来的历届政府,也都力图主导中国文化发展的方向。但他们的主观意图很少能够真正实现。我所说的作为参与者的政府,它的作为应限于在民主的程序许可的范围内,运用政策调剂,来尽可能满足社会最大多数人的需要。这就是说,政府的作为不是根据当局者的主观需要和主观意愿,而是根据通过民主的程序反映出来的大多数人的需要和意愿。

教育家和学者们,作为参与者,他们在文化变动中可以起到很重要的作用。在中国这样的后发展国家,尤其如此。检视近代以来中国历次重大的历史活动,没有一次不是由知识分子带头发动起来的。因为只有知识分子比较了解国内外的时势,只有知识分子有能

---

① 《试评所谓"中国本位的文化建设"》,《胡适论学近著》第一集第555页。

力为群众性的活动提供适当的理论和相应的口号，以便凝聚更多的群众。至于教育与各种文化事业的兴办、维持与发展，就更离不开知识分子了。但这决不是说，知识分子决定近代文化的发展方向与发展模式。只是说，知识分子在其中可以起到其他阶层的人起不到的作用。从中国近代文化的实际发展来看，知识分子，特别是教育家和学者们，在以下几个主要方面发挥了重要作用：(1)翻译介绍世界——主要是西方——的新文化；(2)批判地整理中国传统文化；(3)借鉴西方的理论与方法研究各种学问；(4)发展近代新教育；(5)创办近代传播事业；(6)创立和发展中国的科学事业；等等。显然，上述各方面大体构成了中国近代新文化的主要内容，也正是近代知识分子，特别是教育家和学者们的主要贡献所在。而在上述这些领域中的许多方面，胡适都有突出的贡献。从这些领域的实际情况看得出，知识分子、教育家与学者们要作出贡献，必须在自己的专业领域里辛勤耕耘，而不是杜撰文化发展的方向与模式。

在文化大变动的过程中，或者说，在两种不同文化的碰撞、交流与融合的过程中，每个人，每个阶层，每个群体，都是参与者，都可以发挥特有的作用。但文化变动的结果，不可能完全符合某个人，某个阶层，某个群体的预期愿望，而只能是他们的"共业"之果。所以，在中西两大文化交互关系的问题上，唯一明智的态度就是让它们自由交流，自由切磋琢磨。

胡适总结他的意见说：

> 我的愚见是这样的：中国的旧文化的惰性实在大的可怕，我们正可以不必替"中国本位"担忧。我们肯往前看的人们，应该

虚心接受这个科学工艺的世界文化和它背后的精神文明,让那个世界文化充分和我们的老文化自由接触,自由切磋琢磨,借它的朝气锐气来打掉一点我们的老文化的惰性和暮气。将来文化大变动的结晶品,当然是一个中国本位的文化,那是毫无可疑的。①

四、"文化的本位"是那无数无数的人民

自从中西文化遭遇以来,以守护中国文化自任的中国士大夫、思想家和学者们,最担心的一点,是两种文化的自由交流中,怕失去中国文化的"本位",即中国文化最基础、最基本、最核心的东西。实际上,他们所最关心的这个中国文化的"本位",其范围、其意义是有变化的。最初与西方文化遭遇时,大概整个的中国文化就是中国的本位。到了洋务运动时期,这个本位当是指中国的纲常名教,即君主专制制度和宗法制度。到了民国成立以后,这个本位大约就只剩下以家族伦理为核心的道德体系和维持这个道德体系的心性修养学说了。我们看"五四"以后发生的文化论争,偏于保守者所关注的就是这些东西。但实际上这些东西,仍不是不可动摇的中国本位。因为,一则,在伦理道德领域,也不是中西悬绝不可融通的。二则,事实上,有越来越多的中国人也接受了西方人的某些道德礼仪与规范。由此,保守主义者累代相继,奋力保守的中国本

---

① 《试评所谓"中国本位的文化建设"》,《胡适论学近著》第一集第556页。

位,有越来越保守不住的趋势。所以,到了上个世纪30年代,关于中国本位文化的问题成了论争的焦点。

联名发表《中国本位的文化建设宣言》的十教授所竭力要坚持的中国本位是什么呢? 让我们看看他们是怎么说的。《宣言》在谈及怎样建设中国本位的新文化时说:

> 中国是中国,不是任何一个地域,因而有它自己的特殊性。同时,中国是现在的中国,不是过去的中国,自有其一定的时代性。所以我们特别注意于此时此地的需要。此时此地的需要,就是中国本位的基础。①

那么,怎么样来守护这个中国本位的基础呢?《宣言》针对中国固有文化与西方文化,紧接着提出下述忠告:

> 徒然赞美古代的中国制度思想,是无用的;徒然诅咒古代的中国制度思想,也一样无用;必须把过去的一切,加以检讨,存其所当存,去其所当去;其可赞美的良好制度、伟大思想,当竭力为之发扬光大,以贡献于全世界;而可诅咒的不良制度、卑劣思想,则当淘汰务尽,无所吝惜。
>
> 吸收欧美的文化是必要而且是应该的。但须吸收其所当吸收,而不应以全盘承受的态度,连渣滓都吸收过来。吸收的标准,当决定于现代中国的需要。②

读了十教授《宣言》的上述内容之后,我们实在是如堕入五里

---

① 王新命等:《中国本位的文化建设宣言》,原载《文化建设》月刊第1卷第4期。转引自耿云志编《胡适论争集》第1549页,中国社会科学出版社,1998年。
② 《中国本位的文化建设宣言》,转引自耿云志编《胡适论争集》第1549页。

雾中。他们说,此时此地的需要,就是中国本位的基础。那么,此时此地的需要是些什么呢？ 不知道。由谁来确定此时此地的需要呢？ 是由十教授们所拥护的国民党中央或国民政府吗？ 还是由十教授,以及与他们志同道合的更多的教授们呢？ 十教授没有说,我们也无从猜测。既然此时此地的需要是中国本位的基础,那么,到了将来某个时候,需要不再是此时此地的需要,那时,中国本位岂不是要发生变化了吗？ 由此说来,这个中国本位是很不牢固的,是随时随地起变化的。这样,强调本位的文化建设,还有什么意义呢？ 再看看十教授们对待中国固有文化与对待西方文化的态度,同样令人迷惑不解。他们说,对中国古代的文化,徒然赞美与徒然诅咒都是无用的。这话,我们都可以充分赞成。但说对中国古代文化"存其所当存,去其所当去",究竟什么是"当存"的,什么是"当去"的？ 由谁来确定,何者当存,何者当去？ 又,他们说对西方文化"吸收其所当吸收",究竟什么是"当吸收"的,由谁来确定当吸收些什么？ 所有这些问题,都没有明确答案。这就再次证明我们前面所说的,企图为文化的变动规定范围,规定方向和模式,是白费力气,是不会有任何结果的。既然作此企图的人们自己都说不清楚,又怎能指望小百姓们照他们的指示去做呢？ 更何况,小百姓们本没有必须听他们的指示,执行他们的指示的义务。

胡适从对历史的考察得出,凡念念不忘地力图守住那个"中国本位"的,都怀有保守的心理。不过因时代的关系,一般人都不愿人家说自己是保守主义者。"所以他们的保守心理都托庇于折中调和的烟幕弹之下。"① 十教授及其拥护者们都不肯承认自己是折中论者。我们没有必要去详细讨论这个问题。我们主要是指出,他们所谓的"中国本位"是如何的模糊,不确定。然后,我们看看胡适是怎样看待"中国本位"的问题的。胡适说:

> 文化各方面的激烈变动,终有一个大限度,就是终不能根本扫灭那固有文化的根本保守性。这就是古今来无数老成持重的人们所恐怕要陨灭的"中国本位"。这个本位就是在某种固有环境与历史之下所造成的生活习惯;简单说来,就是那无数无数的人民。那才是文化的"本位"。那个本位是没有毁灭的危险的。物质生活无论如何骤变,思想学术无论如何改观,政治制度无论如何翻造,日本人还只是日本人,中国人还只是中国人。②

胡适的这段话,非常重要。我们虽然尚不能百分之百地断定,胡适对文化本位的界定是唯一正确的。但我们可以肯定,胡适的说法,比较以往人们对此所谓文化本位的说法,无疑更能解释文化变动的大趋向。我们前面说过,历史上,那些偏于保守的人们所拼力保守的文化本位,最后都动摇了,失掉了。就是十教授们所宣称必须保守的本位,也很难保守得住。唯一没有丧失的危险,肯定可以保守得住的,就是那无数无数的人民。正如胡适所说的,"物质生活无论如何骤变,思想学术无论如何改观,政治制度无论如何翻造,日本人还只是日本人,中国人还只是中国人"。当然,人也会变,其

---

① 《试评所谓"中国本位的文化建设"》,《胡适论学近著》第一集第554页。
② 《试评所谓"中国本位的文化建设"》,《胡适论学近著》第一集第555页。

体质、精神都会发生某些变化。但无论怎样变，中国人不会变成美国人，日本人也不会变成英国人。一个民族，一个种族的人，都是经过千百年的生活磨炼，凝聚在一起的，他们心理上、行为上的遗传的惯性，是很难彻底改变的。诚然，可能会有个别的少数人，因某些机缘的巧合，经历长久的过程，能够融入其他民族之中，基本上被同化。但对于绝大多数人，对于整个的民族（我们这里谈的是近代意义上的，形成民族国家的民族），是很难被同化的。中国自清朝末年，有不少沿海一带的居民迁移到美国或其他国家定居，经历了几代人，他们中的绝大多数，仍保持着中国的文化传统。这是很好的证据，证明胡适的说法是有道理的。

认清了文化的本位乃是无数无数的人民，就可以根本打破各种各样的保守主义的文化心理，建立起开放的文化心态。因为彻底相信这样的文化本位是根本没有丧失掉的危险的，在借鉴、学习外来文化时，就会消除种种不必要的顾虑。这个文化的本位，同时也正是文化的主体。文化的选择去取，文化的发展进步，完全由这个主体自身来决定。人民凭着自己的意愿，依其"此时此地的需要"，对固有的文化，"存其所当存，去其所当去"，对外来文化"吸收其所当吸收"，从而不断改善和提高自己的生存质量，同时也就提高了民族文化水平，甚至创造了自己民族的新文化。当然，正如我们前面说过的，这并不排斥政府及其官员和学者们作为参与者，发挥他们自己的作用。

认清了文化的本位乃是无数无数的人民，则一切有关于"全盘西化"、"本位文化"以及各种折中主义的论调都变得没有什么意义了。人们省去这些无谓的争论,而集中心力在自己的专业范围内,努力于新文化的创造,这才是于人于己最为有益的。也只有这样,才会真正实现不同文化之间的自由交流,自由切磋琢磨。

确立开放的文化心态,实现不同文化之间的自由交流,自由切磋琢磨,民族文化与世界文化之间形成良性的互动关系,"相一致,协调并继续发展"。这正是胡适理想的局面。

2007 年 4 月 16 日初稿
2007 年 4 月 19 日校定

6

"歧路":政治的诱惑与困窘

胡适结束留学生活刚刚回国时,曾戒约自己二十年不谈政治。但到了1919年五四运动以后就感到不得不谈政治了。从此,胡适与政治,结下不解之缘。有关这一方面,所有研究胡适的学者都注意到了。这其中大部分事实是清楚的。但有些情节还须进一步揭示,或需要作进一步的分析与阐释。本文分作几个题目,把胡适一生同政治的离合纠葛做一个系统的概述。

一、从不谈政治,到不得不谈政治

胡适自己说,他不谈政治的戒约一直坚守到1919年的6月。那时,因陈独秀被捕,他接编《每周评论》,才感到不得不谈政治。近来有学者提出,不能胡适怎么说,我们就怎么说。我想这不能成为一条原则。胡适自己说的,只要没有证据证明他说得不对,我们就应该相信他说的是事实。如有不同的材料说明胡适说得不对或不全对,我们再审查材料作出相应的判断。

胡适谈政治的开始,是发起问题与主义的讨论。他说,这是他谈政治的"导言"。这个导言,主要是揭出他主张渐进的和平改革,反对根据某种主义做所谓"根本解决"。他当时所反对的主义,主要是无政府主义和马克思主义。然而,"导言"虽出来了,却迟迟未作到"本文"。

1920年12月到1921年初,胡适曾与陈独秀为争夺《新青年》这块舆论阵地,发生很激烈的冲突。但最后还是陈独秀继续掌控了《新青年》,使原来以思想文艺为主要内容的杂志,转向宣传马克思主义,宣传社会主义,宣传俄国十月革命,乃至成为筹建中的中国共产党的机关刊物了。①这对胡适的刺激很大。他很想自己另办一个刊物,继续以思想文艺为主。但形势比人强,他筹拟要办的《读书杂志》竟没有办起来,却越来越感到不能不谈政治了。

直到1922年,胡适创办起主要用来谈政治的《努力周报》,并且就在此报的第二号,他与十几位朋友联名发表他本人起草的《我们的政治主张》,这是一篇名副其实的政治宣言。从此,他渐渐作到谈政治的本文了。

我们要指出,在这之前一年,胡适即已确定要介入政治,要谈政治,甚至要干政治。

1921年5月,胡适与他的朋友丁文江、蒋梦麟、王征等聚议,成立一个"小会",即一个小团体。所列四个信条之一是"我们当尽我们的能力——或单独的或互助的——谋中国政治的改善与社会的进步"。还作出规定,"本会会议时,概用西洋通行的议会法规"。可见,这是一个政治性的结社。只不过,这个书生的小团体,没有

---

① 有关这次冲突的来龙去脉及其实质意义,请参看拙著:《〈新青年〉同人分裂过程中的一个重要细节》,载《广东社会科学》2018年第5期。

什么可观的发展,所以,也未发生什么明显的作用。

一个月后,胡适在会见安徽籍的国会议员汪建刚时说:"现在的少年人,把无政府主义看作一种时髦东西,这是大错的。我们现在决不可乱谈无政府,我们应谈有政府主义,应谈好政府主义。"这是胡适第一次提出好政府主义。说明他对于谈政治,已有了相当的考虑,已初步形成他自己的主张。

8月初,胡适到安庆讲学,第一次公开讲演《好政府主义》。稍后,到上海再讲《好政府主义》。回北京以后,10月,又第三次讲演《好政府主义》。

有了明确的政治主张,需要广泛地传播,赢得更多人的了解和支持。这就需要办一个自己的刊物。早在7月间,在一次"努力社"的聚会上,就酝酿要"组织一个小周报"。直到1922年2月,才着手创办。但几位稍微持重的朋友,都不希望胡适办报。商务印书馆的高梦旦还特地到胡寓面谈,并代为转达王云五、黄炎培、张元济等朋友的意见,劝胡适不要办报。他们认为,对于胡适来说,研究著述是上选。其次是讲学,最下是办报。但这时胡适的决心已定,听不进朋友的劝告。他在北大新闻事业同志会的讲演中说:"宁可因讨论活问题而被封禁,被监禁,被枪毙,不要拿马克思、克鲁泡特金来替张作霖、曹锟、薛大可、叶恭绰的报纸充篇幅。"①可见其"言论之冲动"何等强烈!

言论的冲动尽管强烈,而其政治主张却非常地平和。《努力周

---

① 《胡适日记全集》第三册第431页。

报》于1922年5月7日创刊，5月14日出刊的第二期即登出胡适所写的《我们的政治主张》。这篇政治宣言由蔡元培领衔，16个签名人多数是学者，如陶知行、梁漱溟、李大钊、陶孟和、朱经农、张慰慈、高一涵、徐宝璜、王伯秋、丁文江、胡适；也有少数政治人物如王宠惠、罗文干；汤尔和可算是政治、学术两栖人物；王征服务于银行界，但与学界关系密切。

这个宣言的核心是建立好政府。好政府的基本涵义是：在消极方面，应有正当的机关可以监督防止一切营私舞弊的不法官吏。在积极方面，第一，要充分运用政治机关为社会全体谋充分的福利；第二，要充分容纳个人的自由，爱护个性的发展。这个好政府的涵义，可谓陈义甚高，但却不太容易操作。接着提出稍微具体的目标，那就是：一，宪政的政府；二，公开的政府，包括财政公开和用人的公开等；三，有计划的政治。宣言中对当下的政治也提出若干具体建议。如召集南北会议协商解决国家统一的问题；召集民六被解散的国会，克期完成宪法；其他还有裁兵、裁官的建议，等等。胡适强调，国人应当撇开成见，达成一个最低限度的改革政治的目标，那就是建立一个好政府，一个由好人组成的政府。

对于这个政治宣言，舆论界的反应主要有三种：一种是，认为中国的事情，只能用革命的办法解决，宣言所主张的和平办法无法实现。另一种是完全赞成宣言的主张。再一种是承认宣言的主张是好的，但没有提出实行的办法和途径。

以上说的是对宣言所提出的主张发生的反应。还有一种是对胡适从学术转到政治上来所发生的反应。这正是本节所要重点讨论的问题。

作这种反应的，都是胡适的朋友。前面我们已经说过，有一部分朋友，在胡适要办的报纸还没办起来，其政治主张还没有发表之前，听说胡适有这种打算，就出来劝告他放弃这种打算。现在胡适的谈政治已成事实，朋友们则作出两种截然相反的反应：一种几乎是兴高采烈地欢迎胡适出来谈政治；一种是扼腕叹息，胡适不该放弃自己最擅长、最能作出巨大贡献的文艺学术园地，他们要努力把胡适拉回到这个园地中来。

作前一种反应的人中，最可惊异的是梅光迪。人们都知道梅氏是胡适提倡文学革命的最强烈的反对者，便以为他们已算不上朋友了。实则不然。梅氏准备回国的时候，胡适还曾邀请他到北京大学任教。梅氏落脚天津的一段时间，胡适曾在天津与之见面长谈。梅氏遇到经济困难，胡适慷慨解囊相助。他们那一代的优秀分子，心地之光明，或有今日之人所不能解者。胡适与梅光迪，尽管见解不同，却仍然是互相关注的朋友。

梅光迪见到胡适在《努力周报》上发表的《我们的政治主张》之后，写信给胡适说："《努力周报》所刊政治主张及其他言论，多合弟意。兄谈政治，不趋极端，不涉妄想，大可有功社会，较之谈白话文与实验主义胜万万矣。"①

王伯秋作为政治主张的签名人，他也写信给胡适，夸赞《努力周报》的出刊，用"雄鸡一声天下白"来形容。他对谈政治提出了

---

① 《我的歧路》，《胡适文存二集》卷三第91页。

一些具体的意见,其中有一点是,劝胡适不要把谈"《红楼梦》考证",谈"新文学"之类的东西,在《努力周报》上发表,劝胡适"专心致志放在改造政治的上面,拿出你的提倡白话文的热心来提倡改良政治:读书读政治,演讲演政治,做事做政治(不是做官,是做政治运动)"①。

傅斯稜的来信也是埋怨胡适不够专注地谈政治,竟"以那无用的文艺充满了第四版"。

曾经常在《新青年》上发表文章的常乃惪,在给胡适的信里,不满意胡适对上述王伯秋与傅斯稜两先生的答复,批评胡适及其朋友们,既然办起了这个谈政治的《努力周报》,就该专心地谈政治。他认为:"凡鼓吹一件事情,不能不把全副精神集中到一点才能引起人的注意。"②过去专意鼓吹思想文艺是很正当的,但现在应该是专意鼓吹政治的时候了。所以,"我们所要求的不是包罗万象的作品,只是要一个又直捷又爽快,刀刀见血的东西"③。

那么,胡适是怎样答复王伯秋和傅斯稜两位先生的呢?

胡适的答复包括四层意思,都是极其重要的,是研究胡适的政治方面,绝不可忽视的。

第一层意思:

胡适说他在留学时期本已养成很高的关心政治的兴趣。但回国以后,看到各方面落后、鄙陋、腐败的情形,他觉得,政治上无可

---

① 《我的歧路》,《胡适文存二集》卷三第104页。
②③ 《我的歧路》,《胡适文存二集》卷三第93页。

下手。他认为，人们的思想习惯还完全处在愚陋的往古世界里。在这样的思想惯支配下的人们，是不可能搞出什么现代的政治来的。所以他下决心二十年不谈政治，为的是"要想在思想文艺上替中国政治建筑一个革新的基础"①。这就是说，胡适当时下决心不谈政治，正是为了给将来能够有较好的政治打基础。

第二层意思，解释他现在不得不谈政治的原因。胡适说，自从他提出他的谈政治的"导言"之后，国内的政治社会问题日趋日坏，如果有人能够面对这些问题加以讨论，他自己原可以不舍得花时间、气力来谈政治，继续搞他的思想文艺方面的研究与著述。但他等了两年又八个月，舆论界只对无政府主义、社会主义和马克思主义有大谈特谈的兴趣，而对社会上、政治上的实际问题几乎没人讨论。他实在看不过了，忍不住了，所以要出来谈政治。因此他说，他的出来谈政治，"虽是国内的腐败政治激出来的，其实大部分是这几年的'高谈主义而不研究问题'的'新舆论界'把我激出来的"②。我相信这是胡适的真实心态。一则，国家政治不上轨道，乱象丛生，本来对政治有兴趣的人，难以遏制言论的冲动。二则，他觉得别人的谈政治，都撇开了正题。况且，他反对暴力革命，不相信理想主义的"根本解决"。他若不出而发挥"正论"，别人会把人们引上错误的路上去。所以再不能等待，必须挺身而出，发表他和平改革的主张出来。胡适希望大家把对政治的大奢望都暂时收起，

---

① 《我的歧路》，《胡适文存二集》卷三第96页。
② 《我的歧路》，《胡适文存二集》卷三第99页。

脚踏实地地去争取"得尺进尺,得寸进寸"①的实际效果。很有意思的,在清末,著名实业家的代表人物张謇在送各省赴京请愿国会的代表时,也说过同样的话。他恳切希望代表们,一请再请,不懈努力,"得寸则寸,得尺则尺"②。这是社会中间阶级对政治改革的基本态度。从革命家的立场看去,自然是不足取。而中国的统治力量也从来不愿给中间阶级从事切实改革的机会,结果是把大多数关心政治的人逼到革命的路上去。但革命只能解决政权问题,社会政治的诸多问题,仍需要一步一步地改革才能实现。

　　第三层意思,胡适说他的谈政治与其他人不同。他在谈政治的同时,并不放弃他对思想文艺方面的兴趣。好多批评他的人,都说他不该把他思想文艺方面的文章也放在《努力周报》上登出来,埋怨他谈政治不够专心致志。胡适说,别人误会他了。他的谈政治和他的谈思想文艺,都是要人们明白一种观察问题、研究问题、解决问题的方法,就是实验主义的方法。批评他的人,把谈政治与谈思想文艺看成是截然两事,毫不相干,那是错的。他解释说:"我这几年来的言论文字,只是这一种实验主义的态度在各方面的应用。我的唯一的目的是要提倡一种新的思想方法,要提倡一种注重事实,服从证验的思想方法。……我现在谈政治,也希望在政论界提倡这一种'注重事实,尊崇证验'的方法。"③所以,朋友们没

---

① 《这一周》(一),《胡适文存二集》卷三第158页。
② 张謇:《送十六省议员诣阙上书序》,《张季子九录·文录》卷十,中华书局,1931年。
③ 《我的歧路》,《胡适文存二集》卷三第100页。

有必要为他的这一"跨界"的行为,感到遗憾或不安。例如《晨报》的编辑孙伏园就特别惋惜胡适离开思想文艺去谈政治。他甚至说,他要努力把胡适从谈政治的圈里拉回到思想文艺的园地中来。他除了自己写信给胡适表达此意之外,还托人向胡适表达同样的意思。

第四层意思,有人认为,胡适既然决心要谈政治了,索性就丢开以往的学问,全力地谈政治。他们认为,关于思想文艺的提倡,效果已经明显可见了,也没有再前进的必要了。胡适说:"我对于现今的思想文艺,是很不满意的。孔丘、朱熹的奴隶减少了,却添上了一班马克思、克鲁泡特金的奴隶;腐败的古典主义打倒了。却换上了种种浅薄的新典主义。"①胡适对待马克思主义的态度,比较复杂。一方面,作为一种哲学社会科学学说,胡适承认马克思主义有其可供借鉴的东西,例如唯物史观之类。胡适把马克思的《资本论》列入其世界丛书翻译项目之列,他还曾请日本研究马克思主义的学者来讲学,都可说明这一点。但另一方面,作为鼓吹阶级斗争,鼓吹暴力革命的学说,他是完全不赞成的。这里还有一个层面,即如何对待马克思的原创学说是一回事,如何对待生吞活剥地征引马克思的个别词句,随意发挥,借以达到某种现实的政治目的,则又是一回事。

胡适说:"我们至今还认定思想文艺的重要。现在国中最大的病根,并不是军阀与恶官僚,乃是懒惰的心理,浅薄的思想,靠天吃

---

① 《我的歧路》,《胡适文存二集》卷三第101页。

饭的迷信,隔岸观火的态度。这些东西是我们的真仇敌,他们是政治的祖宗父母。我们现在因为他们的小孙子——恶政治——太坏了,忍不住先打击他,但我们决不可忘记这二千年思想文艺造成的恶果。打倒今日之恶政治,固然要大家努力;然而打倒恶政治的祖宗父母——二千年思想文艺的'群鬼',更要大家努力!"[①]这一根本态度,决定了胡适终生要做学术、政治两栖人物。

二、从北洋政府的严厉批判者,到国民党政府的诤臣诤友

自关于"问题与主义"之争,胡适自谓是其"政论导言"出来以后,两年多时间里,胡适虽不曾郑重其事地出来谈政治,但他对政治社会的实际状况是很关注的。他对北洋政府的印象,总体上是否定的。1921年5月到10月,胡适有几首诗,表达了他对现实政治的极端不满和愤慨。其中《四烈士冢上的没字碑歌》和《双十节的鬼歌》两首最有代表性。

前一首歌颂烈士们:
"他们的武器:
炸弹!炸弹!
他们的精神:
干!干!干!"

---

① 《我的歧路》,《胡适文存二集》卷三第108页。

后一首更提出:

"可以换个法子纪念了!

大家合起来,

赶掉这群狼,

推翻这鸟政府;

起一个新革命,

造一个好政府,

这才是双十节的纪念了。"

据说,当时在北大读书的朱谦之读了胡适的诗,竟以为胡适转而赞成革命了。实际自然并非如此。胡适对北洋政府实在是太不满意了,太失望了,所以写出如此愤慨的话。到 1922 年 5 月,胡适办起《努力周报》,还是本其和平改革的宗旨,对政府进行批评监督,对公众提出改革的主张,希望引导大家努力向一个共同的目标奋斗,求得政治的改善。到 1923 年 3 月,胡适在《努力周报》大骂北洋政府及军阀们。他认为,当时国中的政治"完全是反动的政治"。他指出:"今日支配国事的人——酒狂之上将,财迷之候补总统,酒色狂之国会议长——哪一个不是'非从其所欲而充分为之不止'的神经病人!"①

到了 1923 年 10 月,军阀曹锟贿选总统成功,当时在南方养病的胡适,感到"今日反动的政治已到了登峰造极的地位。拜金的国

---

① 胡适:《这一周·解嘲》,《努力周报》第 45 期(1923 年 3 月 25 日)。

会议员已把曹锟捧进新华门了。……我们谈政治的人,到此地步,真可谓止了壁了"①。胡适和他的朋友们不得不决定将《努力周报》停刊。

后来,胡适想把《努力周报》改成月刊,仍回到以思想文艺为主的路线。但因朋友之间意见不统一,加之,时局也不断变换,月刊没有办成。

胡适反对北洋政府,却不赞成用革命的方法去推翻它。当时,军阀各据一方,有力者,梦想武力统一全国,却都无以成事。国民党主流派也想用武力统一全国,但力量不足,且内部意见也不完全一致,后来且发生孙中山与广东的陈炯明决裂的情况。新生的中国共产党提出对外反帝,对内反军阀的口号,但暂时没有实力做统一国家的事。在这种形势下,胡适始终站在中间阶级的立场,主张召开各省会议来协商统一的办法。对于当时的联省自治运动,他竭力赞成。为此同国民党、共产党及有势力的军阀,例如吴佩孚展开争论。他曾认真地研究过联省自治运动中出现的几个省制定的省宪法,特别是还公开地评论过上海八团体国是会议拟定的国家宪法。

胡适认为,一,用开会协商的办法,谋求国内问题(包括统一这样的大问题)的解决,总比打仗好。因为打仗,总是老百姓遭殃。为此,1925年段祺瑞召集的善后会议,当时稍为进步的人士,都持批评态度,胡适却依然要出席此会。理由就是会议协商总比打仗好。二,他认为,中国地广人多,地方各有特点,清末以来,已呈现出

---

① 《一年半的回顾》,《胡适文存二集》卷三第151页。

各省自治的势头，辛亥革命以各省独立的形式实现，就很说明问题。历史上的合久必分，分久必合，说明中国实际上不适合单一制的政治统治形式，应取分权的办法，以联省自治为基础，建立类似联邦式的国家。这一观点，直到1929年基本上仍然未变。这一年，他写好未能发表的一篇文稿《我们对于政治的主张》，文章主要是批评国民党的党权高于一切的非法性质，建议把党权和政权分开，以党权在法律范围内监督行政权，而且必须让立法、司法、监察、考试各权独立。最后强调说："我们对于国家的组织，主张联邦式的统一国家。"①

在中国，有类似胡适的想法的人，还有很多，但基本上都是些读书人。他们的想法固然有其道理，对于中国政治的民主化，对于普通人民有机会练习参与政治，提高其政治责任心确有好处。但他们没有力量，所以始终成不了气候。而且他们的主张同有一定力量的国民党和有力量的军阀想武力统一的目的直接冲突。新生的共产党也是追求全国统一政权的，不会赞同什么联邦式的统一。

自五四运动以后，在混乱的政治局面下，各种形式的群众运动不断发生，学生运动、工人运动、妇女运动、农民运动，等等，其中尤以学生运动、工人运动产生较大的社会影响力。一般地说，在这个时期，胡适对于群众运动是同情的。他承认，学生运动和其他群众运动都是在政治不上轨道的情况下必然发生的现象。不过他不赞成学生动辄采取罢课的手段。1925年5月末，上海工人运动遭致

---

① 《胡适遗稿及秘藏书信》第12册第40页。

日、英两国军警开枪镇压，造成历史上有名的"五卅惨案"。胡适此时也坐不住了，起来投入援助运动当中。他一方面，向北洋政府外交部长写信，提出向日、英交涉的原则和要求条件；一方面积极参与沪案后援会的活动，将运动的有关文件、真实情形的报道翻成英文，交给西方通讯机关，或直接寄给在英的留学生散发，在西方人士中间，澄清真相，解释中国人的立场和要求，起到了一些不可替代的作用。胡适此时的表现，是在帮助民众，而不是帮助政府。他对北洋政府基本上是持否定的态度。正因此，当国民党与共产党合作，开始北伐的时候，他在旅欧途中得知北伐军胜利进军的消息，这位一向反对武力统一的学者，竟一度感到很兴奋，甚至跃跃欲试地想做点什么。他在离开莫斯科往西欧的途中，曾想了一个要建立自由党的计划。甚至在预想的党纲中吸收一些社会主义的政策。这和他在莫斯科停留期间对苏俄的建设气象产生好感有关。他在同国内朋友的通信中，也多少透露了他这时的一些想法。为此，国内旧势力竟以为他有些被赤化，他归国时竟无法回到北京，回到北京大学。

胡适在英国开过庚款咨询委员会的会议，查阅巴黎图书馆和大英博物馆藏的敦煌写经卷子之后，转道美国，在那里完成博士学位的最后手续后，乘海轮回国。路过日本时，国内刚刚发生蒋介石策划的"四一二"政变，结束国共合作，驱除并屠杀共产党。胡适在两党中，都有一些很好的朋友。但在国民党中朋友更多一些，而且不少身居高位。从思想上说来，他与共产党的理论和主张毕竟是格格不入。而对国民党的理论和主张虽有批评，但不是根本不相容。

胡适以为，他在踏入国门之前，就发表支持国民党反共的立场，回国之后，应当见容于国民党当局。但事实却大出意料。在国民党人的账本上，还记着胡适当年不合时宜地要求孙中山放弃护法旗帜，批评孙中山，替陈炯明辩护，进宫见溥仪称"皇上"，参加"善后会议"为段祺瑞捧场等一系列的旧账。

这时的胡适，北方认为他有"赤化"之嫌，南方仍记着以往的宿怨，对他不表欢迎。谈政治使胡适第一次陷入困窘的处境。无可奈何，胡适在上海租屋住下。因为上海自清末以来就是中国人的统治力最薄弱的地方。

胡适自1926年7月到1927年5月，在西方世界停留了十个月之久，回到国内，感到两个世界，两种社会，两种制度，两种生存环境，反差太大。号称革命的三民主义的国民党政权，给胡适的印象实在太差。1928年5月，他被推任上海中国公学的校长。此校虽非国立，但历来是国民党势力很强的地方。况且，学校终须在教育部注册，免不了要同官场打交道。这恰恰是胡适难以适应的。他身为校长，很难完全贯彻他的教育理念，学校经常发生矛盾，导致学潮不断。这种处境加深了胡适对当权者的反感。胡适拒绝在校内实行总理纪念周的制度，这也增加了当权者对他的嫉恨。在胡适眼中，国民党统治下，主义至上，领袖至上，随时随地发生践踏人权的现象。

面对这种局面，胡适和几个朋友曾商议决定办一个刊物，叫《平论》周刊，胡适连发刊词都写好了，但不知什么地方受阻，没有办成。1929年3月，国民党三全大召开之际，上海特别市的代表陈德征提出一项《严厉处置反革命分子》的提案在报纸上公开发表。提案的内容是:"凡经省及特别市党部书面证明为反革命分子者,法院或其他法定之受理机关应以反革命罪处分之。如不服,得上诉。惟上级法院或其他上级法定之受理机关如得中央党部之书面证明,即当驳斥之。"①显然,这是任何一个对现代民主政治和法治社会稍有了解的人都无法接受的。这等于说,在党权高于一切的社会里,人权是根本不存在的,党的组织认为某人是反革命,法院就必须以反革命罪处分某人。这还有什么人权? 还有什么法治?

引人注意的是,不到一个月,国民党的政府公然发布政府令,声称:"凡在中华民国法权管辖之内,无论个人或团体均不得以非法行为侵害他人身体自由及财产,违者即依法严行惩办不贷。"胡适指出:"此令但禁止'个人或团体'非法侵害人权,并不曾说,政府或党部也应尊重人权。"②这等于说,在中华民国法治管辖之内,政府和党部可以侵害人权,而不受法律干预。还有另一层含义是说,个人或团体,只有被政府和党部侵害的份儿,而决无反抗的余地。

陈德征的提案和国民政府的"保障人权"令,这样荒谬的文件,居然堂而皇之地布告天下,像胡适这样的自由主义者,如何忍受得了! 还在3月26日,刚见到陈德征的提案,胡适就写信给当

---

① 引自《胡适日记全集》第五册第550—551页所粘贴之剪报。
② 引自《胡适日记全集》第五册第573—574页。

时任司法院长的王宠惠,表示抗议。同时并将此信发交国闻通讯社。结果通讯社回复说,稿子被当局扣掉未发。王宠惠则于国民党的三全大会结束后方才回信给胡适。信上说:"法院处理反革命案件,自未可稍涉轻纵。然必准诸法理,方足以昭公允而杜纠纷。承示一节,在三全大会中,该案并未提出,实已无形打消矣。"[①]王氏的答复,带有官样文章的味道。他所说"在三全大会中,该案并未提出",应是说,陈德征的提案未能通过会议的提案审查程序,故未能正式列入大会议案。这个结果也很可能与胡适的强烈抗议有关。因为胡适不单专门为此提案写信给王宠惠,而且在他稍后撰写并在《新月》上发表的文章《人权与约法》中还特别提到陈德征的提案。这篇文章着重地批评国民党政府的那篇所谓保障人权的命令。同时以种种严酷的事实揭露国民党政府践踏人权的"无法无天"的行为。要求迅速制定约法,以切实保障人权。此文是胡适公开批评国民党及其政府的第一篇文章。此后又连续发表《知难行亦不易》《我们什么时候才可有宪法?》《新文化运动与国民党》等文章,批评的矛头竟直指被国民党人视为神圣不可侵犯的领袖孙中山,不单批评他的思想错误,而且指出,国民党人正是充分利用了孙中山理论上的错误,专己恃强,自居于先知先觉或后知后觉者的地位,视统治、压迫不知不觉的平民百姓为当然。又基于视百姓为不知不识者而延宕约法和宪法之治,以专制为合法。胡适总结国民党的思想与作为,从文学革命、思想革命和文化革新三个方面,论

[①] 《胡适遗稿及秘藏书信》第 24 册第 544—545 页。

证国民党是不折不扣的反动派。可以说,胡适的批评是相当严厉,也是相当深刻的,大大刺痛了国民党人,特别是那些以孙中山忠实信徒自居的国民党领袖分子。于是,国民党的宣传机器全力开动,一方面,召集其舆论人才,分别撰写批判文章,围剿胡适。书名叫做《评胡适反党义近著》。另一方面,发动各地御用团体、机关发表声明,要求国民党政府将胡适革职查办,要求向全国发通缉令,追捕胡适,如此等等,不一而足。当时和胡适同在光华大学教书的罗隆基,因在《新月》上发表文章激烈批评国民党政府,竟真的遭致逮捕。《新月》也被查禁。可以说,国民党及其政府是真的被刺痛了。

但实际上,国民党也不敢真的把胡适怎么样。胡适在新文化运动中树立起来无可争议的领袖地位,在国内外享有很高的声望。如对他公然实行政治迫害,对于立足未稳的国民党政府来说,其合法性在国内外会遭到进一步的质疑。这个风险是冒不得的。从胡适一方面说,他自觉该说的话,差不多也都说了。作为和平改革论者,其批评国民党的初心,本无恶意,只是想要国民党自我反省,自我改善。这种心迹,他在随后结集的《人权论集》的序言中表示得很明白。序中说:"今天正是大火的时候,我们骨头烧成灰终究是中国人,实在不忍袖手旁观。我们明知小小的翅膀上滴下的水点未必能救火,我们不过尽我们的一点微弱的力量,减少良心上的一点谴责而已。"[①]国民党除了命令教育部给胡适发一个警告令(胡适将这个

[①] 胡适:《人权论集·序》,梁实秋、胡适、罗隆基著《人权论集》,上海:新月书店,1930年。

警告令中的错字一一勾出，原物封还给教育部）之外，没有进一步行动，原来策划好的第二本《评胡适反党义近著》也没有续出。胡适第二次谈政治的高峰，与国民党的第一次正面冲突，就此告一段落。

1930年5月，胡适辞去中国公学校长，11月，举家搬回北京，重新回到北大的教书生活。但对政治的关注并未因此减弱。

1931年9月18日，震惊中外的九一八事变发生。对此事变，胡适和他的一些朋友并不感到十分意外。令他感到意外的是中国军队竟然毫无抵抗地败退。但对于蒋介石"攘外必先安内"的方针，胡适是赞成的。他认为，以当下中国的实力，实在无法与现代化的强敌作战。只有外交交涉与期待国际援助两种途径可走。这年的10月21日—11月2日，太平洋国际学会在上海开会，胡适作为东道国的首席代表，主持了这次会议。会议结束，胡适立即回北京。不久，胡适参与建立一个"自觉救国会"的团体。这个团体，除了胡适以外，没有什么显赫的人物列名其中。但其宣言的基本精神，的确与胡适思想甚为吻合。其宣言称，面对日本人的侵略，应作"曲突徙薪之谋"。其所谓"曲突徙薪"的办法就是，"十年生聚之经济政策"和"百年树人之教育根本"。①这种主张与蒋介石的"先安内，后攘外"的政策颇有异曲同工之妙。这显示出，自1929年胡适在言论上与国民党大起冲突以后，因日本侵略中国之九一八事变，双方的思想主张始渐渐互相接近起来。

---

① 胡适档案。

1932年5月22日，胡适和他的朋友们创办的《独立评论》出刊。①胡适写在卷首的《引言》，即等于发刊词。其中说："我们现在发起这个刊物，想把我们几个人的意见随时公布出来，做一种引子，引起社会上的注意和讨论。……只希望得着一些公心的，根据事实的批评和讨论。"又说："我们叫这刊物做《独立评论》，因为我们都希望永远保持一种独立的精神。不依傍任何党派，不迷信任何成见，用负责任的言论来发表我们各人思考的结果。这是独立的精神。"

这里所谓"独立的精神"，就是既不附和政府当局，也不附和所谓的多数舆论，胡适对他们都取评判的态度。也正因此，胡适和他的几个朋友往往弄得两面不讨好，经常受到来自不同方面的批评和质疑。胡适自认为，他是做国家的诤臣，政府的诤友。

这一年的11月下旬，胡适应邀到武汉去讲学和参观。当时，蒋介石也在武汉。胡适于11月28日、29日和12月2日三次应邀到蒋介石的住处吃晚饭。但三次都有其他客人在场，未得机会与蒋介石作郑重的谈话。只在最后一次晚餐席上，略谈教育问题，却始终不曾谈及对日方针的问题。大约就在这次见面后，胡适得到一份密电码本，从此可以与政府高层联系。1933年3月初，因热河危急，胡适与丁文江、翁文灏联名打电报给蒋介石，要求他亲自北来坐镇，以免"再失一省，对内对外，中央必难逃责"②。蒋氏3月6日始北

---

① 据胡适致王卓然的信上说，参与筹办《独立评论》的几个朋友除胡适外，主要有丁文江、蒋廷黻、傅斯年、翁文灏、任鸿隽、陈衡哲。见《胡适来往书信选》（中）第107页。

② 《胡适日记全集》第六册第652页。

上，其时热河已落敌手。而蒋氏深心所系念者仍重在剿共。3月13日，胡适与丁文江到保定见蒋介石。交谈的结果，胡适觉得，蒋氏也没有什么令人满意的对日方略。而蒋氏则认为："彼等理想，皆不研究敌情，而以主观定政策。"①简言之，就是"书生之见"。在中国，有权势的官僚，总是把学者专家们不同于自己意见的议论，很客气地归之于"书生之见"。

《独立评论》从1932年5月创刊，直到1937年7月全面抗战爆发始终刊。在五年多的时间里，胡适及其朋友们还有外来投稿者们的文章，讨论最多的是两方面的问题。一是对日方针，一是内政方面，是倾向民主，还是倾向独裁。

我们先来谈谈胡适关于民主与独裁问题的主张。

国民党北伐成功，1928年张学良"东北易帜"，造成全国大致统一的局面。国共分裂后，国民党内部分歧逐渐增大。一直控制着主要武装力量的蒋介石一派实力较强。经过1930年的中原大战，蒋介石以胜利之余威，渴望成为国民党独一无二的领袖，进而在全国实现其独裁统治。国民党内有一群人愿意拥戴蒋氏成为独裁领袖，自不待言。就是国民党外，甚至一部分受过西方民主政治熏陶过的知识分子，也期待依靠一个时期的独裁政治，实现统一建国，走向现代化的理想目标。出现这种情况既有国内的原因，也有国际的背景。在国内，长期的军阀割据，人民涣散，政治不上轨道；暂时虽呈现统一局面，但党内有派，党外有党，没有统一的中心权威，

---

① 《蒋中正先生年谱长编》第四册第54页。

无法实行有效的建国的目标。他们认为，有必要树立一个党，一个领袖的权威来实行有效的政治。在国际方面，意大利的墨索里尼的法西斯蒂，苏联斯大林的集权，都显示出有效的统治力，并取得相当的成就。甚至自1929年经济危机之后，最令人崇信的民主政治的美国也授权总统拥有一些必要的类似独裁专制的权力。有鉴于此。那些受过民主政治熏陶的知识分子，也想学这些榜样，在中国实行所谓新式独裁专制的政治，使国家走上现代化建设的路。

胡适是在这种情况下少有的保持清醒头脑的知识领袖。他在《独立评论》的创刊号上就写到，只有"宪政是引中国政治上轨道的一个较好的方法"①。在《再论建国与专制》一文里，胡适更明确地说，无论是一个领袖的独裁，还是一个党的专制，还是一个阶级的专政，"我个人是反对这种种专制的"②。他申述他反对任何专制的理由："第一，我不信中国今日有能专制的人，或能专制的党，或能专制的阶级。""第二，我不信中国今日有什么有大魔力的活问题可以号召全国人的情绪与理智，使全国能站在某个领袖或某党某阶级的领导之下，造成一个新式专制的局面。""第三，我有一个很狂妄的僻见，我观察近几十年的世界政治，感觉到民主宪政只是一种幼稚的政治制度，最适宜于训练一个缺乏政治经验的民族。"③

胡适的三个理由，本来都是存在争议的。但受到诟病最多的是

---

① 胡适：《宪政问题》，《独立评论》第1号（1932年5月22日）。
②③ 胡适：《再论建国与专制》，《独立评论》第82号（1933年12月24日）。

第三点。他的好朋友丁文江对胡适说,说民主政治是幼稚园的政治"这句话是不可通的"①。另一位好朋友蒋廷黻则当面对胡适说:"你那一段议论简直是笑话,不值得讨论。"②对于他的朋友们的批评与讥笑,胡适自然很不服气。他反过来讥笑他们都太拘执于政治学教科书的说法,而疏于仔细观察实际的政治。胡适批评说:"现在的最大毛病就在于不肯从幼稚园做起。"③胡适的批评是很中肯的。近代以来,西方的新思想、新观念短时间内潮涌般进入中国。中国人大有应接不暇之慨。一些短视的、急功近利的、热情多于理智的人,都急切找寻使国家现代化的捷径,急切地找寻指明这种捷径的理论、学说。他们觉得理论总是越新的越好,目标总是越高越好。于是,在政治上就追求最高的社会理想,最新的政治制度,最动人的政治口号,唯不肯从脚下立足之地上着想,不肯从最低的起点上做起。近代中国始终不曾建立起民主的政治制度,从思想方面说,根本原因就在这里。

胡适提出一个很重要的观念。他说:"宪政可以随时随地开始,但必须从幼稚园下手,逐渐升学上去。"④"从幼稚园下手",即从最低的起点上做起;"逐渐升学上去",就是循序渐进。然而,不用说共产党不赞成胡适的主张,就是国民党,包括其开明派,甚至也包括一些研究政治学的胡适的朋友们在内都不肯认同胡适的主张。

---

① 丁文江:《民主政治与独裁政治》,《独立评论》第133号(1934年12月30日)。

②③ 胡适:《再谈谈宪政》,《独立评论》第236号(1937年5月30日)。

④ 胡适:《我们能行的宪政与宪法》,《独立评论》第242号(1937年7月11日)。

胡适谈政治，注定了要成为孤立寡援的少数派。国民党的当权派，特别是蒋介石等人，不可能对胡适反独裁的言论感到高兴。

我们再看看胡适对日的言论与主张。

胡适对九一八事变中，中国军队毫无抵抗地放弃沈阳，放弃东三省，是非常不满意的。他深怪国人自甲午战败以来，迄无悔祸知耻，改革奋进之心。他在事变的第二天为陈寅恪夫人题其先人（唐景崧）遗墨：

南天民主国，回首一伤神。

黑虎今何在？黄龙亦已陈。

几支无用笔，半打有心人。

毕竟天难补，滔滔四十春。

陈寅恪见到胡适的题诗，也非常感慨。其致胡适信称：

读赐题唐公墨迹诗，感谢，感谢。以四十春悠久之岁月，至今日仅赢得一"不抵抗"主义，诵尊作既，竟不知涕泗之何从也。①

到了1933年3月，日军竟以一支128人的队伍，十日之内就攻占了热河。胡适忍不住要谴责当局。他指斥"军官的贪污堕落"，"地方政治的贪污腐败"，尤其公开批评张学良"应负绝大的责任"。但他还明确指出，"中央政府对于此次事件至少有四层罪过"：一，容留无用的汤玉麟在热河；二，容许张学良在华北，而又不督责他做抗敌守土的准备；三，强敌压境，中央不责成军事领袖蒋介石北上坐镇指挥，乃容许他留在南方做"剿匪"的工作，轻重

---

① 《胡适日记全集》第六册第608页。

失宜，误国不浅。四，宋子文事前明言热河不保，却何以不做任何补救挽回的努力？①

以我们后世研究历史的人看来，这些批评都是非常中肯的。

胡适知道，单是批评是无益的，还必须发挥舆论的作用，提出建议和督促为政者。

胡适也知道，以当时中国的实力，军队的实际情形，对日全面开战，以至收复失地是不可能的。所以，他主张尽力开展外交工作，在宣示不放弃已失之土地的同时，尽量保住未失的土地。

但国民党政府当局自九一八事变以来，一直被动应付，没有确定的外交方针与实施方略。尤其不敢与日本直接交涉。一方面，大概是受所谓"弱国无外交"的老调影响，另一方面，则是依赖国际的援助，包括美国、俄国以及国联的帮助。

所谓"弱国无外交"一句话，我一直怀疑这可能是我们中国人的发明。其实，弱国尤其要注意外交。既无实力去左右局势，只有加强外交活动，竭力争取对自己损害最小的结果；如可能，还要争取一些与国的同情与援助，挽回一些已失去的东西。弱国无外交是懒惰、懦弱、怕负责任的政府当局及其官员的一种托词。胡适在1932年的6月，曾批评说："中国的政客，不明世界形势，又没有肯负外交责任的决心，所以始终只利用国联来做延宕的工具，从不会运用国联的组织和国际的同情来做外交上的奋斗。名为信赖国联，实则躲避责任，贻误国家。四五个月延宕的结果……只造成了满洲

---

① 胡适：《全国震惊以后》，《独立评论》第41号（1933年3月12日）。

的伪国，并且促进了日本军阀的法西斯蒂的运动。"①中国当局不肯做外交上的积极努力，还有一层原因，即惧怕民众的不谅解。胡适指出，当东三省已经被送给日本手里的时候，"民众高喊'不撤兵，不交涉'，政府也就乐得躲在这个喊声里，束手不做外交上的策划"②。

胡适提出，与日本做外交交涉的目标是"取消满洲伪国，恢复领土及行政主权的完整"③。完全不懂外交的人以为，跟侵略自己国家的敌人交涉谈判，就是妥协投降。殊不知，发生冲突的两个国家，无非是两种前途，一个是实力的较量，就是战争；一个是交涉、谈判。九一八事变以后，差不多所有人都承认，拼实力，与日本正面开战，打不赢。胡适认为，必要的抵抗是必须的。但同时不应放弃外交的一条线。中国的外交，在当时有四个方面：对日，对美，对俄，对国联（主要是欧洲国家）。胡适殊不满于政府当局谈外交就只有同美、俄、国联，而对美、俄、国联的外交，也只有等待和依赖他们的援助一件事。胡适认为，即使对美、俄、国联的外交，也不能只是等待援助。胡适说，中国必须"各方面都得有个'长期拼命'的准备，无论国际政局如何变化，一个不能自救的民族是不会得人的同情与援助。幸运满天飞，飞不到那不自助的懒人的头上"④。

胡适认为，争取美、俄与国联的同情与援助，是必须努力的。

---

①②③　胡适：《论对日外交方针》，《独立评论》第5号（1932年6月19日）。
④　胡适：《内田对世界的挑战》，《独立评论》第16号（1932年9月4日）。

但是,"在不放弃国联与国际的原则之下,我们可以和日本作种种事实问题的讨论"①。中国不肯主动采取积极交涉的方针,而事实上,却总是被迫地不得不同日本人交涉,结果都变成了城下之盟。例如1933年的"塘沽协定",1935年的"何梅协定",都是如此。与其如此被动被迫地与敌人谈判,不如抱定一种方针,有准备地,有计划地,有步骤地同敌人交涉。

胡适严厉地批评1935年华北局势紧张时,政府当局对日本侵略者无原则,无代价的让步。他为此给时任教育部长的王世杰写了三封信,谈他个人的看法、主张。如今我们能看到的只有第二、第三两封信,第一封信,胡适没有留稿,至今未见其下落。所以不能确知其写作时间,大约在1935年6月中旬或上旬,第二封信写于1935年6月20日,第三封信写于6月27日。我们虽不知道第一封信的全部内容,但,我们从王世杰6月28日的回信,以及同年7月26日胡适写给罗隆基的信上可略窥其要点。在那封信上胡适提出,"与日本公开交涉,解决一切悬案"。他认为可以对日作出"有代价的让步"。让步,可让到"伪国的承认"。而代价是:"一为热河归还,长城归我防守;二为'华北停战协定'完全取消;三为日本自动放弃'辛丑和约'及互带换文中种种条件,如平、津、沽、榆一带的驻兵,及铁路线上我国驻兵之限制等等。"②胡适的这些想法和主

---

① 胡适:《世界新形势里的中国外交方针》,《独立评论》第78号(1933年11月26日)。
② 胡适致罗隆基的信(1935年7月26日),《胡适之先生年谱长编初稿》第四册第1398页。

张，确属书生之见。王世杰在 6 月 28 日的回信中说："日人目前之企图，在求于极短期间（据种种情报，为 1936 年春季以前）完成对于整个中国之控制。……故在今日，如以承认伪国为某种条件之交换条件，某种条件既万不可得，日方决不因伪国之承认而中止其侵略与威胁。而在他一方面，则我国政府一经微示承认伪国之意以后，对国联，对所谓华府九国，即立刻失其立场；国内之分裂，政府之崩溃，恐亦绝难幸免。"王世杰的分析显然比较冷静客观。

胡适的第二封信，开头先解释他在第一封信上提出那种主张，是因为政府当局在华北问题上毫无代价的让步令他感到忧虑。当时国民党政府在日本人的要求之下，完全没有任何争持地屈服了。例如河北省府迁地保定，省主席换人；国民党在河北的党、政、军机构皆停止工作或撤离。凡对日有反抗倾向之军队一律调走；且由中央政府发布"对于友邦务敦睦谊"的命令，禁止一切反日的言论行为。这些毫无代价的让步，确实太令人难以接受了。胡适本其主动积极交涉的主张，以为，自己提出交换条件，未尝不是对日方的一种外交手段。倘日方答应中方的条件，哪怕是部分条件，未尝不为小补。倘日方完全拒绝，则在国际舆论上会有所失。然而正如王世杰所分析，日本既然以占领或控制全中国为目标，中方之承认伪满洲国与否，即不具有重要价值，日方不会为此付出任何重要的代价。而更重要的是，一旦中方提出承认伪国的条件，恐不待日方表示任何意见，中国已先失去国联与国际的同情。因为 1932 年的国联调查报告即不承认日本武力占据东三省和制造满洲国的合法性。倘中国政府自己承认了，那岂不是自毁道义，还如何争取国联与国际的同情与援助。尤其是在国内舆论方面，会产生塌方式的效果，政府在国人面前，将威信全失，且有政治崩溃之危险。

胡适在第二封信上提出的主要主张是基于两个前提，他说："（一）在最近期间，日本独霸东亚，唯所欲为，中国无能抵抗，世界无能制裁。这是毫无可疑的眼前局势。（二）在一个不很远的将来，太平洋上必有一度最可惨的大战，可以作我们翻身的机会，可以使我们的敌人的霸权消灭。这也是不很可疑的。"①基于这两个前提，他提出，暂时学做意大利，即成为日、满、华三角同盟之一员，以换得十年喘息的机会。②这无异是说，日本的霸权，我们无法改变，就权且俯首做听命于日本的一个同盟国的角色。这比承认伪满洲国还要更加不堪。幸亏只是在私信里提出这个意见，倘若公开提出此种主张，胡适必将集全国咒骂汉奸之声于一身。

大概胡适自己也觉得，此种建议无人可以接受，乃于给王世杰的第三封信上提出与前两封信上所提出的正相反的一个方案。此方案，不但不做日本之暂时的盟友，而是要下绝大牺牲的决心与日本苦战，不怕冒失地甚至毁灭的危险，以此促进太平洋海战的爆发，以迎来中国浴火重生的机会。③王世杰对这封信上所提方案，较为认同。他在回信中并且提及，政府中意见分歧，戴季陶、居正、孙科等意见与胡适略同。而另一派人则"认为除大妥协外无办法"。而

---

①② 胡适致王世杰的信（1935年6月20日），《胡适之先生年谱长编初稿》第四册第1383页。

③ 胡适致王世杰的信（1935年6月27日），《胡适之先生年谱长编初稿》第四册第1386—1389页。

"大妥协"云云正与胡适第二封信所言相合。可以说，这段时期胡适的主张是在妥协与苦战之间摇摆。

因胡适存在着妥协摇摆的一面，所以，1937年7月，他南下参加庐山谈话会期间，在南京与周佛海、高宗武、梅思平等人常常在一起交换意见，他们被称为"低调俱乐部"。蒋介石约见时，胡适还希望蒋介石仍作外交上的努力。但庐山谈话会于七七事变爆发之后，才正式开张，国民党最高层已确定联共抗日的方针。至8月19日，蒋介石在南京延见胡适、陶希圣等，蒋要求胡适去美国帮助政府的对美工作。这时，胡适才从低调中走出，开始赞成与日本苦战，以待世界局势渐渐向有利于中国的方向转变。

三、从谈政治到干政治：出任驻美大使

胡适衔命赴美作民间外交，9月26日抵旧金山，10月8日到华盛顿。胡适所能做的，只有会见各界朋友，发表演说，介绍中国抗战，如此而已。1938年7月，胡适由美国转赴欧洲。他刚刚抵欧，就收到蒋介石要他出任驻美大使的电报，还不等胡适回复，又得蒋氏的第二封电报。按胡适日记记载，他本想推辞不就。但受周围朋友们的劝促，乃"决心受命"[①]。自此，曾决心二十年不谈政治的胡适，如今且干起实际的政治来了。

胡适虽然一向关心政治，后来也谈政治，但他终究是个学者。

---

① 《胡适日记全集》第七册第579页。

在西方，比如在美国，学者从政，或政治人物回到大学教书，这中间没有什么明显的鸿沟。但在中国，官场和学界，做官和做学问，是截然两途，其间的身份转换是很不容易的。胡适做了四年的驻美大使，似乎始终未得为官之道的真谛。他做了大使后，基本上还是和他做学者时一样地观察事物、处理问题。所以中间多次产生要撤换他的风波。到1940年6月，蒋介石派了其亲信宋子文做特使到美国，把对美外交几乎全权抓了过去。那时，胡适担任大使还不足两年。所以胡适做外交官的后期实处于很尴尬的地位。

胡适没有做过官，更没有做过外交官。他之所以被任命为驻美大使，主要是考虑胡适在美国朝野都有朋友，他对美国政治、社会比较了解，由他去做大使对于沟通两国朝野，增进彼此了解，在此基础上谋求美国的援助，应较他人为更合适。从这个意义上说，蒋介石的决策是正确的。也就是说，从这个意义上来衡量胡适的使美工作，他是尽到了责任，发挥了作用。

但如果从职业外交官的标准来看胡适的使美工作，就只能说是很一般。大抵有两个方面的工作是有成绩的，堪称不辱使命。一个是争取美援方面，他紧密配合奉命专办美援事宜的陈光甫，完成两项借款：第一项是1938年12月达成的桐油贷款2 500万美元。第二项是1940年3月达成的滇锡借款2 000万美元。

另一个方面是处理外交交涉事件。一次是1939年9—10月间，鉴于中国政府方面一直期待美国出面调停中日关系，美国总统于1939年9月8日接见胡适，提出他的调停方案设想。其内容焦点是在中国东北实行"共用共管"。胡适完全不能接受这一点。他婉转回驳了总统的建议。稍后,又在一次讲演中,提出了他自己的对案。他主张,解决中日间的问题的基本条件是:一,必须满足中国人民建立一个统一的,独立的,有力的民族国家的合理要求。二,必不可追认一切用暴力违反国际信义造成的土地掠夺及经济优势。三,必须恢复并加强太平洋区域的国际秩序,使此种侵略战争不得再现。①显然,这是日本侵略者绝对不能接受的条件。胡适回驳美国总统调解中日战事的那种中国人所无法接受的建议,同时又向公众提出自己拟定的、为日方绝对不能接受的调解方案,都是他作为大使个人独立的意见。其所以如此,固然首先是坚定地捍卫自己国家的根本利益,同时也是基于他自己的明确判断,他自认为,在抗战前六年之中,他一直主张避免战争,争取国际调停,是一种高度负责的态度。而抗战爆发后,坚持抗战,反对调解和谈,同样是对国家民族高度负责的态度。他断定,中日间决无调解和谈的可能,只有坚持抗战,苦撑待变。所要等待的"变",就是太平洋上爆发美国回击日本的战争。最早提出此种前景预期的是著名历史学家汤因比。胡适坚信,此一预期必可实现。

另一项更为重要的外交活动是 1941 年太平洋战争爆发之前,美国为争取时间,与日本谈判一个避战的临时协定。其中一个重要条件是,日本退出越南南部,北部保留 2.5 万日军,美国则放宽对日禁运。当美国国务卿将这些对日妥协的主要条件通知给胡适和英、荷(兰)、澳(大利亚)相关国家的驻美使节时,其他使节均没有提出

---

① 见《胡适日记全集》第七册第 695—698 页,第 709—715 页。

异议，胡适则当即提出反对，该妥协条件竟然对侵占中国领土上的日本侵略军只字未提，而且在越南的问题上，也没有任何可靠的约束日本的办法。胡适严厉地质问，在临时协定期间，有何办法可以约束日军继续进攻中国？胡适将此事急电国内，得到回复后，正式向美方提出抗议。据美国学者保罗·海尔（Paul Hyer）说，胡适还为此直接去找到罗斯福，"这位一向温文尔雅的学者，第一次在美国最高领导人面前发了脾气"[1]。紧接着，罗斯福又接到丘吉尔的电报，丘氏说："我们所焦虑的就是中国，如果他们崩溃，我们的危险将会大大增加。"[2]这时，罗斯福终于下定决心取消与日本的临时协定。随后珍珠港事件爆发，美国对日宣战，太平洋区域的局势开始发生逆转。这就是胡适苦苦等待的国际局势的大变化。

撇开职业外交的局限，我们看胡适在中美关系的建设性发展方面，可以说是做出了巨大的贡献。胡适广泛参与各种社交活动，和各界各阶层美国人士接触，尤其是发表大量演讲，使美国朝野人士，乃至人民群众，了解中国人民坚定抗战到底的决心，了解中国对日作战，不仅仅是保卫国土和人民的生命财产，同时也是保卫一种为世界人民所公认的生活方式，保卫人类对和平、正义与人道主义的信仰。所以，中国的抗战有着深远的世界意义，使美国人了解到支持中国抗战，对于建设今后国际新秩序具有不可忽视的重要

---

[1] Paul Hyer: *Hu Shih: The Diplomacy of Gentle Persuasion*. In *Diplomats in Crisis: United States-Chinese-Japanese Relations*, 1919—1941, p.167.

[2] 丘吉尔：《第二次世界大战回忆录》第3卷第530页，北京：北京时代华文书局，2017年。

性。这对于逐步转变美国人的孤立主义和轻亚重欧的传统观念，逐渐认识到与日本侵略者作战的不可避免及其重要意义，是有相当作用的。胡适还非常巧妙地把中国的抗战与当年华盛顿领导的独立战争拿来做生动而毫不勉强的对比，很能激起美国人民的同情心。

　　胡适对讲演之热衷与不辞辛苦，可举出以下两个数字来说明：1940年11月中旬，他在波士顿停留26个小时，作了四次讲演。① 1942年上半年，胡适走了一万六千英里，演讲一百余次。②

　　如果说，当时的中国人（主要是指政界）还不很了解胡适做大量演讲的意义的话，那么中国的敌人——日本人却十分敏感到胡适讲演的意义。还在胡适出任大使之前，看到胡适广泛展开活动，到处发表演讲，日本人就十分焦急。有人提议，日本应派出三个最有能力的人到美国，以便抵消胡适的影响。这三个人是鹤见佑辅（学者，曾任众议员）、石井菊次郎（老外交家，一战时与美国国务卿签订著名的兰辛—石井协定）和松冈洋右（外交家，后曾任外务大臣）。1940年10月，日本一家报纸曾发表社论称，胡适的演说正在大力鼓动美国人的仇日情绪，把美国引向对日的战争。该报要求美国政府应限制胡适的演讲。③太平洋战争爆发，有日本人甚至认为，此事胡适要负最大的责任。这当然有些过事夸张了。但无论如何，不应像

---

　　① 《胡适日记全集》第八册第75页。
　　② 胡适致王世杰、翁文灏的信（1942年5月17日），《胡适之先生年谱长编初稿》第五册第1777页。
　　③ 此是台湾学者张忠栋引自美国《纽约时报》的报导的材料。《胡适使美的再评价》，见《胡适五论》，第148页。

个别中国政客那样,认为胡适大量发表演讲,是不务正业,或像唐德刚所说,是"捞鱼摸虾,耽误庄稼"。胡适卸任大使后,美国《纽约时报》发表评论称,胡适的实际表现,"远超过大家对他的期望"。又说"他在美国读书、旅行、演讲,对美国文化之熟悉犹如对其本国文化之了解。他所到之处,都能为自由中国赢得支持"①。

在国内,毕竟还有些具备理性头脑,对胡适较有了解的人,对胡适的大使工作有比较客观的评价。我们可引王世杰的说法作为代表。王氏于1940年8月8日致信胡适,信中说:"我不相信兄是头等外交人才;我也不相信美国外交政策是容易被他国外交官转移的。但是我深信,美国外交政策凡可以设法转移的,让兄去做,较任何他人为有效。"②

值得一提的是,胡适对于战时的国共关系的态度。胡适在思想信仰上,与共产党是完全对立的。但在全民族抗战的问题上,他希望国共两党保持团结的局面。这种态度在林可胜的事情上表现得最清楚。林可胜是一代名医,战时任中国红十字会救护总队队长。人极勤恳负责,声誉远播国内外。因其渐有左倾表现,且有实际援助延安方面的情事而受到国民党官方压力,有欲辞职表示。消息传到美国。美方人士对林的工作极表满意。如林的职位有变动,美方可能停止一大批医药的援助。胡适为此特于1941年2月7日致电陈布

---

① 引自《胡适使美的再评价》,见《胡适五论》第146页。
② 王世杰致胡适的信(1940年8月8日),《胡适遗稿及秘藏书信》第23册第589页。

雷,并转蒋介石,力言不可让林可胜辞职,如其确有左倾情事,亦只可请朋友劝导之。①

稍后,又有长电致陈布雷详谈共党事。胡适以分析美方人士对围剿皖南新四军一事的态度,来表示他对维持团结抗战之关切。他说,"美方舆论大抵可分作三种:(一)左倾分子当然不免与共党同情。适遇机解释,恐无大效。幸为数不多,无足轻重。(二)一般民众不知我国详情,亦不愿深知一切,只望我国不起内争,不影响抗日前途。(三)政府领袖明悉我国实况,同情政府苦心。但因美国民众意见,深望我国政府能:(a)避免直接冲突,以息外间反感;(b)官场营私舞弊恶习竭力肃清;(c)资产阶级应使平均负担战争责任;(d)现中国米珠薪桂,必有极多不满分子,政府当设法助之,以免左倾;(e)农工情形,当有明显救济办法;如此共党或可失去其号召力,而不再扩充云云"②。整个抗战时期,胡适坚持此种维护国内团结的立场,所以当抗战结束时,他能发出那封劝毛泽东放弃武装,做和平的第二大党,用和平方法争得政权的电报。③这是胡适又一次书生议政的典型表现。

四、战火硝烟中任北大校长

战时播迁西南的北京大学、清华大学与南开大学联合组建的西

---

① 见耿云志著:《胡适年谱》(修订本)第 243 页。
② 《胡适年谱》(修订本)第 243—244 页。
③ 《胡适年谱》(修订本)第 265 页。

南联合大学,抗战胜利后,各自重归独立,分别迁回自己的原校址。原北京大学的校长蒋梦麟,调任教育部长,政府经过再三筹商,乃决定任命胡适为北京大学校长。胡适膺此任命,实是众望所归。蒋介石曾想请傅斯年当此任。傅氏给蒋写信说:"北京大学之教授全体及一切关切之人,几皆盼胡适之先生为校长,为日有年矣。适之先生,经师人师,士林所宗。在国内既负盛名,在英、美则声誉之隆,尤为前所未有。今如以为北京大学校长,不特校内仰感俯顺舆情之美;即全国教育界亦必以为清时佳话而欢欣;在我盟邦更感兴奋,将以为政府选贤任能者如此,乃中国政治走上新方向之证明;所谓一举而数得者也。"①傅斯年所说的话,反映了当时教育界、学术界的基本舆情。当任命发表后,舆论反应证明傅斯年的说法之可信。许多知名学者纷纷表示欢欣鼓舞。胡适的弟子和好友分纷纷写信向胡适推荐优秀科学家和学者,希望他们到北大任教。

但当时北京大学面临复员和回迁北京的繁巨工作。胡适以心脏有病不能立即返国,乃请傅斯年代理校长一年,负责全部的复员工作。傅氏始终以胡适的学生自待,乃带病服劳,完成乃师所托。

1946年7月,胡适回到国内,9月履任北大校长。10月10日,北京大学正式开学。是时,学院、科系大有增加,自此,北大始真

---

① 王汎森等主编:《傅斯年遗札》第三卷第1625—1626页,台北:"中央研究院"历史语言研究所,2011年。

正成了名副其实的综合大学,设有文、理、法、商、农、工、医各学院,学生数量达五千余人。这本来是一个好的开始。可惜,国共内战的枪炮声早已在各地响起。胡适在此战火硝烟中担起北大校长的责任,真可谓太不逢时运了。

然而,胡适自谓是个"不可救药的乐观主义者",他还是想让北大有所作为。不仅如此,他还想整个中国的教育与科学事业有所发展。他曾拼力罗致一些在国外已学有所成的优秀科学家来北大建立核物理研究中心①;他还郑重其事地提出《争取学术独立的十年计划》②。但他的这些努力,都在炮火硝烟中化为乌有。

胡适刚回国时,就有人极力敦请他出来组织政党,带领渴望自由民主的人们做一番奋斗。但胡适很明确,坚决不组党。他说,要组党,既需要时间,又需要金钱,而这两者,他都不富裕。③他也拒绝从政的建议。1947年1月,蒋介石提出要胡适出任国府委员兼考试院长,请傅斯年出面去动员胡适。蒋氏完全找错了人。傅氏是最不希望胡适去干政治的。所以他在向胡适转达蒋的意思之前,先就向蒋表示,胡适不便出任政府官员,因为他离不开北大。他给胡适写信说,他认为,在与共产党斗争的大局势下,政府必须有改进。要谋政府改进,只有在政府之外,批评监督才有作用,"一人政府即

---

① 《胡适年谱》(修订本)第289页。
② 按,胡适于1947年9月初写成此计划,并首先报告给蒋介石。《申报》于1947年9月6日发布此消息,其全文于9月28日在《中央日报》上发表。因计划中,胡适具体提到第一批被作为重点扶植的大学的名字,引起很大反响,各大学为争取被纳入重点扶植对象而在报纸上争论不休。
③ 《在南京答中外记者》,《胡适全集》第22卷第666页。

全无办法"。所以"与其入政府不如组党;与其组党,不如办报"。但即使办报,"亦须三思,有实力而后可"。①但蒋介石方面,不肯罢休。又派王世杰到北平面促胡适出来担任国府委员兼考试院长。王世杰日记载:1947年2月22日:"昨晚与胡适之长谈。彼不愿接受蒋先生之邀约,拒绝担任考试院长,亦不愿任未来国民政府委员会委员。予以其用意在保持独立地位,以便随时为政府助,故未强劝。"②王世杰曾说,蒋介石托傅斯年劝说胡适是所托非人。实则,蒋氏找他去游说胡适,岂不也是所托非人?

3月5日,蒋介石亲自写信给胡适,表示,如胡适坚不肯加入类似参政会的机关——国府委员会,则"社会且将致疑于政府革新政治之诚意"。甚至说到,可能"不及于发表前商得先生之同意,尚望体念时局之艰难,务请惠予谅察"云云。③清楚暴露出,敦请胡适出山,真实动机是为了"撑面子,要如此"。④

但胡适终不甚了解蒋介石及官场之秘。他于赴上海、南京出席协和医学院董事会和中美教育文化基金董事会期间,先后于3月13日、18日,两次受邀会见蒋介石。这中间蒋还再次托王世杰传话,仍坚邀胡适加入国府委员会,并谎称,国府委员不是官,是参议性

---

① 傅斯年致胡适的信(1947年2月4日),《胡适遗稿及秘藏书信》第37册第497—499页。
② 王世杰:《王世杰日记》第六册第31—32页,台北:"中央研究院"近代史研究所,1990年。
③ 《胡适年谱》(修订本)第283页。
④ 傅斯年致胡适的信(1947年3月28日),《胡适遗稿及秘藏书信》第37册第501—504页。

质,还可兼任北大校长。以最高领袖之尊,亲自两次劝说,并允许兼任北大校长,使仍不脱书生气的胡适似乎有些动摇。傅斯年知情后,掏心露肺地给胡适写长信详细指陈原委。这封信是中国读书人都应该仔细玩味一番的宝典级的文献。值得详细摘录其要点。

傅氏在信中说:

一、参政会决不与国府委员同,五院院长为当然(委员),知其是政府也。且为中央政治会议、国防最高委员会之续,尤知其是政府也。其法定名词为'最高决策机关',决策非政府而何哉?信中所云,欺人之谈也。此等欺人之谈,我闻之多矣。

二、'政府决心改革政治之诚意'我也疑之,盖不能不疑也。现在改革政治之起码诚意是没收孔、宋家产。然蒋公在全会骂人时,仍言孔、宋不贪污也。孔、宋是不能办的,CC是不能不靠的,军人是不能上轨道的。借重先生,全为大粪堆上插一朵花。……此公表面之诚恳,与其内心之上海派决不相同。我八九年经历,知之深矣!此公只了解压力,不懂任何其他。今之表面,美国之压力也。我们若欲于政治有所贡献,必须也用压力,即把我们的意见 Consolidated Articulated 而成一种压力。一入政府,没人再听我们一句话!先生是经验主义者,偏无此八年经验,故把我们政府看得太好,这不是玩的。

三、此事全在先生一颗不动摇之心。我代辞多少次了,是无用的,尤其是先生那样客气之下。我们又不是一个政党,谁也替谁保不了,只在自己而已。……

四、此时,先生急来电托雪艇转上,谓北大同人坚决反对,不能为孟麟先生之续。故如发表,恕不奉命。若为此影响到北京大学,则以此等名节之事而影响北大,爱北大者——即爱北大之精神者——决不因此责备先生。

五,试想,先生答应了,北大如何办下去?兼着,像怎样样子(原文如此——引者)?不兼,谁来?我决不来。孟麟先生来,后果可想(我想,他也不来)。北大如此渴望先生,先生决不应使北大再遭患难。①

以下还有一条,是讲其他人的,不录了。

傅斯年既是胡适的学生,也是胡适的知心朋友。他经历抗战八年,颇知政府领袖诸公为政的套路,更深知官场腐败的情形。所以,生怕老师被人蒙蔽,走上歧路。乃不避冒犯师尊,直言相谏。

胡适接受傅斯年的劝告,决心坚辞国府委员及考试院长之邀,写信给蒋介石称:"反复考量,并曾与北大主要同事商谈,终觉适不应参加国府委员会。府委是特任官,决不应兼大学校长。……北大此时尚在风雨飘摇之中,决不许适离开,道义上适亦不愿离开北大。"②与此同时,北大文学院长汤用彤、理学院长饶毓泰、秘书长郑天挺联名致电朱家骅,力言"北大方始复员,适之先生万不能中途离校"。③朱家骅对胡适颇有同情,乃以维系北方教育大局为由,亲自向蒋介石力陈,不可使胡适离开北大。蒋氏稍稍有悟,到4月19日,蒋亲自给胡适发一电,称"此次尊兄意,不克延致,殊为耿

---

① 傅斯年致胡适的信(1947年3月28日),《胡适遗稿及秘藏书信》第37册第501—504页。

②③ 《胡适年谱》(修订本)第284页。

耿"。①至此，邀胡适入政府之事，始告一段落。

但到1948年3、4月间，蒋介石考虑，按新宪法，总统无可作为，他打算做行政院长，而请胡适做总统候选人。又是请王世杰传话。初，胡适明确拒绝之。但经再次劝说之后，胡适乃对王说，此事"请蒋主席决定"。胡适又动摇了。然而，当蒋介石将此事提交国民党中常会上讨论时，除吴稚晖与罗家伦二人表示赞同外，余皆持反对态度。胡适不免自陷于尴尬。

胡适虽未入政府，但他同政府的关系却因而更接近了一些。从此他更加以国家的诤臣，政府的诤友自居。虽不能事事与政府同步，但其维护政府之心，是朝野共喻的。

身为北大校长，胡适经常要面对的是接连不断的学生运动。

胡适上任的第一学期尚未结束，1946年12月24日夜里，发生美国海军陆战队士兵强奸北大先修班女生的严重事件。当时胡适还在南京参加国大会议。事发之后，引起北大学生的极度愤怒。于12月30日，联合清华等校学生举行游行示威。随后各地亦相继发生学生抗议美军暴行的游行示威及罢课活动。示威学生喊出美军撤出中国的口号。这虽然与领导学生运动的中共地下党有关系，但美军暴行事件之发生，显然与美军驻中国有直接关联。因为只要有外国军队驻扎，就是主权不完整，对于主权不完整的国家来说，他的人民受到侵害时，就难以得到充分的保护。胡适于12月30日，国大会议尚未结束，提前回到北平。当审判美军士兵开庭时，胡适不顾南

---

① 《胡适年谱》（修订本）第284页。

京政府的劝阻，出庭作证。他向记者谈话时说："谁家没有女儿！"被侮辱的毕竟是自己学校的学生，他不能冷眼旁观。当时法庭曾判决美军士兵有罪。但后来美国海军部竟认为证据不足，推翻原判，将该士兵无罪释放，为此又引起学生的抗议浪潮。此事也足以说明，美军士兵的暴行与美军驻中国，在法理上虽是两件事，但两件事有紧密的关联。美国海军部推翻北京联合法院的判决充分表明中国主权的不完整。胡适曾一再强调美军士兵奸污女生事件是单纯一法律问题，而美军撤出中国是一政治问题。他要学生们不要将两者混淆起来。南京政府对北大及北京学生运动训示中，也强调这一点。但学生和公众很难将这两方面截然分开。胡适还强调一点，认为学生示威游行表达抗议是可以的，但不要罢课，因为罢课是学生自己受损失。

1947年，国民党政治危机越来越严重。随之，经济形势极端恶化，物价飞涨，民不聊生，学生忍饥挨饿，情绪更加不稳定，罢课示威，几乎随时随地不断发生。而国民党政府处危机之下，对学生运动亦更为敏感，时常出以镇压手段，学生被逮捕的事屡屡发生。而且，当时逮捕学生都由军、警、宪、特进行，不按法律程序，往往学生失踪多日，才探悉被某机关逮捕。胡适既要维护政府，又不能不顾学生的安危。他提出处理学生被捕事件的四项原则：1.如有同学被捕，学校代为打听逮捕的机关；2.通知该机关对被捕同学予以优待；3.被捕同学罪嫌若轻，由校方保释；4.被捕同学罪嫌若重，请求移交法院办理。①

---

① 《胡适年谱》（修订本）第297页。

以胡适当时所处的地位,他能这样做也算尽到校长的责任了。

在学生运动不断高涨,所怀教育理想与实际工作都难以顺利推动的情况下,胡适曾一度萌生退意,想辞去北大校长职务。当时任教育部长的朱家骅发长电给胡适,劝其万万不可辞职。电中说:"年来承兄偏劳,公私感激。……乃北大不可无兄,北方尤赖兄坐镇。即弟可放兄,而总统与翁兄(指翁文灏,时任国民政府行政院长——引者)亦必不能听兄高蹈;北大同人闻之,将更惶恐。故此实不可能之事。只有万恳顾念大局,勉为其难。倘兄有言辞消息,则华北教育界必将动摇不可收拾。"后数日,又有信致胡适,极言"无论如何,切勿稍萌退意,千千万"。①

在炮火硝烟中,在匮乏与饥饿的威胁中,胡适辞职不获,夹在政府与学生中间,万般无奈,惟有搞搞《水经注》考证,以略解烦闷。这时期,也有不少青年向胡适倾吐他们的苦闷。

1947年5月,胡适邀集北大、清华等校一些思想相近的朋友组织起"独立时论社",针对国内外政治局势中的重要问题,各人分别撰写文章,分送全国建立联系的报纸陆续发表。这样,既省去办报纸的费用,又可省去编辑之力。先后参加该社的有40多人,建立联系的报纸有38家。这个独立时论社,在舆论上对蒋介石的政权颇有帮助。后来,胡适将1947年5月至10月,独立时论社的朋友们的文章结集为《独立时论一集》,于1948年4月出版。第二集,虽有计划但未能结集出版。

---

① 《胡适年谱》(修订本)第303页。

胡适仍希望用他的自由主义去争取青年。从 1947 年 5 月到 1948 年 10 月，胡适先后发表重要的演讲和文章十多篇，其中较重要的有《五四的第二十八周年》、《眼前两个世界的明朗化》、《两种根本不同的政党》、《眼前世界文化的趋向》、《青年人的苦闷》、《自由主义是什么?》、《自由主义》、《当前中国文化问题》等。在这些文章里，胡适反复申明的是，自由主义的意义、历史，自由主义与民主政治的关系，中国应当选择的方向。我在这里试图把他在这些文章和讲演里的核心思想隐括起来表述一下。

胡适解释，自由在中国文字里，其意义就是"由自"，"由于自己"。在西方文化里，自由含有"解缚"，亦即解放的意思。在中国历史上也一直有争取思想、言论自由的运动。但却忽略了政治自由的重要。

自由主义的政治，就是民主政治。民主政治的根本意义就是一切权力属于人民。人民掌控权力的办法，就是多数的选择。但自由主义的民主政治强调，占统治地位的多数，必须保障少数人的权力。这是容忍的原则。容忍在政治上的最高表现就是容忍反对党。有了反对党，才会有公开的批评与监督；有了公开的批评与监督，才会使执政党减少错误，及时纠正错误，以利于国家人民。有了反对党，可以保证政权得以和平转移，避免因争取政权而发生暴力和动乱。这样才能保持社会长期稳定地和平发展。而有了长期稳定的和平发展的社会环境，才会保证生产、科学的持续进步和物质文化与精神文化日益繁荣，使人民的生活不断提升。这是胡适对于自由主义民主政治的基本认识。

胡适认为，这个自由主义和民主政治的发展、进步已有三百多年的历史，这是人类发展的大方向，而一切倾向专制的政治，是逆此大方向的。中国应当选择世界发展的大方向，选择自由民主的大方向。

胡适苦口婆心，却并没有争取到大多数的青年集拢到自由主义的旗帜下。因为蒋介石和国民党政权已被自身的腐败掏空了，大多数青年无法相信跟随这样的政治集团会有什么好的前途。

胡适抗战后的谈政治也没有收获他预想的结果，在国民党的全国政权垮台之后，不得不到美国过了几年的流寓生活。

五、反共大前提下的谏诤：公开的与私下的

1. 创办《自由中国》杂志，提出反共抗俄的宗旨

胡适于 1948 年 12 月 15 日，偕夫人匆忙登上蒋介石派来的专机离开北平到南京，受到蒋介石的礼遇。蒋请他再度赴美，争取美国援助。4 月 6 日，胡适自上海登轮赴美。在海上，为他与几个朋友商定要办的《自由中国》杂志写下创刊的四条宗旨：

第一，我们要向全国国民宣传自由与民主的真实价值，并且要督促政府（各级的政府），切实改革政治经济，努力建立自由民主的社会。

第二，我们要支持并督促政府用种种力量抵抗共产党铁幕之下剥夺一切自由的极权政治，不让他扩张他的势力范围。

第三，我们要尽我们的努力，援助沦陷区域的同胞，帮助他

们早日恢复自由。

第四，我们的最后目标是要使整个中华民国成为自由的中国。①

这个宗旨主要包含两个方面：一个方面，是坚决反共，指共产党管辖下的地方为铁幕所笼罩。大概中文中用"铁幕"来指称共产党政权，胡适可能是发明人。另一个方面，是督促国民党政权向自由民主的方向走。这既是《自由中国》杂志的宗旨，也是胡适和他的朋友们一致的努力目标。纵观胡适自1949年直到去世的十三年，他都是抱持这样的宗旨来处理各种问题的。

胡适"很想对国家的困厄与世界的危机，得一个自己认为满意的解释"。他得出的结论是："这十几年中，止有国际共产党大致知道他们的目的与步骤，止有他们比较的明白他们所谓战略与策略。此外，所谓大国领袖，所谓大政治家，都不免古人所谓'盲人骑瞎马，夜半临深池'！"②从这一认识出发，他花了很大的气力写作一篇文章，叫做《斯大林策略下的中国》。此文原文是英文（China in Stalin's Grand Strategy），发表在美国《外交季刊》1950年的10号上。在这篇文章里，胡适强调，国民党、蒋介石的失败，都是因为中了共产国际和斯大林的招。中共的产生，中共之拥有红军，皆是按照共产国际和斯大林的命令办的。尤其是"西安事变"的处置，释放蒋介石，再次国共合作，保存了红军，使红军得到无限发展的

---

① 《自由中国》创刊号，1949年11月20日。
② 胡适致沈怡的信（1950年6月9日），《胡适之先生的几封信》，《传记文学》第28卷5期，台北，1976年5月。

机会。更由于在雅尔塔会议上，斯大林欺骗了罗斯福，攫得了对中国东北、北朝鲜的控制权，促成了共产党在中国的胜利。这是胡适所描画的蒋介石和国民党失败的历史，也是中国革命的历史。他当时不知道斯大林与毛泽东的矛盾，不知道中国解放军渡过长江，占有整个中国大陆是违反斯大林的意愿的。

胡适非常看重他这篇文章的价值。台北的《中央日报》和《自由中国》杂志，都很快分别发表各自的中文译文。胡适还曾写信给蒋介石，劝他读一下《斯大林策略下的中国》，劝他注意研究敌人方面的材料，以便好好规划一下反共抗俄的大计。

2. 胡适与蒋介石的思想冲突

胡适在那篇试图总结蒋介石与国民党失败的教训的文章(《斯大林战略下的中国》)里，只从国际方面谈，而没有从蒋介石和国民党本身的方面谈。大概是想避免给蒋和国民党的领袖层的人们以太大的刺激。但自从那篇文章在台湾媒体广为传播以后，胡适还是经常强调，从失败中汲取教训，就必须进行改革。他于1951年5月31日写长信给蒋介石，除了上面提到的，要蒋介石看看他的《斯大林策略下的中国》一文，和注意研究敌人方面的材料以外，他还提出建议，要蒋介石考虑，让国民党自己自由分化成几个独立的新政党，而蒋介石自己则先辞去总裁的职位。胡适以为这样可以推动国民党走上自觉改革之路。蒋介石承认胡适的文章有价值，却不肯接受他的改革建议。1952年9月14日，胡适再度写信给蒋介石，重申他上面所说的内容，并进一步申说，民主政治的基础就是多党制，要确立这种基础必须抛弃"党内无派，党外无党"的心理习惯，并且应当废除总裁制。他还希望蒋能够诚心地培植言论自由,在党的大会上表示出"罪己"的意思。蒋介石将胡适的意见讥之为"书生之见"①,完全不能接受这些说法和建议。

胡适与蒋介石两人,在思想上,是完全不同的两个人:一个是独裁者,一个是自由主义者。但在反共抗俄这个大局上他们是一致的。为了这个大局,胡适认为,国民党政府需要做很大的改革,以建立民主政治的基础。为此,必须要改一党政治为多党政治,需要培植言论自由。而这些,蒋介石是不能接受的。这就决定了,胡、蒋两人之间不断地产生摩擦甚至冲突。

这种摩擦首先在《自由中国》的言论与政府当局的冲突上表现出来。1951年5月,《自由中国》4卷11期上登出一篇《政府不可诱民入罪》的文章,触怒当局,被迫不得不在下一期登出《再论经济管制措施》,表示歉意。胡适认为第一篇文章很好,用证据说话。第二篇道歉的文章很不足取。为此,他写信要求雷震撤销其"发行人"的名义,以此向政府当局表示抗议。

1952年11月,胡适回台湾讲学两个月。其间,于1953年1月16日,胡适回美国的前一个晚上,他应邀到蒋介石家里晚餐,与蒋谈了两个小时。胡适当面批评台湾没有言论自由,"第一,无一人敢批评彭孟缉。第二,无一语批评蒋经国。第三,无一语批评蒋总统"。他还批评蒋介石滥用总统职权。胡适说:"宪法止许总统有减刑与特赦之权,绝无加刑之权。而总统屡次加刑,是违宪甚明。然

---

① 《蒋中正先生年谱长编》第十册第102页。

整个政府无一人敢向总统如此说!"①因此,他建议,蒋必须要让人敢于讲话,开放言论自由。

1956年10月,胡适应《中央日报》胡健中之请,撰写短文《述艾森豪总统的两个故事给蒋总统祝寿》。文章大意是劝蒋介石充分信任下属,放手让他们负责、做事。以下属之智为智,以下属之能为能,自己甘居一个无智、无能、无为的总统。这本来是居上位者应有的大智慧,也是胡适对蒋的一番期许。然而,此文却大触蒋氏父子之大忌。其后不久,胡适在纽约会见来美的胡建中,继而又接见其他记者,谈话中,力言国民党应当放弃党派门户之见,走"毁党救国"之路;希望蒋介石纯粹以"全国人民领袖"的地位(而不是一党总裁的身份)来领导反共复国的运动。②可惜,胡适一番苦心却被蒋介石认为是"反对本党革命,而且存心毁灭本党,宁为共奴而不恤"③。蒋介石对胡适的"毁党救国"极为反感,屡次提起此事,又屡次为此而大发怒气。他认为,胡适的所谓建议,其要毁灭国民党的用意,"此与共匪之目的如出一辙"④。他并且申论道:"中华民国本由国民党创造,今迁台亦由国民党负责保全。如果毁了国民党,只有拯救共匪的中华人民共和国伪国,如何还能拯救中华民国乎? 何况国民党人,以党为其第一生命,而且视党为其国家民族以及祖宗历史所寄托者,如要我毁党,亦即要我毁我自己祖宗与民族

---

① 《胡适日记全集》第九册第3页。
② 《胡适日记全集》第九册第247—248页。
③ 《蒋中正先生年谱长编》第十册第650页。
④ 蒋介石日记,1958年5月30日(据杨天石先生手抄稿,下同)。

国家无异。"①

深明蒋介石的心理的蒋经国确信，胡适是在思想上妨碍他们父子独裁大业的最主要的敌人。他当时主持国防部的总政治部，利用职务之便，组织人力，炮制了一本针对胡适的《向毒素思想总攻击》的小册子，内部下发，广为散布。小册子宣称："有一知名学者发表所谓'向政府争取言论自由'的言论"，"目的在于制造人民与政府对立"。又具体提到胡适那篇"祝寿文"，声称，胡适"要总裁仿效他做一个'无智、无能、无为'的元首"，是"荒谬绝伦的言论"。指责胡适"名为自由主义，实际确是共匪的帮凶"。小册子的结论认为："我们靠的是三民主义，靠的是中国传统文化"。所以，"如果有人批评三民主义，批评传统文化，诋毁我们伟大的总裁，不论他如何说法，其理论我们都认为是荒谬的，而且要及时予以攻击和肃清"②。

到了1959年，临近下届选举之时，蒋介石一心要做第三任总统，这是违背1946年的宪法的。因此当时又盛传，国民党要修改宪法。胡适一再表明，他反对修改宪法，反对蒋介石第三次连任总统，他力图通过种种途径希望有机会当面向蒋介石说明他的意见。但蒋介石不肯见他。胡适托张群向蒋转达他的意思：希望蒋介石树立一个"和平转移政权的风范"，"一切依据宪法"。希望蒋能在国大开会前，明白宣布，不做第三任总统。同时向张群表示，国民党

---

① 蒋介石日记，1958年6月3日。
② 转引自《胡适年谱》（增订本）第336页。

人如果另有想法，可以明白宣布，不可用"劝进电报"之类的方式。这种方式，是对蒋介石的一种侮辱，是对国民党的一种侮辱，也是对老百姓的一种侮辱。但蒋介石却以自己对反共大业有责任，对军队有责任为由，拒绝接受胡适的建议。①

3. 雷案风波中的胡适与蒋介石

胡适与蒋介石的矛盾冲突，最突出的还是在雷震的问题上。《自由中国》因争取言论自由，与政府当局屡起冲突，作为该杂志的实际负责人雷震，早已被蒋介石视为异己。后来，雷震又成为酝酿和组织反对党的带头人，力图改变蒋介石与国民党的独裁体制。这不能不引起蒋介石极大警觉与憎恨，必欲严厉惩治雷震，以达到杀一儆百的目的。后来，终以莫须有的"通共"罪名，将雷震投入监狱。此即为震动中外的雷案风波。

雷震，浙江长兴人，生于1897年，20岁赴日留学，曾入京都帝大法学部，主修行政法，毕业后，继入该校研究院专攻宪法。1927年回国，不久入政界，从南京市党部委员起始，陆续做过教育部总务司长、国民党中央监察委员、国民参政会副秘书长、政治协商会议秘书长等职。国民党败退时，他奉命以顾问名义协助汤恩伯守卫上海。那时，他对国民党的腐败已经有了很深切的认识。此人反共立场坚定，希望国民党认真改革，以求复振。他积极参与主持《自由中国》杂志即为此目的。但国民党的改革，毫无实际进展，他越来越看清蒋介石坚持独裁专制不可能自行改变。为打破这种局面，

---

① 《胡适日记全集》第九册第457—458页。

他逐渐明确必须建立反对党。

早在1956年10月、11月，雷震曾连续两次写信给胡适谈建立反对党，并希望胡适出来领导。①现在尚未见到胡适当时表示态度的材料。1957年8月28日，胡适在给雷震的信中谈到他个人从来"不拜客，不回拜客，不请客，不写荐书，近一二十年来又添'不回信'，这样疏懒的人，最不适宜于干政治。此我自知之明也"②。这是非正面地回答雷震上年给他的两封信。第二天，胡适又写一信给雷震，更加明确地告诉雷震说："我从来没有梦想到自己出来组织政党。"嘱咐他，切不可相信港、台一年来所传胡适与蒋廷黻，或张君劢等要组织什么政党的传言。一年来曾有不少港、台朋友劝胡适出来组党，他"始终没有回过一个字，没有复过一封信"。所以他告诉雷震："千万不可假定胡适之可以（或能够）出来领导一个反对党。"但同时胡适也表示，他不反对其他人筹组反对党。他说："如果台湾真有许多渴望有个反对党的人们……他们应该自己把这个反对党建立起来，应该用现有的可靠的材料与人才做现实的本钱，在那个现实的基层（础？——引者注）上，自己把这个新政党组织起来。"而不要把希望建立在利用胡适或张君劢等这些"老招牌"上面。③

雷震以及其他参与建立反对党活动的人，除极个别的人（如傅

---

① 见万丽娟编：《万山不许一溪奔——胡适雷震来往书信选集》第98—101页，第106—109页，台北："中央研究院"近代史研究所，2001年。
② 胡适致雷震的信（1957年8月28日），《万山不许一溪奔——胡适雷震来往书信选集》第115页。
③ 胡适致雷震的信（1957年8月29日），《万山不许一溪奔——胡适雷震来往书信选集》第116、119页。

正)以外,都并没有放弃胡适将来出面领导反对党,哪怕仅仅是做一个招牌的希望。不过他们也相信胡适的话是对的,无论如何,他们必须自己先做起来。一方面联络朋友,经常举行各种聚会,商量有关问题;一方面加紧舆论准备。

1958年2月,《自由中国》半月刊第十八卷第四期发表社论《反对党问题》。

文章说:"三十年来实质上的一党政治,已渐渐使我们这一辈人丧失了全部的动力与活力",所以,"这个一党政治却正好成了一切进步的阻碍"。又说:"今天的情形是:不仅政治为一党所包办,甚至全国的经济事业与文化事业,也都为一个中心势力所掌握,任何新兴力量几乎没有成长的隙缝。"要想改革,要想进步,必须首先要解决这个一党政治的问题。文章指出,要实现真的民主政治,就必须改变一党政治为多党的政党政治。但如果"没有强大的反对党,也不会出现健全的政党政治"。所以成立强大的反对党成为最切要的问题。《自由中国》半月刊曾连续发表论反对党的文章,单是以"论反对党"为题目的文章就作到《七论反对党》。其他与建立反对党有关的文章还有十几篇。其中有雷震亲自撰写的《我们为什么迫切需要一个强有力的反对党》(《自由中国》第22卷第10期)。文章从当年的地方选举过程中,国民党一党操控选举,使党外人士及地方人士,被排挤在外的事实谈起,认为要使选举公平正义,必须有强大的反对党。文中还引孙中山的话,说明只有不同的党派互相竞争,政治才会有进步。他号召人们联合起来为实现真正的民主政治而组织起强大的反对党。他要求国民党退出军队、警察和学校以及司法机关；国民党的党费不可由国库支出；一切国民党的附属机构，如社会服务站、青年救国团、文化工作队以及学校的课外活动组等等组织一律撤销。总之，要求国民党退居于普通政党的地位，与他党同依政纲、政策展开竞争。可以想象，数十年来一直一党专制的国民党及其领袖，怎能容忍雷震此等要求？这时，已是1960年5月，雷震及国民党内自由主义人士，民社党、青年党中的一部分人以及一部分地方人士，组建反对党的活动进入倒计时。

胡适对于雷震一班人组建反对党，从一开始就表示赞成和支持，这与他一贯的自由主义信仰，和他一贯地争取中国实现民主政治的理想目标，以及他参与创办《自由中国》杂志的初衷是完全一致的。但他深知自己不适合做实际的政治活动，不适合做政治竞争的领袖。所以，他一再拒绝出面领导反对党的建议。但雷震等人却总是寄希望于胡适。这是因为，第一，他和筹建反对党的朋友们都认为，只有胡适出来领导，才能把自由主义知识分子，一部分国民党人，民社党及青年党的一部分人以及台湾地方人士联合到一起，团结在一起。当时有一部分人，对于台湾地方人士参与反对党，很有疑虑，怕他们与其他人不易融洽。雷震说，只有胡适出来领导，"可以消灭台湾和内地人之隔阂，且可减少流血"①，他在给胡适的信里也强调这一点。②台湾知名人士吴三连也认为，只有胡适出来领

---

① 《雷震日记》1958年8月2日，傅正编：《雷震全集》第39册第346页，台北：桂冠图书股份有限公司，1990年。
② 雷震致胡适的信（1958年8月14日），《万山不许一溪奔——胡适雷震来往书信选集》第137页。

导,否则,反对党是组织不成功的。①胡适也知道,"只有民、青两党和国民党民主派和台湾人合组反对党"②才好。他在有关场合也极力强调台湾人士与内地人士,"大家是在同一目标向前努力,无分彼此,中间是没有界限的"。③

雷震等所以一直期待胡适出来领导组织反对党的第二层重要考虑,是想胡适的崇高德望可以对新成立的反对党起到掩护的作用。雷震曾经很坦率地对一位参与组织反对党活动的朋友王世宪说:"如我被捕,美大使馆可能问一问,如王世宪被捕,不过五百名立委之一被捕而已。如胡先生被捕,则全世界震惊。"④确实,台湾当局,包括蒋介石在内,对于胡适,不管他们心目中如何不满意,乃至嫉恨,也不敢冒天下之大不韪,将胡适逮捕入狱。因为,美国人太把胡适当回事,他们把胡适视为台湾还可勉强算作"自由世界"的一部分的一个象征。把胡适关起来,美国断不会坐视不理。而蒋介石和台湾当局则断不肯太得罪美国政府,使自己陷入孤立无援的地位。蒋介石也曾预想过,在处理雷震案的过程中,如果胡适公开出面反对,将会陷入十分为难的境地。正因此,蒋介石才会利用胡适去美国出席学术活动的机会,将雷震逮捕。蒋介石还预想到,如果逮捕雷震后,胡适在美作出太不利于当局的表示,则可讽喻胡适不

---

① 《雷震日记》1960 年 3 月 21 日,《雷震全集》第 40 册第 275 页。
② 《雷震日记》1960 年 3 月 16 日,《雷震全集》第 40 册第 270 页。
③ 《雷震日记》1958 年 6 月 12 日,《雷震全集》第 39 册第 308 页。
④ 《雷震日记》1958 年 5 月 31 日,《雷震全集》第 39 册第 299 页。

许其回台。①这大概是蒋介石和台湾当局所能做出的对胡适最大限度的惩罚了。

胡适不知道蒋介石对他怀有极深的嫉恨心理。我们从近年公开的蒋介石日记中看得出,蒋介石对胡适的嫉恨心理简直出乎我们所有人的意料之外。我们知道,胡适1949年去美国是受到蒋介石的嘱托的。所以最初两年,尽管胡适在美对所托之事几乎无所作为,但彼此相安无事。从1952年冬胡适回台湾讲学开始,直至1960年雷震案最后判决为止,这八年左右的时间里,胡在蒋介石心目中几乎全是负面形象。(其中,只有1958年胡适回台湾就任"中研院"院长前夕,与蒋介石一次谈话后,蒋氏觉得"对其研究学术与办理大学意见颇多可取"②。)例如,1952年12月13日,蒋介石与胡适面谈之后,对胡适批评台湾没有言论自由之说甚反感,因为胡适用以证明台湾没有言论自由的证据主要就是没有人敢批评蒋氏父子。蒋在当日日记中写道:"此等书生之思想言行,安得不为共匪所侮辱、残杀。彼之今日犹得在台高唱无意识之自由,不自知其最难得之幸运而竟忘其所以至也。"③又如,1957年1月8日,蒋介石记道:"胡建中来函,胡适与其面谈'毁党救国'的主张,并由(有?——引者)反共救国会议修改宪法,解决国是之建议,殊出意外。此种文人政客真是无耻"④,是"宁

---

① 蒋介石日记,1960年8月31日。
② 蒋介石日记,1958年4月9日。
③ 蒋介石日记,1952年12月13日。
④ 蒋介石日记,1957年1月8日。

为共奴而不恤也"①。最令蒋氏愤恨的是1958年4月10日，胡适在其就任"中研院"院长典礼后的院士会议上，公然批评蒋介石致词中的错误。胡适认为，蒋氏的讲话至少有两点是必须加以澄清的：一是蒋氏说大陆共产党批判胡适是因为胡适提倡并力行传统道德。胡适批评说，共产党批判他不是因为什么道德问题，而是因为胡适提倡不受人惑，不被人牵着鼻子走的"科学方法"。另外蒋氏说，"中研院"应当配合反共抗俄的使命，以求其发展。胡适则说，我们还是应该走学术的路，从学术上反共救国。一向唯我独尊的蒋介石，竟然在一群最有学问的精英们面前受到胡适如此露骨的批评，心里极为愤怒。当日记道："今天实为我平生所遭遇的第二次最大的横逆之来。第一次乃是民国十五年冬——十六年初在武汉，受鲍尔廷（今通译作鲍罗廷——引者）宴会中之侮辱。而今天在中央研究院听胡适就职典礼（应是就职典礼后紧接着举行的院士会议——引者）中之答辞的侮辱，亦可说是求全之毁。我不知其人之狂妄荒谬至此。真是一个妄人。"当日，"因胡事，终日抑郁，服药后方安眠"。愤恨之余，蒋氏竟带诅咒的语气写道："惟余仍恐其心理病态已深，不久人世为虑也。"②5月30日又记道："今日一般政客，如胡适等，无道义，无人格，只卖其自由民主的假名，以提高其地位，期达其欲望。经儿（指蒋经国——引者）婉报胡适与其谈话经过，乃知其不仅狂妄，而且是愚劣成性，竟劝我要'毁党救国'。此与共匪之目

---

① 蒋介石日记，1957年1月9日。
② 蒋介石日记，1958年4月10日。

如出一辙。不知其对我党之仇恨甚于共匪之对我也,可耻!"[1]在蒋氏的日记里,充满着咒骂胡适的语言:什么"投机政客"[2]、"无赖政客"[3],"反动政客""无耻政客""狰狞面目"[4],"无耻之徒,反动敌人"[5],等等,不一而足。

在蒋介石第三次连任总统的呼声日高的情况下,胡适希望面见蒋介石,当面陈说蒋氏不宜三连任的道理。蒋介石断然拒绝,并称:"此种无耻政客,自抬身价,莫名其妙。诚不知他人对之如何厌恶也。可怜实甚。"[6]最不靠谱的是,蒋介石竟然认为胡适反对他三连任的动机是"必欲以其不知政治而又反对革命之学者身份,满心想来操纵革命政治"[7]。大概除了蒋介石本人,没有人相信胡适是怀着这样的动机反对蒋介石三连任的。胡适不过是希望蒋介石不要做违宪的事,创立一个和平转移政权的风范,以利于民主制度的进步。但作为独裁者的蒋介石,是不可能接受这一番道理的。

可惜,胡适完全想不到,蒋介石竟怀着对他如此深刻的嫉恨。所以,在雷震与反对党的问题上,胡适愿意给以道义的支持,这是大触蒋氏的忌讳的,是蒋氏及其集团所不能容忍的。

胡适在蒋介石周围,不乏一些很好的朋友,胡适应该可以较及

---

[1] 蒋介石日记,1958年5月30日。
[2] 蒋介石日记,1958年6月3日。
[3] 蒋介石日记,1958年12月22日。
[4] 蒋介石日记,1958年12月31日。
[5] 蒋介石日记,1959年1月29日。
[6] 蒋介石日记,1959年11月20日。
[7] 蒋介石日记,1959年11月27日。

时地知道蒋介石及其决策层的一些信息。所以,胡适对雷震组织反对党的支持逐渐有些变化。

1959年7月初,胡适去美国参加学术活动,雷震到机场送行时注意到一个情况,即当天没有一个政府官员为胡适送行。这是同以往的情况很不一样的。这说明,蒋介石及其政府当局,已经不把胡适当作诤友了。我们可以相信,深谙人情世故的胡适,也不可能不注意到这一点。

诚然,胡适始终没有改变支持雷震组党活动,但支持的力度,谈话的口气,是有变化的。1958年4月9日、4月20日,他曾两次对雷震表示,他可以参加雷震组织起来的反对党。①到同年11月29日,他仍然表示,只要雷震他们把新党组织起来,"他觉得好,可来参加"②。1958年5月,他在《从争取言论自由谈到反对党》的讲话里,还说到,雷震是争取言论自由的英雄,提议要给他铸铜像。

但到1959年,胡适两度谈论"容忍与自由",强调"容忍比自由还更重要",表明胡适的态度已发生变化。到1960年以后,情形有了更为明显的变化。1960年3月6日,胡适写信给雷震,寄给他写的赫尔回忆录的序,同时附上两封别人写给他的匿名信,信的内容是警告胡适:说雷震反对蒋介石三连任是国家民族的罪人,希望胡适不要跟雷震走,不要被雷震所利用。③胡适在信中特别提示:

---

① 《雷震日记》1958年4月9日、4月20日,《雷震全集》第39册第263、272页。
② 《雷震日记》1958年4月9日、4月20日,《雷震全集》第39册第414页。
③ 《雷震日记》1960年3月7日,《雷震全集》第40册第256页。

"下一期(指《自由中国》半月刊的第 22 卷第 6 期——引者)的稿子措辞要特别小心。"①据胡颂平记载,6 月 30 日,雷震同夏涛声来看胡适,请求胡适支持他们的反对党。胡适对他们说:"我不赞成你们拿我来作武器,我也不牵涉里面和人家斗争。如果你们将来组织成一个像样的反对党,我可以正式公开的赞成,但我决不参加你们的组织,更不给你们作领导。"②7 月 2 日,在出席雷震等参与的"选举改进座谈会"(实际就是他们进行组党活动的联络中心——引者)举行的宴会上,胡适明确表示,希望他们不要把组织新党叫做"反对党",还是叫"在野党"。8 月 4 日,胡适给雷震写信,明白地指出,雷震和他的朋友们在组党过程中,不宜对国民党过于采取"攻击人"的态度。胡适说:"你们的党还没有组成,先就痛骂人,先就说要打倒国民党,先就'对国民党深恶痛绝',国民党当然不会'承认'你们的党了。"胡适此信是在美国写的。信中还说到,千万不要等候胡适回台时再宣布成立新党。胡适说,早在出国前,五六月间,曾劝告他们不要把发表他们的《宣言》特意选在艾森豪威尔来台访问前夕发表。意思是不要刻意把两件本来不相干的事连在一起。这是不诚实。胡适责备雷震说:"我举此例子,表示你们的想法、看法、做法,我往往不能了解。我的想法、看法、做法,你(单指你老兄——原注)也往往不能了解(别人更不用说了)。"③胡适写此

---

① 《万山不许一溪奔——胡适雷震来往书信选集》第 226 页。
② 《胡适之先生年谱长编初稿》第九册第 3305—3306 页。
③ 胡适致雷震的信(1960 年 8 月 4 日),《万山不许一溪奔——胡适雷震来往书信选集》第 235 页。

信之后一个月，正当反对党即将正式成立之前，雷震及《自由中国》社的刘子英、马之骕、傅正四人被捕入狱。

胡适对雷震组织反对党的鼓吹与行动，由积极赞成到有保留地支持，以至不希望雷震把反对党的成立与他本人直接联系起来。表面看来，似是胡适因畏惧当局，为避祸而趋消极。我个人认为事情不是如此简单。我觉得，胡适支持成立一个能对执政的国民党起监督作用的反对党（胡适的意思最好叫在野党。其实，或许叫反对党更符合民主政治的本质），目的是维护一个稳定的反共基地。如果因反对党的问题，影响到这个反共基地的稳定，他是不会给予积极支持的。他的一贯原则是对蒋政权可以批评，但不能打倒。具体到他本人，对蒋政权，批评与谏诤，不能闹到决裂的地步。胡适不知道蒋介石内心对他那般嫉恨，他想不到蒋介石会对他采取什么极端手段，所以不存在畏惧与避祸的问题。从雷震被捕后胡适的公开表态来看，他没有一丝一毫肯定蒋介石的做法。蒋介石给雷震定的罪名是"通共"，而"通共"就是"叛乱"。此罪名的由来，是雷震出名担保并收留下来自大陆的一个叫刘子英的人在《自由中国》社做会计。国民党特务部门逼迫刘子英承认自己是中共特务。雷震担保并收留中共特务，就构成了"通共"罪，也就构成了"叛乱"罪。其实蒋介石之所以要惩治雷震，主要由于两条：一是他主持的《自由中国》半月刊，不断发表批评蒋介石和国民党的一党专制的文章，其中有些文章极其尖锐，如《取消一党专政》《我们反对军队党化》《"反共"不是黑暗统治的护符》《国库不是国民党的私囊》等等。这些极为尖锐的批判都是以"社论"的名义发表的。这是在舆论方面反蒋，反独裁专制。这已经让蒋介石受不了。而在反对蒋介石三连任的问题上，《自由中国》半月刊尤为旗帜鲜明。照傅正的说法，"《自由中国》半月刊坚决反对老蒋三连任，即是后来雷案的祸根"。①从蒋介石日记看得出，早在1957年，蒋介石就开始注意《自由中国》半月刊的问题。对其与美国在台机构与人员之间的联系，可能接受其津贴一事尤为敏感，对其与台湾地方人士的联系也十分警惕。因此，已把该杂志列入反动杂志，1957年8月，已开始与相关部属研究对该杂志"破坏国策之罪案"进行处理的问题。②到1960年7月，蒋氏已决心处治《自由中国》杂志，认为"《自由中国》半月刊，雷逆反动，挑拨台民与政府恶劣关系。如不速即处置，即将噬脐莫及，不能不作最后决心也"③。

如果说，《自由中国》是雷震用来在舆论上反蒋，反独裁；那么组织反对党，就是从行动上反蒋，反独裁。这是蒋介石尤其不能容忍的。

但是，办杂志批评政府，批评蒋介石，以及组织反对党，都不能拿到台面上作为罪案，于是只有另寻途径，构陷罪名。他们从刘子英下手，逼成雷震容纳共谍，知情不报，等于"通共"的罪案。刘子英承认自己是共谍，并已告知雷震自己的身份。蒋介石得到这个供词的报告时，非常兴奋。且看蒋介石日记：（1960年）"9月6日，主持情报会谈，据雷案之刘子英自供，其由匪共派来联络雷

---

① 《雷震日记》1960年3月6日，《雷震全集》第40册第272页。
② 蒋介石日记，1957年8月13日。
③ 蒋介石日记，1960年7月23日。

逆，且其初，已明告雷逆，而雷仍包蔽不控，且容留在家，并派定为自由中国刊之会计也。其通匪之罪确立矣。""9月7日，主持中央常会，指示乃建，雷案主要问题，因转移于刘子英匪谍与雷有重大关系方面，而以其社论叛乱涉嫌为次要矣。"(9月10日，上星期反省录)："雷案中刘子英已自认其为匪谍，此一发现甚为重要。"后来暴露出来的事实证明，刘子英的供词完全是被诱逼而成的。①

胡适即使心里明知刘子英供词是假的，他也无法就此立说，他只有凭他个人对雷震的了解，坚信雷震是"反共爱国"的。

雷震被捕的当天，时任"副总统"的陈诚就发电给胡适，告知消息。胡适当即复电称："鄙意政府此举不甚明智，其不良影响可预言：一则国内外舆论必认为雷等被捕表示政府畏惧并摧残反对党运动。二则此次雷公等四人被捕，《自由中国》杂志当然停刊，政府必

---

① 刘子英是蒋介石与台湾当局构陷雷案的关键人物。他服刑12年后出狱，1988年离开台湾回大陆探亲，行前给雷震夫人宋英写了一封表示忏悔的信。此信极其重要，故录其全文如下：

雷太太：

我实在愧对雷公和您了，所以不敢趋前面领罪责。回想当年为军方威势胁迫，我自私地只顾了自身之安危，居然愚蠢地捏造谎言诬陷儆公（雷震字儆寰，其朋友和同事尊称儆公——引者），这是我忘恩负义失德之行，被人讥笑怒骂自是应该。所幸社会人士大多明白这是怎样一桩冤狱。而您对我的为人罪行也似给以宽容，从未表露责怪之意，因而益使我无地自容。现在我要到大陆探亲去了，特将写就"辩诬"一文寄呈，以明心迹。如要公诸社会，致以动乱不安之情势益形扩大，则非所愿也。今天再谈正义讲公理似乎不合时宜，一切是非曲直留待后人评断，则或可不畏权势直言无隐，使真相大白也。

敬请
善自珍摄

刘子英敬上 七十七年八月。

（此信引自聂华苓：《三生三世》第306—307页，天津：百花文艺出版社，2004年）

将蒙摧残言论之恶名。三则在西方人心目中，批评政府与谋成立反对党与叛乱罪名绝对无关。雷儆寰爱国反共，适所深知，一旦加以叛乱罪名，恐将腾笑世界。今日唯一挽救方式，似只有尊电所谓'遵循法律途径'一语，即将此案交司法审判，一切侦审及审判皆予公开，乞公垂意。"①胡适根本不相信政府当局给雷震等人妄加的罪名，明确指出客观反响肯定不利于政府当局。他要求雷案应当交付司法审判，而不应由军法审判。因为全世界都不相信军法审判的公正性。

雷震被捕三天后，美联社记者电话采访胡适，胡适答称："我认识雷震多年……他是一位最爱国的人士，自然也是一位反共分子。他以叛乱罪逮捕，乃是最令人意料不到的，我不相信如此。""我对这件事的发生很感遗憾。"十天以后，他对合众国际社记者做了同样的表示。强调雷震是爱国反共人士。②

9月21日，胡适在纽约接见台湾《公论报》的记者也仍然强调，雷震"是一个反共爱国分子，这一点是无可置疑的"。又说："事到如今，我仍旧觉得在'反共''爱国'这一点上，他并没有做错什么。"③

10月8日，雷震被军事法庭以"通共""叛乱"罪，判决十年监禁。

10月22日，胡适回到台湾。一下飞机，就被记者包围。他的回答，仍集中在相信雷震是一位爱国反共人士。他说："我和雷震先生

---

① 《胡适之先生年谱长编初稿》第九册第3335页。
② 《胡适之先生年谱长编初稿》第九册第3336页。
③ 《胡适之先生年谱长编初稿》第九册第3337页。

相识多年，我自信至少有资格做这个证人，来证明雷震是爱国反共的人。"又说："雷震已成为自由中国言论自由的象征，换来的是十年坐监，这是很不公平的。"①

胡适在美国的言论，以及回到台湾时，在机场对记者的谈话，肯定令蒋介石不满。蒋在日记中，屡次记及胡适对雷案的态度：10月13日："胡适定于16日（实际是10月18日从美国动身，19日飞到东京，有毛子水等专程到东京迎接，22日始回到台北——引者）回来，是其想在雷案复判以前，要求减刑或释放之用意甚明。"骂胡适是"为害国家为害民族文化之蟊贼"。10月29日："昨（28）日上午召见岳军与（汪道渊）复判局长，指示对雷案速判的要旨。为胡适无赖卑鄙之言行考虑，痛苦不置。其实对此等宵小，不值较量，更不宜痛苦，惟有我行我事，置之一笑，则彼自无奈我何矣。"②

雷震一案，实际上也是蒋介石对付胡适的一次较量。因为无论《自由中国》杂志，还是反对党，都与胡适有很重要的关系。蒋介石既不能惩治胡适，但总要就雷案与胡适有所交代。可台面上又不好专就此一事召见胡适。于是他想出就胡适率团赴美参加重要学术会议，在美停留将近三个月，现在回来了，胡适应当有所报告才是。（按，胡适此次出国是完全由政府支付经费，其21名成员全部用的官员护照，临行前，蒋介石还曾亲自设宴为之饯行。有这样一些官样程序，胡适理应面见蒋介石，对其出国之行作出报告。）

---

① 《胡适之先生年谱长编初稿》第九册第3343、3344—3345页。
② 蒋介石日记，1960年10月13日、29日。

11月18日，胡适应召见蒋，在做了程序性的谈话之后，胡适谈起雷案。他首先说，政府不会"深知"雷案在海外引起的不利影响，因为当局的主要官员（包括蒋介石、陈诚等）都没有出过国，故无法"深知"海外的不良反应。特别是用军法审判，又是十分匆忙地审判，海外无人相信。这种做法让胡适感到在外人面前抬不起头。胡适如此表示，显然是没有站在政府当局的立场上。蒋氏遂对胡适说，他曾对某人说起，胡适近年来只相信雷震而不相信政府。希望某人把此意转达给胡适。但胡适从未听过有人转述此话给他，他觉得蒋氏此话分量太重，不能不加以辩驳。他重新提起当年蒋介石从大陆败退时，胡适曾郑重宣布："我愿意用我道义的力量来支持蒋介石先生的政府"。"我的道义的支持也许不值得什么，但我说的话是诚心的，因为我们若不支持这个政府，还有什么政府可以支持？如果这个政府垮了，我们到那儿去！"胡适说："这番话，我屡次对雷儆寰说过。"胡适又进一步说到他回台后，曾接受台湾地方人士邀请吃饭，也特别嘱咐他们：要延缓成立新党的时间，更要改变态度："第一，要采取和平的态度，不可对政府党取敌对的态度。……第二，切不可使你们的党变成台湾人的党，必须要和民、青两党合作，和无党派的大陆同胞合作。第三，最好是要能够争取政府的谅解，——同情的谅解。"胡适并婉转提到十年前，蒋氏曾希望胡适组织一个政党，现在胡适盼望蒋介石能把对胡适的雅量分一点来给今日要组党的人。

这里所记述的胡适与蒋介石的谈话，既可表示胡适相信雷震不是"通共""叛乱"者，不相信军法审判的公正，也表明他虽然支持争取言论自由，支持成立反对党，但他始终不忍与政府决裂的苦心。

当日，蒋介石是这样记述他与胡适见面谈话的过程。他记道："11月18日，召见胡适，约谈三刻时。彼最后提到雷震案与美国对雷案舆论，余简答其雷关匪谍案，凡破坏反共复国者，无论其人为谁，皆必依本国法律处理，不能例外。此为国家关系，不能受任何内外舆论之影响。否则政府无法反共，即使存在，亦无意义。余只知有国家而不知其他。如为国际舆论则不能再言救国矣。此大陆沦陷之教训，不能不做前车之鉴也。最后略提过去个人与胡之情感关系，彼或有所感也。"这里，蒋氏自觉完全是胜利者的高姿态，使胡适颇为受窘。然而，以我们史学家的后见之明看来，形势却是沿着胡适、雷震所预想的方向发展的。

2018年10月22日

胡适与梅光迪
——从他们的论争看文学革命的时代意义

一

当胡适以文学革命的倡导者和新文化运动领袖而声名大振的时候,除了林琴南之类的前朝遗老遗少们嫉视他和攻击他以外,还有一批以留学生为主将的所谓新保守主义者对他施以猛烈的攻击。他们办起一个刊物,叫做《学衡》,于1922年1月在南京出版。梅光迪是创办这个刊物的主要参与者和主要撰稿人之一。①该刊所发主要针对胡适的重头文章就有七八篇之多。其中尤以梅光迪、胡先骕两氏的文章攻击最烈,常挟有谩污之语。所以,胡适看了,颇不满意他们的格调。其1922年2月4日日记写道:"东南大学梅迪生等出的《学衡》,几乎专是攻击我的。"又道:"我在南京时,曾戏作一首打油诗《题〈学衡〉》:

《学衡》出来了,"老胡怕不怕?"(迪生②问叔永③如此——原注)

---

① 梅氏发表文章总数不多,但都是很能代表《学衡》精神的重头文章。如创刊号的《评提倡新文化者》,第2号的《评今日提倡新学术之方法》,第4号的《论今日吾国学术界之需要》等。

② 迪生,即梅光迪字,又字觐庄。

③ 叔永,任鸿隽字。任是四川垫江人。民国初立,曾任孙中山总统府秘书,1912年赴美留学,1918年回国。曾任四川大学校长、中央研究院总干事等职,中国科学社的创办人与主持人。

老胡没有看见什么《学衡》

只看见了一本《学骂》!①

梅光迪在《评提倡新文化者》一文中,不指名地骂胡适,"非思想家,乃诡辩家","非创造家,乃模仿家","非学问家,乃功名之士","非教育家,乃政客"。②

梅氏攻骂得如此厉害,而胡氏又大有鄙夷不屑的姿态,人们或不免以为两氏一向交恶,互为水火,从而疑及他们之间的争论或许是意气成分居多。

本文要通过他们的争论,透视文学革命的重大时代意义,首先要澄清他们的争论,非由交恶而来,甚至恰恰相反,乃是由其交谊颇密;互知短长,互相攻错而来。胡适自美归国前曾说:"吾数年来之文学的兴趣,多出于吾友之助。若无叔永、杏佛③,定无《去国集》;若无叔永、觐庄,定无《尝试集》。"7

胡、梅之交,颇有历史。

梅光迪(1890—1945)字迪生,又字觐庄,安徽宣城④人,是清初大学者梅文鼎之后裔。少年丧父,十二岁曾应童子试。当胡适在上海中国公学读书时,梅氏就读于复旦公学。其同舍同学胡绍庭是胡

---

① 《胡适的日记》(上)第258、260页,北京:中华书局,1985年。
② 见《学衡》第1期。
③ 杏佛,杨铨字。杨是江西玉山人。民国初立,任孙中山总统府秘书,1912年赴美留学,1918年回国。曾任东南大学工学院长、中央研究院总干事,参与创立民权保障同盟并任总干事,1933年被特务暗杀。
④ 宣城在胡适的家乡绩溪以北一百余公里。近年,绩溪从徽州专区划出,并入宣城专区。

适宗兄。绍庭每言及胡适,盛称其"负异才,能文章",梅氏从而"心志之"。1909年秋,有一次,胡适去看望胡绍庭,至其居舍,遂与梅光迪相识并订交。1910年夏,胡、梅两人同北上应庚款留美的考试。舟中数日,"每浪静月明,相与抵掌扼腕,竟夜不稍休止"。① 到北京后,胡适住在他二哥的朋友家,曾数次去会梅氏纵谈。考试结果,胡适入选而梅光迪落榜。迟一年,1911年,梅氏亦到美留学。胡在康奈尔,梅在西北大学,两人信片往来,极为频密。信中于国家事、家庭事、朋友间事、个人事及学问上事,无所不谈。他们都有很强烈的使命感,不但怀有学成报国之志,而且皆有意为祖国造新文学,皆有志弘扬祖国文化,唤起异邦有识者的敬意。胡适为此经常在当地报刊上发表文章,在各团体发表讲演,都得到梅光迪的衷心赞佩。梅氏在一封信中说道:"幸有适之时时登台,发彼聋聩,彼亦当不谓秦无人矣。天下最伤心之事,莫如蒙冤莫白,任人信口雌黄,而无有为之辩护者,吾国之旧文明、旧道德,自谓无让人处,而彼辈乃谓为heathen,是可忍,孰不可忍!足下真爱国男儿。足下一篇演说,胜吾国教会中人出版之各种报纸万万矣。"②梅氏对胡适的才华甚推崇,时而许之为"东方托尔斯泰"③,时而许之为"稼轩、同甫之流",冀其"将来在吾国文学上开一新局面"④。当他得知胡适被选为某会会员时,称他"真能代表吾族少年,尚望足下努力,他日在世界学人中占一位置,为祖

---

① 梅光迪为送胡适赴美而写的序,未刊残稿。
②③④ 梅光迪致胡适的信,未刊。

国吐气"①。胡适对梅光迪的才气亦颇赏识。可惜,他写给梅氏的信,不曾见到,只能在其《留学日记》中依稀看到一点点记录。1915年9月,胡适作《送梅觐庄往哈佛大学》诗,其中说:"梅生少年好文史,近更撷拾及欧美。新来为文颇谐诡,能令公怒令公喜。昨作檄讨夫己氏,倘令见之魄应褫。又能虚心不自是,一稿十易犹未已。"②但自从文学革命的辩论发生以后,胡适有关梅光迪的评论多含有箴规之义。例如,1916年1月19日《和叔永题梅任杨胡合影诗》,其中题梅氏之诗曰:"种花喜种梅,初不以其傲。欲其蕴积久,晚发绝众妙。"③又如1916年7月13日记道:"觐庄治文学有一大病,则喜读文学批评家之言,而未能多读所批评之文学家原著是也。此如道听途说,拾人牙慧,终无大成矣。此次与觐庄谈,即以直告之,甚望其能改也。"④这已经是相当直率的批评了。可以说,梅氏对胡适的期许,不为过誉;而胡适对梅氏的箴规,似亦颇近事实。

两人在文学革命问题上的争论,主要发生在1916年。其间有时争论得甚为激烈,几乎有决裂之势。例如,8月8日梅光迪致胡适信,开头即谓:"读致叔永书,知足下疑我欲与足下绝,甚以为异。足下前数次来片,立言已如斩钉截铁,自居'宗师',不容他人有置喙之余地矣。夫人之好胜,谁不如足下? 足下以强硬来,弟自当以

---

① 梅光迪致胡适的信,未刊。
② 《胡适留学日记》第784页。
③ 《胡适留学日记》第838页。
④ 《胡适留学日记》第955页。

强硬往。处今日'天演'之世，理固宜然。此弟所以于前书特恃强项态度而于足下后片之来，竟不之答者也。"① 又如 10 月 5 日梅氏致胡适信称："足下将弟前片掷还，本无足怪。因弟之讽刺惯习固不宜施之好友如足下者也。正拟作书自解，复来手札作道歉之语，足下之待友，真可谓真切大度矣！"② 梅氏发语"能令公怒令公喜"，而胡氏待人，有如"春风吹万碧"（杨杏佛语）。一则虽有些傲气，但颇坦诚；一则待友"真切大度"。所以，虽多次发生"友谊危机"，终获化解。以致胡适临归国时，仍以感激的心情回忆他与梅氏的交往，认为梅氏的反对，正是催成他的《尝试集》的促媒剂。

胡适回国后，任北京大学教授，又为新文化运动的领袖，声名甚著。他不忘故人，曾托任鸿隽约请梅光迪归国后到北京大学任教。但梅氏对北京大学方兴未艾的新文化运动颇持批评态度，故表示"决不作入京之想"。1919 年，梅氏归国，先落脚南京，"在那里大张旗鼓的讲演新文学，还带着攻击'Huism.'"③ 但第二年他任教于南开大学，遇到经济困难，还是写信向胡适求助。胡适自然是慷慨解囊。胡到天津讲学时，亦去看望梅氏。据梅氏说："数日之谈，总于彼此之根本主张无所更变，然误会处似较前为少。此亦可喜之事也。"④

梅光迪尽管不赞成胡适的许多主张，但对胡的事业一直是关注

---

①②④ 梅光迪致胡适的信，未刊。
③ 任鸿隽致胡适的信（1919 年 11 月 26 日），未刊。

的。1922年5月，胡适办起《努力周报》，发表"好人政府"的政治主张。梅氏见了，居然欣喜异常，写信说："兄谈政治，不趋极端，不涉妄想，大可有功社会。较之谈白话文与实验主义胜万万矣。"① 1927年，梅光迪赴美任教。这一年，胡适亦曾自欧赴美一游。两人异国相逢，重叙旧谊。足见，胡、梅两人是争论归争论，友谊归友谊，可算是中国学坛上一件有趣的事。

抗战时期，胡适在美从事外交活动，梅光迪随浙江大学辗转避至贵州遵义。不幸于抗战胜利之年，病死在那里。1946年，胡适自美归国，就任北京大学校长。时浙江大学校长，也是胡适的老朋友竺可桢先生代表梅氏家属，兼亦表示他个人的愿望，请胡适为梅氏写一篇传记。胡适答应了。但是，那时已到了烽火连天的时候，这篇传记似乎一直没有写成。

以上叙述胡、梅交往的大概情形，意在证明，他们在文学革命问题上的争论，完全是学术思想见解不同，并非意气之争。这样，我们就可以进一步从学术立场上去冷静分析和评估他们的争论了。

二

胡适每谈起文学革命的历史，都要提到留美学生监督处的钟文鳌。此人每月给留美学生分寄官费时，都顺便附上几张传单，其中就有主张废除汉字，实行罗马字拼音的内容。胡适因反对他轻率无

---

① 见《胡适文存二集》卷三第91页。

据的态度而引起对汉字问题的关切。胡适自幼在私塾读书时，已备感古文与日用语的互相背离之苦。至是，当深入研究这一问题时，乃提出"汉文（实指古文——引者）乃是半死之文字"，而白话是活文字的见解。①那是1915年夏天的事。当时，胡适的朋友任鸿隽、梅光迪、杨杏佛、唐钺都在康奈尔大学所在的绮色佳（今译作依萨卡）城过夏。他们朝夕过从，时有讨论，从中国文字问题讨论到中国文学问题。"这一班人中，最守旧的是梅觐庄。他绝对不承认中国古文是半死或全死的文字。"②为了反驳梅光迪，胡适不得不仔细检讨自己的立场和见解。由是而想得越多，议论亦越多，两人相辩难亦越多。梅氏愈辩愈保守，胡氏愈辩愈激进，终于激出"文学革命"的想法来。那时，梅氏已决定转学哈佛大学，而胡适亦将转学哥伦比亚大学。即将分手之际，亦正当辩论方酣之时。胡适乃乘辩论之余兴写成《送梅觐庄往哈佛大学》一诗。其中写道："梅生梅生毋自鄙。神州文学久枯馁，百年未有健者起。新潮之来不可止，文学革命其时矣。吾辈誓不容坐视，且复号召二三子，革命军前杖马棰，鞭笞驱除一车鬼，再拜迎入新世纪。以此报国未云菲：缩地戡天差可拟。"③这首诗鲜明地打出"文学革命"的旗帜，以迎接一个思想和文学的新世纪。并且预言，文学革命之有功于社会，只有近代的科技革命差堪比拟。这首诗的重要性还不止于此。它本身又可视为文学革命的实地试验。它随意引用新名词，不避俗语俗字，不受格

---

① 见《胡适留学日记》第759—760页。
② 《逼上梁山》，《胡适自传》第108页，合肥：黄山书社，1986年。
③ 《胡适留学日记》第784—785页。

律拘牵,叙事说理颇能自由。这都是前人诗少见的。任鸿隽见此诗,颇含讥刺地以诗中所有外国名词连缀成一首打油诗给胡适,诗曰:"牛敦爱迭孙,培根客尔文,索鲁与霍桑,'烟士披里纯',鞭笞一车鬼,为君生琼英。文学今革命,作歌送胡生。"①对这首游戏的打油诗,胡适却做了很庄重的回答。他的答诗说:"诗国革命何自始? 要须作诗如作文。琢镂粉饰丧元气,貌似未必诗之纯。小人行文颇大胆,诸公一一皆人英。愿共僇力莫相笑,我辈不作腐儒生。"②这里一是提出"诗国革命"的目标,二是提出"作诗如作文"的途径,可说是提倡白话新诗的先声。

这首诗惹起梅光迪的强烈反对。梅氏说:"诗文截然两途。诗之文字(Poetic diction)与文之文字(Pros diction)自有诗文以来(无论中西——原注)已分道而驰。"又说:"吾国求诗界革命,当于诗中求之,与文无涉也。若移'文之文字'于诗,即谓之革命,则诗界革命不成问题矣,以其太易易也。"③胡适见了梅氏的高论,大不谓然。第一,他不同意"诗文截然两途"的说法。第二,他认为梅氏误会了他的"诗国革命"的主张。他并非只是主张以"文之文字"入诗,他曾用心比较诗词进化的痕迹,以为诗词的发展趋势是愈益趋于不避"文之文字",以便于表现实在的思想感情与真实的景物。胡适所想望的诗界革命,本意主要在反对雕琢文句而无真实的内容。他在1916年2月3日日记中写道:"与觐庄书,论前所论'诗

---

① 《胡适留学日记》第788页。
② 《胡适留学日记》第790页。
③ 梅光迪致胡适的信(1916年1月25日),未刊。

界革命何自始？要须作诗如作文'之意。略谓：今日文学大病在于徒有形式而无精神，徒有文而无质，徒有铿锵之韵，貌似之辞而已。今欲救此文胜之弊，宜从三事入手：第一，须言之有物；第二，须讲文法；第三，当用'文之文字'时不可避之。三者皆以质救文胜之弊也。"①这以后，梅光迪于3月14日、3月19日两次致信再辩"诗之文字"问题。但究未提出"诗之文字"到底如何不同于"文之文字"。却说："文学革命，窃以为吾辈及身决不能见，欲得新文学或须俟诸百年或二百年以后耳。"并表示，自己"初有大梦，以创造新文学自期。近则有自知之明，已不作痴想"。这意思主要是表明，他决不肯做胡适的同道。

  胡适的文学革命与诗界革命，用意皆起于救文胜之弊，要求文学要有真实的内容。为表达真实的内容而要求文字方便适用。为了检验自己的主张，为了反驳和说服反对者，为了使自己的主张将来得以实现，他几乎把本应用于学位论文的时间和精力大部分用来研究文学，研究文学史。到1916年春间，他体认出中国文学，在历史上已经过几许革命了。"即以韵文而论，三百篇变而为骚，一大革命也。又变为五言、七言古诗，二大革命也。赋之变为无韵之骈文，三大革命也。古诗之变为律诗，四大革命也。诗之变为词，五大革命也。词之变为曲，为剧本，六大革命也。"②散文也经历了多次革命：孔子至于秦汉，中国文体始臻完备，议论、说理、记事之文，

---

① 《胡适留学日记》第844页。
② 《胡适留学日记》第862页。

皆有不朽。六朝之文本可观,但以骈丽盛行,文以工巧雕琢见长,文法遂衰。韩愈"文起八代之衰",功在恢复散文,讲求文法。初唐之小说家,亦"革命功臣"。至宋,已觉出古文不便谈哲理,遂有语录体盛行,此亦一大革命。至元代,词、曲、剧本、小说,"皆第一流文学,而皆以俚语为之。其时吾国真可谓有一种'活文学'出世。倘此革命潮流不遭明代八股之劫,不受明初七子诸文人复古之劫,则吾国之文学必已为俚语的文学,而吾国之语言早成为言文一致之语言,可无疑也"①。他从历史上这种文学革命的变迁中看出一个规律性的事实,那就是,"一部中国文学史,只是一部文字形式(工具)新陈代谢的历史,只是'活文学随时起来替代了死文学'的历史。文学的生命全靠能用一个时代的活的工具来表现一个时代的情感与思想。工具僵化了,必须另换新的、活的,这就是'文学革命'"②。胡适说,文学革命只是这种文字形式的革命,不免有些片面。但这种文字形式的重大变迁毕竟是文学自身历史变化的明显事实。到这时,胡适对自己的文学革命主张已充满自信。他坚信,白话文学必将成为中国新文学的正宗。

这年6月,胡适因赴克利夫兰城第二次国际关系讨论会,路过绮色佳,得以和他的朋友任鸿隽、杨杏佛、唐钺重聚。胡适在绮城停留八日,其间曾系统地向他的朋友们谈出自己已臻成熟的文学革命见解,细论白话文的种种好处,提出要"以白话作文作诗作戏曲

---

① 《胡适留学日记》第862—863页、866页。
② 《逼上梁山》,《胡适自传》第111页。

小说"的主张。①任、杨、唐诸位虽未接受胡的主张,但对胡的实地试验的态度已有某种容纳的精神。此后,任、杨诸位不时亦作几首白话诗送胡适,任鸿隽甚至决定科学社年会的演说也开始采用白话。

当胡适从克利夫兰返纽约,再过绮色佳时,恰值梅光迪亦在那里。梅氏仍大攻胡适的"活文学"之说。一是斥责白话鄙俚,不足与于文学;二是攻其"功利主义",而主张唯美主义。这第二点留待后面再说。

胡、梅的争论就在这时期达到了最高潮。

引发高潮的导火线是任鸿隽的一首古体诗。原来,胡适回纽约后,任鸿隽等继续在那里消夏。一日,诸友游该城之凯约嘉湖,不慎船翻落水。事后,任氏追记此次游湖翻船的事,作一首《泛湖即事》诗寄赠胡适。诗为四言古体,其写翻船一段曰:"忽逢波怒,鼍掣鲸奔,岸逼流回,石斜浪翻。翩翩一叶,冯夷所吞。"②胡适读后,认为"写覆舟一段,未免小题大做。读者方疑为巨洋大海,否则亦是鄱阳、洞庭"③。任氏自以为此段最为用力之作,却被胡适批评为"所用字句皆前人用以写江海大风浪之套语","故全段一无精彩"。且批评诗中用了许多"三千年前的死句"。④任氏为人憨厚,对胡氏的"全盘否定"的批评,仍答以"极喜足下能攻吾之短"。⑤

---

① 《胡适留学日记》第 939—943 页。
②③ 《胡适留学日记》第 975 页。
④ 《胡适留学日记》第 976 页。
⑤ 《胡适留学日记》第 976 页。

但胡适的批评被梅光迪看见了,他却大为不满。他写信给胡适说:"读致叔永片,所言皆不合我意。本不欲与足下辩,因足下与鄙意恰如南北极之不相容。……然片末乃以 dogmatige(教条、独断之意——引者)相加,是足下有引起弟争端之意。"于是他指责胡适视古字皆死,唯白话为活字,故"于叔永诗中稍古之字,皆所不取",直欲"尽屏古人所用之字,而另以俗语白话代之"。而"俗语白话""鄙俚乃不可言"。若如此类方为"活文学",则"村农伧父皆足为美术家矣!甚至非洲之黑蛮,南洋之土人,其言文无分者最有诗人美术家之资格矣"。①

胡适认为,梅氏误会了他的意思。他并不认为文字凡古皆死。他以为字无古今,而有死活。他也不认为凡俚语俗字皆美,但承认俚语俗字中包含有大量可供诗人美术家加以提炼的好材料。梅氏将俚语俗字拒之千里,视为鄙俚不堪,只配供村农伧父之用,这是他与胡适根本态度上的不同。胡适写了一首长篇打油诗回答梅光迪,以申说上述两层意思。全诗一百零六行,近千字,共分五章。兹引录其第一章与第五章如下:

(一)

"人闲天又凉",老梅上战场。②
拍桌骂胡适:"说话太荒唐!
说什么'中国要有活文学'!

---

① 梅光迪致胡适的信(1916年7月17日),参见《胡适留学日记》第977—980页。
② 梅致胡信开头有"天凉人闲,姑陈蒭言"之语,胡适遂如此起句。

说什么'须用白话做文章'！
文字岂有死活，白话俗不可当！
把《水浒》来比《史记》，
好似麻雀来比凤凰。
说'二十世纪的活字
胜于三千年的死字'
若非瞎了眼睛，
定是丧心病狂！"

(五)

"人忙天又热，老胡弄笔墨。
文章须革命，你我都有责。
我岂敢好辩，也不敢轻敌。
有话便要说，不说过不得。
诸君莫笑白话诗，
胜似南社一百集。"①

中间第二章，申明字无古今，却有死活。第三章，讲文章亦有死活之分，反对今人强学古人，作几千年前的文章。第四章，讲俚语俗字正是文学家锻炼出好文章不可缺的材料。

胡适用打油诗的诙谐笔法来申说己意，原想或可较严肃的辩论更易于为老梅所乐闻。不想，事与愿违。梅氏读此诗，觉得"如儿时听'莲花落'，真革尽古今中外诗人之命者"。认为胡适的白话诗

---

① 《胡适留学日记》第965—974页。

是附庸西洋诗界革命之徒,"皆喜以前无古人,后无来者自豪,皆喜诡立名字,号召徒众,以眩骇世人之耳目,而己则从中得名士头衔以去焉"①。这封信于文学革命、白话文、白话诗等几乎毫无讨论,而唯力言胡适附和"新潮流",好名邀誉,词气颇近攻讦。他认为,近世欧洲思想界、宗教界、文学界,概由"新潮流"得势,弄得"真伪无分,美恶相淆",他甚至认为这是欧洲大战的一个原因。他警告胡适:"新潮流者,乃人间之最不祥物耳"。要他"勿剽窃此种不值钱之新潮流以哄国人"。且声明"此为最后忠告"。②

可以想象,胡适见此信,定是老大不高兴。而且"最后忠告"一语,亦未免言之过重。胡适竟以为,老梅从此不再与他来往了。所以在给任鸿隽的信中说及老梅要与他决绝。此信又为老梅见到,赶紧给胡写信,一则说明并无"与足下绝"之意,二则又"更进数言"。此信近二千言,主要意思:(一)其所以怀疑"新潮流",乃因"自负过高,不轻附和他人"。言外之意,是说胡适自无主见,轻附他人。(二)文章体裁应严加分辨。"诗为人类最高最美之思想感情之所发宣","非白话所能为力"。(三)白话"其源出于市井伧父之口","故有教育者摈之于寻常谈话之外,惟恐不及,岂敢用之于文章?"(四)文章愈高,用字亦愈精细。莎士比亚为"贵族诗人",其著作用字达一万五千。中国古人用字亦极精细。例如称二岁马为

---

① 梅光迪致胡适的信(1916年7月17日),未刊,《胡适留学日记》第981—983页有摘要。

② 梅光迪致胡适的信(1916年初月报7日),未刊,《胡适留学日记》第981—983页有摘要。

驹,三岁或四岁马为駣,八岁马为䭾,白额马为駁,饱食之马为駓,……等等。(五)提出他自己的所谓"文学革命"主张:(1)摈去通用之陈言腐语如南社诸子的俗套;(2)效古人对马的分别称呼那样,恢复古字,尽量增加字数;(3)添入新名词;(4)"选择白话中之有来源有意义有美术之价值者之一部分加入文学"。但他声明:第二点"最有效用",而第四点"最轻、最少效用"。①看来,梅氏所谓文学革命是在革去其俚俗性,而提高其贵族性。其宗旨不啻是与胡适为"南北极之不相容"。

胡适接此信,未即作复。两三个月间,颇用力于实地试验白话诗,居然成了《黄蝴蝶》《尝试歌》《他》《赠经农》等几首白话诗。②这以后,胡、梅两人仍续有争论。但大部分已离开文学革命本身的具体问题。从中颇可看出,他们的争论具有更深层的时代意义。

三

胡适与梅光迪的争论,一直延续到20年代,争论的范围不局限于文学革命的问题。但要了解他们争论的时代意义,还必须从引起争论的白话文学的问题入手加以分析。

首先一个问题就是白话文学取代古文文学的正宗地位,究竟是不是一种正当的历史要求?

---

① 梅光迪致胡适的信(1916年8月8日),未刊,《胡适留学日记》第1008页有摘要。

② 这几首诗后来都收入《尝试集》(《他》于增订四版中删去)。

我们都知道，用白话作文作诗本不是胡适的发明。但明确地主张白话文学应为文学的正宗，并发动和领导了有充分自觉意识的文学革命运动，这确是胡适的功劳。我在《论胡适在文学革命运动中的作用》（本书中改题为《引领文学革命》——作者）①一文中，曾简述清末开始的白话文兴起的历史，像黄遵宪、梁启超、狄葆贤等等，都曾有提倡白话文的言论。1898年，《无锡白话报》创刊，甚至提出了"白话乃维新之本"的说法。②此后一个时期，白话报刊颇盛行，皆以开民智、救国、富国相号召。也有不少白话小说问世，报刊上也经常出现一些新民谣。那时革命派和立宪派还经常利用白话讲演和白话传单来号召群众。可以说，在清末，已经形成了白话文的客观需要。在应用范围内已经逐渐产生了白话文取代文言文的趋势。只是在纯粹文学范围内，特别在诗歌领域内，古典主义仍占居绝大的优势。只要看看热心革命运动的南社诸子的作品就可知道，即使思想已很前进的文人，仍以古文和旧体诗为正宗。这就造成了明显的不协调的状况：一方面是如火如荼的政治革命和政治改革运动；另一方面，文艺却大多仍沉浸在古典主义之中。一方面，政治上进取的人们需要群众参加他们的运动，所以作些白话宣传品给他们看；另一方面，对于文学艺术，他们仍视为自己所属的一群"上等人"的禁脔，不许"下等人"的群众分享。正是针对这种情况，

---

① 此文原为应北京出版社文艺部之邀而写。初名为《胡适与五四文学革命运动》，发表于《中国现代文学研究丛刊》创刊号（1979年10月），收入《胡适研究论稿》时，改题为《论胡适在文学革命运动中的作用》。

② 裘廷梁：《无锡白话报序》，转见《时务报》第61册。

胡适提出了"吾以为文学在今日不当为少数人之私产,而当以能普及最大多数之国人为一大能事"。①这正好道出了文学世俗化的客观历史要求,道出了白话文学取代文言文学是一种历史的必然趋势。梅光迪责备胡适提倡白话文是附会欧洲的什么新潮流,实是梅氏自己脱离实际,不了解中国社会思想、文学艺术发展的脉络和趋势,是自外于历史潮流的缺乏真知灼见的议论。

我们在胡、梅两氏的争论中,可以清楚地看出平民主义与贵族主义两种不同的思想趋向。胡适认为,文学"当以能普及最大多数之国人为一大能事"。而梅光迪则认为,文学尤其是诗,"乃人类最高最美之思想感情"的表现,决不可以"出于市井伧父之口"。若作白话诗,"此等诗人断不能为上乘,不过自好其好,与诗学潮流无关"。②后来,文学革命运动已经席卷全国的时候,梅氏犹悻悻然指责"新文化领袖人物,一切主张皆以平民主义为准则"。③在梅氏看来,上等人连平日谈吐都不屑用寻常人的语言,何况写文作诗,涉于"高文美艺"之境者? 这是近代中国一部分守旧文人的典型心态。国家被侵略,"国将不国",社会风气日下,礼教沦丧,思想潮流纷纷涌入,儒学一尊已被打破,昔日以宗国砥柱、礼教传人、圣贤弟子自居的这批人,到这时,可以夸耀于人,而又足以自慰的,似乎只有他们能诗能文的"才华"了。他们的诗文,不以内容、思想取胜,而唯以文辞古奥、用典奇僻和韵调变化的技巧相夸示。他

---

① 《胡适留学日记》第 956 页。
② 梅光迪致胡适的信(1916 年 8 月 8 日),未刊。
③ 梅光迪:《评今人提倡学术之方法》,《学衡》第 2 期。

们深深陶醉于这种外国人所没有，寻常中国人所不懂的文字游戏之中。王树枏夸称"宇宙古今之至美，无可以易吾文者"①。贵族主义、古典主义的文学是中国一部分精神贵族式的文人的最后一块世袭领地。梅光迪本不属这类人。但由于他深受乃师白璧德的新人文主义的影响，又个性过于清高自持，好引古人、外人以求自胜，不肯研究实际问题，遂不免于文学见解上沾染文人气习。1922年4月，梅光迪发表《论今日吾国学术界之需要》，进一步为其贵族主义观点辩护。他说："学者为少数之事，故西洋又称智识阶级为智识贵族。人类天才不齐，益以教育之差，故学术上无所谓平等。平民主义之真谛在提高多数之程度，使其同享高尚文化及人生中一切稀有可贵之产物，如哲理、文艺、科学等；非降低少数学者之程度以求合于多数也。"②此论初看起来，似颇有理。实则只是脱离实际的空论。知识阶级如果真想提高多数人的程度，他们就必须去了解多数人，就必须用多数人能了解的语言和表达方式去接近他们。而这样做，实际就是文化下移的过程，就是平民化的过程。表面上看起来，好像是降低少数以迁就多数。实则是为学术文化铺垫更广阔更雄厚的基础。在这种普及化平民化的过程中，一定会发生大量的新问题，给少数富有天才的学者、文艺家提供创造的新机会。坚持贵族主义立场的人，不懂得这个很平常的道理。

提倡平民主义文学，不单是胡适一人的主张，陈独秀的《文学

---

① 王树枏：《故旧文存自序》，《故旧文存》，1927年陶庐印引。
② 《学衡》第4期。

革命论》标明三大主义,其第一条即为"推倒雕琢的阿谀的贵族文学,建设平易的抒情的国民文学"。其第三条("推倒迂晦的艰涩的山林文学,建设明了的通俗的社会文学")也包含同样的意思。①平民主义之所以必需,是因为社会起了大变化,贵族与平民的壁垒已渐打破,人群的生活社会化了,文化下移的趋势更明显了。如果说宋明之际,已有市民文学产生,那么到了清末以至民国,下层群众,包括工人、农民、小店员等等,也都有了文学上的需要,这是一方面。另一方面,因社会生活的变化,引起文学家刺激感奋的已不只是君相豪杰、宫廷贵府以及文人小圈子内的事情,世界与国家,社会与家庭,城市与农村,工人与农民,青年与妇女,各领域各阶层的事都进入文学家的视野。从前的文人,其笔下只有清风明月,醇酒美人,或感叹身世,或知交酬唱;稍涉世事往往不出善恶相报、因果循环一类说教式的东西。现在,按胡适的平民主义要求,必须大大推广文学材料的范围,"如今日的贫民社会,如工厂之男女工人,人力车夫,内地农家,各处大负贩及小店铺,一切痛苦情形……一切家庭惨变,婚姻痛苦,女子之位置,教育之不适宜……种种问题,都可供文学的材料。"②

由此又可见,胡适提倡白话文学取代文言文学的文学革命运动,实在又是为了扩充文学的社会内容,导扬现实主义。我在前面提到,胡适的文学革命观念最初的酝酿即是起因于旧文学的大病在

---

① 见《新青年》2卷6号。
② 《建设的文学革命论》,《新青年》4卷4号,又见《胡适文存》卷一。

于"文胜质",有形式而无内容,无灵魂。所以,当他发表那篇文学革命的第一篇宣言书《文学改良刍议》时,第一条要求就是"须言之有物"。以下又有"不作无病之呻吟","务去烂调套语"等等,大旨都在提倡写实主义。①陈独秀的三大主义第二条:"推倒陈腐的铺张的古典文学,建设新鲜的立诚的写实文学"②,也是提倡写实主义。写实主义文学与形式主义和唯美主义文学的最大不同,即在于前者追求内容的真实,追求对真实内容的最有力的表达。后者则不关心内容的真实与意义。它把文学的美看作是可以离开内容而独立存在的东西。胡适在自觉提倡文学革命之前,在文学欣赏上即偏爱写实主义。对写实主义的追求成为他倡导文学革命的始初动因。在胡适看来,表达真实内容的最好办法就是"要有话说,方才说话;……有什么话,说什么话,话怎么说,就怎么说"。③显然,这只有白话文学才能办得到。因此,他坚信:"白话文学之为中国文学之正宗,又为将来文学必用之利器,可断言也。"④

与胡适相反,梅光迪不赞赏写实主义,我们从他与胡适辩论中所发表的反对文学革命的言论中可以很清楚地看出他的形式主义和唯美主义的倾向。他在谈到诗的创作时,特别强调遣字用词要"择而又择,选而又选,加以种种格律音调以限制之"。这样做的目的,不是为把真实的思想感情表现得更充分,更逼真,而是只有这样

---

① 《新青年》2卷5号,又见《胡适文存》卷一。
② 《新青年》2卷6号,又见《陈独秀文章选编》(上)。
③ 《建设的文学革命论》,《新青年》4卷4号,又见《胡适文存》卷一。
④ 《文学改良刍议》,《新青年》2卷5号,又见《胡适文存》卷一。

做,"而后始见奇材焉"。①这正是旧式文人穷其目力,追求在文字技巧,排比对仗,音韵变化等方面争奇斗胜的心理。梅氏鄙视白话,唯因其出于村农伧父之口,不能得文人"美术家"的认可,而完全不问其是否可以表现文学的内容。有时他也勉强承认白话中有一小部分可以入于文学。但必须经过专门"美术家""慎之又慎"地加以"锻炼";未经专门"美术家"刻意"锻炼"过的白话,"乃鄙俚不堪言",绝不能入文学的殿堂。②他完全不理解,真正文学的美,只存在于真实的生活、真实的思想和真实的感情得到逼真的表现之时。即以诗词论,那些真正足以流传千古,为人叹赏不绝的,还是那些最能真实表现生活、思想、感情的作品。而这些作品基本上都是以比较朴素的语言来表达的。那些专意雕琢文句,堆砌典故的诗匠们的作品,只有供后来二三流诗人刻意模仿之用,在文学上甚少价值。

　　胡适倡导文学革命,有一个最基本的观念就是历史进化的观念。他认为"一时代有一时代之文学"。"古人已造古人之文学,今人当造今人之文学"。③他指出,生今之世,而强效古人的腔口说话,乃是最没有出息的。他从中国文学进化的趋势上认定,古文已是半死或全死的文字,在古代尽可以产生第一流的古文学;在今日则决不能产生第一流的文学。白话文学早已产生,只是还不曾占居主要地位。宋元以来,白话文学已得到相当的发展,小说、词曲已

---

①② 梅光迪致胡适的信(1916年8月8日),未刊。
③ 《历史的文学观念论》,《新青年》3卷3号,又见《胡适文存》卷一。

有第一流的文学产生。胡适给予《水浒传》《西游记》《红楼梦》诸书以很高的评价，认为，"我辈生于今日，与其作不能行远、不能普及的《五经》、两汉、六朝、八家文字，不如作家喻户晓的《水浒》《西游》文字"①。

梅光迪不承认文学进化的观念，他只承认古已有之的东西，只承认文学大家们所已承认过的东西。因《水浒传》《西游记》《红楼梦》等白话小说已有名家给予承认，所以他也勉强承认"白话可以作小说"。但他强调："文章体裁不同，小说、词曲固可用白话，诗文则不可。"②胡适说，白话之未能见盛于诗文，不过是因为古已有之的"白话诗确是不多"，尤其没有人"用全力作白话诗词"，更没有人"自觉的作白话诗词"。③所以他说："现在我们的争点，只在'白话是否可以作诗'的一个问题了。"他下决心"要作先锋去打这座未投降的壁垒，就是要用全力去试作白话诗"④。当时他在给任鸿隽的信上说："白话之能不能作诗，此一问题全待吾辈解决。解决之法，不在乞怜古人，谓古之所无，今必不可有，而在吾辈实地试验。"⑤

胡适这时已是实验主义的自觉信徒。他不迷信，不盲从。他认准了中国文学进化的大趋势，必将是白话文学取代文言文学。因而便不怕议论讥笑，从事实地试验。1916年9月3日，他写了一首论

---

① 胡适致任鸿隽的信（1916年7月26日），《胡适留学日记》第993页。
② 梅光迪致胡适的信（1916年7月24日），《胡适留学日记》第981页。
③④ 胡适：《逼上梁山》，《胡适自传》第123页。
⑤ 胡适致任鸿隽的信（1916年7月26日），《胡适留学日记》第989—900页。

尝试的白话诗，名曰《尝试歌》。其中说："'尝试成功自古无'，放翁这话未必是。我今为下一转语：'自古成功在尝试！'请看药圣尝百草，尝了一味又一味。又如名医试灵药，何嫌'六百零六'次。莫想小试便成功，天下无此容易事！……我生求师二十年，今得'尝试'两个字。作诗做事要如此，虽未能到颇有志。"①在上面提到的那封给任鸿隽的信上，胡适发誓说："吾志决矣。吾自此以后，不更作文言诗词，吾之《去国集》乃是吾绝笔的文言韵文也。"②

坚信实验主义的胡适，在朋友们的反对声中"单枪匹马而往"，努力作白话诗的尝试，并预先决定了他将来的白话诗集取名曰《尝试集》。这本诗集终于在 1920 年春天由亚东图书馆出版。其艺术成就虽不高，但其新鲜活泼的精神和试验主义的态度却颇得好评。连老辈的梁任公先生读了以后，也为之"欢喜赞叹，得未曾有"。③更有一大批年青的文学爱好者追随其后，新诗集相继问世，有不少在艺术上超过了胡适。虽不能说白话诗已获成功，但白话诗将成为中国新诗的唯一大道，则已确定无疑。

梅光迪既不赞成文学进化观念，更不欣赏胡适的"尝试"态

---

① 《胡适留学日记》第1020页。按此诗原有序，谓陆游观能仁院前古石像所作诗："尝试成功自古无"，与其"主张实地试验主义正相反背"。实则，陆游原意亦在批评"莫想小试便成功"。胡适因有感于任鸿隽说他的"白话诗试验完全失败"而心里不服，于读陆游此诗时，不求甚解，乃借题发挥其试验主义的主张。
② 《胡适留学日记》第994页。
③ 梁启超致胡适的信，见耿云志：《胡适研究论稿》第373页，成都：四川人民出版社，1985年。

度。他偶尔发议论也承认中国文学应当改革。但他心目中的改革应由大家公认的"文学大家"来实行。他有时也承认,民间文学应有可借鉴之处,白话中有小部分也可以用于文学。但必经过他心目中的"文学大家"加以锻炼。胡适的试验,他完全不放在眼里。因为胡适当时同他一样只是个留学生,还不是人们公认的"文学大家"。胡适在批评梅光迪1916年7月17日的信时,曾写道:"所谓'美术''美术家''锻炼'云者,究竟何谓? 吾意何须翘首企足,日日望'美术家''诗人''文学大家'之降生乎? 何不自己'实地试验',以为将来之'诗人''美术家''文学大家'作先驱乎? 此吾二人大异之点也。"[1]这的确是他们两人的"大异之点"。一个是投身到时代潮流中勇于试验的先锋;一个是站在时代潮流之外做评头品足的批评家。而这位批评家所尊信的理论恰是反对新潮流的保守主义。所以,在他们的争论中已显示出具有超出文学革命范围的更广泛更深刻的时代意义。

四

梅光迪不但不承认文学进化的观念,而且根本上不承认卢梭以来的西方近代文明是历史的一种进步。有一次他批评胡适:"足下崇拜今世纪太甚,是一大病根,以为人类一切文明皆是进化的,此弟所不谓然者也。科学与社会上实用智识(如Politics Ecoromics)可以

---

[1] 《胡适留学日记》第980页。

进化，至于美术、文艺、道德则否。"①他激烈抨击欧美社会"近百年来食卢梭与 Romantic movement 之报，个人主义之趋极端，其流弊乃众流争长，毫无真伪美恶之别……"②遂使"价值混乱，标准丧亡，天下皆如盲人瞎马。卒之，抉择之力失，智识上之发达退步千里。"③在他看来，西方近代文明不但没有进步，而且退步千里。值得注意的是，他还认为，第一次世界大战就是这种文明退步的结果。他说，由于"真伪无分，美恶相淆，入主出奴，互相诋毁，而于是怨气之积，恶感之结，一旦横决，乃成战争"。④他对未曾直接蒙受第一次世界大战战火之灾的美国亦十分鄙夷。他批评道："吾辈眼见美国人行事异常灵便，初皆惊之，羡之。其实，美国人乃最偷闲苟安者也。惟其偷闲苟安，故只顾目前生涯，而于人生大问题皆不能顾。其思想之鄙野与志气之颓败乃出人意料之外。"⑤他甚至于讽刺白宫主人乃"志行薄弱"者。

在梅氏看来，除了科学技术等社会上实用知识，欧美较有长处外，其余皆不如中国远甚。而且简直是堕落不堪。所以他对胡适说："我辈决不能满意于所谓 Modern Western Civilization，必求远胜于此者，以增世界人类之福。"⑥远胜于西方近代文明的东西在哪里呢？ 他认为应当向中国古代去寻找。而对于中国古代文明，他的看法也很独特。他说："晚周诸子之时，学术思想自由极矣。然平心

---

① 梅光迪致胡适的信（1916年10月19日），未刊。
②⑤ 梅光迪致胡适的信（1916年7月24日），未刊。
③④ 梅光迪致胡适的信（1916年10月5日），未刊。
⑥ 梅光迪致胡适的信（1913年5月2日），未刊。

论之,其大多数皆无存立之价值者。"①而秦汉以来之学术又受祸于一尊,亦不可取。他的结论是必须复兴孔教。他说,改良社会必先改良个人,即"养成君子"。"养成君子之法在克去人性中固有之私欲,而以教育学力发达其德慧智术。"②孔子所教"修身、齐家、治国、平天下"的道理正是养成君子的最好途径。他认为:"吾国文化之目的在养成君子。"此种文化今日正当大力发扬。故"吾国之文化尚须为孔教之文化,可断言也"。③

我们从梅氏的言论、思路看,完全可以说他是中国现代新儒家的先驱人物。只是他不像梁漱溟或熊十力那样,有系统阐扬自己主张的著作行世,所以影响不大。

梅氏确信"孔子之大,实古今中外第一人"④。早在1912年,他就有意要发起孔教研究会,发行中英文杂志。并表示,若此会能成,"将竭毕生之力从事于此"⑤。后来此事无成,对陈焕章的孔教会甚为推许,认为陈"真豪杰之士,不愧为孔教功臣"⑥。

承认孔子为二千年前的一位大思想家、大教育家,承认他的思想对中国文化的发育成长有重要影响,承认其思想中某些精华至今仍葆有一定意义,因而对孔子存敬仰之心,这是很可以的,是无可厚非的。但因尊孔子而遂将诸子学说贬为"无存立之价值";因尊孔子而视二千年来无进化;因尊孔子乃将欧美近代文明说得一团

---

① 梅光迪致胡适的信(1916年10月19日),未刊。
②③ 梅光迪致胡适的信(1916年12月28日),未刊。
④ 梅光迪致胡适的信(1913年2月16日),未刊。
⑤⑥ 梅光迪致胡适的信(1912年6月25日),未刊。

糟；如此之类，则决不能认为是健全的思想。

　　胡适尊信进化论，正如受《天演论》影响的那一整代知识分子一样，他相信进化是一个普遍性的事实。决不像梅光迪所想的那样，只有实用知识才有进化，而文艺、美术、道德等等则千古不变。胡适在上海中国公学读书时，即已运用进化论的思想观察国家命运问题，而著成文章。①在美国留学时期，他更直接阅读赫胥黎等人的著作，确信进化论是求学论事观物经国普遍适用的方法论②，在进行文学革命问题的研究与辩论时，进化论更是他的主要理论根据。

　　梅光迪以庸俗化的眼光看待进化论。他认为，胡适的文学革命主张是模仿欧美的"新潮流"，其所以模仿，是相信"新潮流以其新出，必能胜过古人"③。我们研究过胡适有关文学革命的论述，知道他立论决不如此简单。他通过研究中国文学史而认识到中国文学自有一种逐渐趋向白话的大趋势；他观察社会的需要而知道白话必定要代替古文成为新文学创作的利器。这些都决非模仿什么西方的新潮流，而是处处从中国文学史的事实和中国新文学发展的现实需要上立论。

　　至于对自卢梭以来欧美社会与文明的发展，胡适显然没有梅光迪那种反现代主义的倾向。他在《留学日记》里留下了大量有关美国社会、人情、风俗、政治与文化教育设施等等的记述，都持以同

---

① 见《胡适研究论稿》第322页。
② 见《胡适留学日记》第167页。
③ 梅光迪致胡适的信（1916年10月19日），未刊。

情、肯定甚至称赞的态度。在胡适的笔下，我们看到许许多多具有高尚情操与道德修养的美国男女，完全不似梅光迪眼中的美国人"偷闲苟安""思想鄙野""志气颓败"。这一明显的对照反映出他们两人对欧美近代文明的不同评价。胡适回国后，更有系统地宣传欧美近代文明的进步，这是人所皆知的事实。胡适相信，中国迟早也必将走上科学与民治之路。他决不想向古人祈灵来解决中国所面临的现代问题。他对孔子也有敬重。但他对墨子、老子乃至公孙龙子等等也都有极大的兴趣。所以，在他的《中国哲学史大纲》（卷上）中，是以"平等的眼光"（蔡元培语——引者）来对待先秦诸子的。他绝对不赞成神化孔子，建立尊孔的道统。他认为中国思想界一个大弊病就是喜欢把古人神化，然后借着被神化了的古人的招牌，肆无忌惮地贩卖私货、假货。他之所以喊出"打孔家店"的口号，本意即在此。遗憾的是，至今仍有人认为"打孔家店"就是"打倒孔子"。二千年前的孔子自有其二千年前的历史地位，后人无法打倒他。而孔子对后世的影响，这本来是可以用冷静的研究加以廓清的事实，既无需过分夸饰，也无需故意抹煞。新儒家学者与极端反孔的人，都不是以研究问题的态度对待孔子。前者基于反现代主义的情绪而向古人祈灵；后者则愤慨中国近世的落后，把责任推给古人。胡适是一个理性主义者。他既不赞成新儒家的立场，但也不是一个极端反孔的人。

梅光迪因指责近代社会"价值混乱""标准丧亡"，而"欲吸取先哲旧思想中之最好者为一标准，用之以辨别今人之'新思想'"[①]，这

[①] 梅光迪致胡适的信（1916年10月5日），未刊。

是反现代主义者的典型心态。他所选取的"旧思想中之最好者"就是孔子思想、儒家思想。以孔子之标准来衡量今人之思想，决其弃取。这是新儒家学者们的一个基本要求。

与梅光迪相反，胡适在《新思潮的意义》这篇影响很大的文章里提出一个中心口号："重新估定一切价值！"这与梅光迪的态度恰成对照，也同新儒家及一切文化保守主义者、反现代主义者恰相反对。以古人为标准，自然是向后看。即使不是全面复古，至少要求人们在精神上尊奉先哲教条。相反，以现实的需要和今人的标准反观古人，则不能不有所批评，有所取舍，必然要否定古人的某些教条。其实，历史的发展，特别是思想、学术的发展，从来就是因为现实需要提出了新问题，前人的教条不足以应付，有些不甘做古人奴隶的人，破除成见，大胆探索，提出新的思想、新的方法，解决新的问题。于是，思想、学术就增加了新内容，就向前推进了一步。

社会文化方面的进步自然不像科学技术的进步那样容易被普遍确认，那样容易加以验证，那样近乎直线式地积累升高。有时确会出现很曲折的现象，"新"不如旧的情况也是可能发生的。例如，民国初年的政治界、官僚社会及文化思想界，其腐败堕落使人感到有甚于清末者。但这并不足以否定社会进化的大趋势。旧纲解纽，新纲未立，人的社会行为一时失去约束力，出现暂时的道德失落，这不是什么不可以理解的事情。但人们对这种状况表现得那样不堪忍受，提出那样激烈的批评，这正足以表明人们已不像从前那样麻木，正足以表明人的觉悟已经前进了一步。人们已经接受了某些新观念，因此对旧事物的种种变态表示如此的厌憎。

一般地说来，反现代主义者、文化保守主义者，他们批判现代社会的某些消极面，不无一点积极的意义。但他们采取逃避现实，向后看的态度是完全错误的。

由于背对现实，以古人教条为标准，梅光迪缺乏具体分析问题的能力。这差不多也是中国许多文化保守主义者、新儒家学者的共同弱点。在梅光迪批评和反驳胡适的言论中，从来不具体分析胡适的论点、论据，也从不对文学史上的具体问题做具体分析。只是一味坚持中外前人的成见，对胡适的探索横加指责。他发表在《学衡》上面的批判文章，最明显地表现出他的思想方法的特点。其《评提倡新文化者》一文，满纸满篇都是谴责和声讨，绝未对所批评者的论点、论据做任何具体分析，撷拾一些现象，加以比附类推，似是而非，模糊笼统。没有思想训练的人，有可能被这种模糊影响之谈所惑。但有思想训练的人，就会提出一些问题：新文化提倡者们到底有哪些主张，这些主张何时提出，见于何处？这些主张提出后，发生过何种影响？如此等等。这些问题在梅光迪的文章里完全得不到答案。而这些问题不弄清楚，就不可能对新文化提倡者们做出有说服力的批评。

举例说，梅氏文中抨击"提倡新文化者"的第三条罪状是"彼等非学问家，乃功名之士也"。按理，作者应指出"提倡新文化者"的言论著作如何错谬百出，以显其无心于做学问；另一方面再指出他们如何奔走钻营，以邀名利。但文中全无这两方面的材料，而只是说，从前好功名的人，趋奉君主。如今没有君主了，"功名之权,操于群众"。于是"提倡新文化者"乃以白话文讨好群众。①试问,这能算是论证吗? 这不是很像近人写"大字报"常用的笔法吗?

梅氏另有一种论证,是说"提倡新文化者""轻出所学以问世",以求"早有著述",而不能"毕生辛勤,守而有待"。这种批评也不成道理。学者"早有著述"何以便不好? 难道终生不出一书或死后才出书便算真有学问? 学问之事,有人早熟,有人晚成,早熟未必不好,晚成亦未必更佳。关键还是要看其著述究竟是否真有创获。如果因一个学者著述早出,便被责以好功名,未免是诛心之论。

诛心之论是孟子以来的儒家,特别是宋明理学家对付论敌的方法。近人"无限上纲"的笔法大体渊源于此。以这种方法论人论事,论者心目中先存一个标准,这标准不是实际研究、探讨与辩论中确立起来的,而是古圣前贤的教条,论者自视代圣贤立言,所以先据有了"正义",于是便把对手预置于"非正义"的地位,指其所言所行都是从恶念出发。这样加以任何罪名都可成立了。

梅氏以先儒教条为标准(有时还加上一些洋圣人的教条),在他看来,违背这些标准不但是是非问题,而且是善恶问题。既然前贤已立标准,你不老实遵行,好立异说,这本身就是个严重的道德问题。对前人是"非圣无法",对今人是"惑世诬民",罪状自然成立。梅光迪对胡适的批评一直贯彻了这样一条思路。他可以不举任

---

① 见《学衡》第1期。

何证据，不做任何分析，就指责胡适等人"高张改革旗帜，以实行败坏社会之谋，其害为人所难测"。如不加以揭露和批判，"则其遗害日深，且至不可挽救"①。

这种不讲事实，不做分析，无限夸大罪名，危言耸听的方法，实在不是受过思想训练的人所能接受。所以，胡适对《学衡》的攻击从未置答。他认为那只是"学骂"，不是什么"学衡"。

胡适是实验主义信徒，一生注重科学的思想方法，主张重证据，"有几分证据，说几分话"。胡、梅两人代表了两种根本不同的思想方法。

五

胡、梅两人都在美国完成教育，都深受美国思想的影响。但各有师承，所受影响迥然不同。

胡适明确声明自己是杜威哲学的信徒，他所做的一切都是实行他的实验主义。梅光迪虽不曾公开表明其师承，但很明显，与国内许多文化保守主义者不同，他经常喜欢引据洋学者、洋圣人和西洋事例以攻对手。即如其《评提倡新文化者》一文，引据西事十余处，引据洋学者八九位之多。我们知道，梅氏是美国新保守主义、新人文主义的代表人物白璧德的学生。他之憎恶卢梭与浪漫主义运动完全是受乃师著作的影响。他对写实主义、自然主义、印象主义

---

① 《评今人提倡学术之方法》，《学衡》第 2 期。

等等的反对，也都与乃师的文学批评观点相一致。如果说胡适公开声明自己的师承，宣布自己的主义，而实际上他却把杜威的学说相当程度地中国化了（他很少剿袭杜威的个别观点，而是尽量发挥他的方法）。那么，梅光迪的情况则刚好相反，他既不声明师承，也不宣布主义，但却几乎是亦步亦趋地贩卖乃师白璧德的观点。胡适曾批评他，喜欢批评家言论，而不研究具体问题，所以，不能树立自己独立的见解。梅光迪大有洋教条的味道。

这两位留美学生为中国文化和中国的文学革命问题所进行的争论是有其重大的时代背景的。当时正值第一次世界大战，人们对资本主义的近代文明发生了大疑问。德国学者斯宾格勒于大战结束之年出版了《西方的沉沦》一书。此时法国柏格森的生命哲学也流行起来，它企图否定理性，崇尚直觉，否定科学进步的重大意义，表现出对东方古代文明的倾慕。连英国哲学家罗素也开始赞扬东方文化。这时，在东方古国印度出了个泰戈尔，在中国则出了梁漱溟等人，皆以发扬东方文化为己任。大名鼎鼎的梁启超，发表《欧游心影录》，很助长了东方文化派的气焰（但梁启超不能笼统地归入文化保守主义营垒）。一段时期里，保守主义文化思潮在世界范围内颇有抬头之势。对此，理性的思想家们自然不能置之不理。于是，在各个文化大国中都有新旧思想激烈论争的情况。20年代，美国学者俾耳德，邀集一些负有世界声誉的哲学家、思想家撰文，编成一本书，叫做《人类的前程》，旨在回击新保守主义，唤起人们对进步的信心。胡适曾把他1926年写的《我们对于西洋近代文明的态度》这篇系统批判中国的保守主义者的文章改写成英文，载入上述那本书中。

在中国，从晚清至民国，这是社会大变动的时期，中西冲突，新旧代谢。开新是时代的需要，守旧亦为常情所难免。其间磨荡、辩争，势所难免。但必须看到，中国的保守主义者引证西方思想家对近代文明的批判，在中国是对不上号的。中国还不存在近代文明没落的问题，而是近代文明还太少。所以他们与新派思想家的争论，只在对传统文化如何认识的范围内才有一定的意义。但即使在这个范围内，由于他们多半意气太盛，而甚少冷静的研究态度，所以能语及文化建设的实在不多。

真的文化保守主义，本来也可以发生积极的意义。第一，在外来的文化挑战面前，不致尽失故垒，使优秀文化传统赖以绵延。第二，在外患逼人的年代里，可以发挥民族凝聚力，在精神上筑起一道御侮的长城。第三，在纯粹学术意义上，它可以通过平等的辩争，指摘新思想的缺失，有助于新思想的逐渐成熟与完善。所以，对文化保守主义不能一概抹煞，也要做具体分析。即使梅光迪的保守主义，也不无可以引人注意之处。如他说："改造固有文化与吸取他人文化，皆须先有彻底研究，加以至明确之评判。"[1]他本人虽未能致力于此，但此话究竟不谬。

胡适历来欢迎反对者的批评。留学归国前，他是文学革命的孤独的尝试者，明知朋友反对，每有新想法、新作品时必写给朋友，征求他们的批评。回国后，文学革命已形成声势，他仍注意反对者

---

[1] 《评提倡新文化者》，《学衡》第1期。

的意见。他曾主动邀请那个给林琴南提供材料以攻击文学革命的张厚载给《新青年》写辩护旧戏的文章。为此，钱玄同几乎要同他决裂。胡适很知道，一种新的思想主张，不经过反对者们的锤炼，是不容易成熟和完善起来的。只可惜，中国的文化保守主义者，大多数够不上真正文化保守主义的水准。他们不是缺少知识上的准备，就是缺少学术上的训练。他们的保守多因文化困惑的无可奈何，加以恋旧的情感和对旧权威的迷信。他们钻进古人套中，自我陶醉，事事以古人教条为准，对不同思想缺乏研究的耐心，对批评的意见，更无虚怀的雅量。对人对事皆以个人好恶为标准，西方思想家，差不多只有那些对东方文化有所赞美的人，才能有幸进入他们的视野。这是这些文化保守主义者的大不幸，他们画地为牢，把自己封闭起来了。

无论中国的文化保守主义者有多少理由，或有几分积极的意义，现代的中国终究要朝着现代的方向前进，不能回头来向后倒退。因此，持现代主义立场的思想家，其基本取向毕竟是对的。在文学革命问题上，胡适显然代表了历史前进的方向，而梅光迪企图阻止这个革命潮流，其结果是人们都清楚的。我想，今天即使最坚定的文化保守主义者，也未必会要求废止白话，复兴文言。

此文为纪念中华书局创立80周年而写，收入《中华文化的过去、现在与未来》一书，中华书局1992年出版。

8

胡适与陈独秀

胡适与陈独秀两人交谊甚深,但后来他们两人分别成了两个对立的知识界营垒的领袖。由于政治的原因,人们很少把他们两人联系在一起加以讨论。以致他们的关系的由来与发展,他们的思想见解上的异同,人们并不很清楚。

一

陈独秀办《新青年》,吸引了当时几乎所有先进的知识分子。胡适与陈独秀即因《新青年》而缔交。他们的中介人是上海亚东图书馆主人汪孟邹(名鍊,以字行)。汪是陈独秀早年在芜湖主编《安徽俗话报》时的老朋友。那时陈就住在汪所办的芜湖科学图书社里,他们的友谊可谓胜过手足。汪是绩溪人,与胡适是同乡。他比胡大十三岁,陈独秀比胡大十二岁。胡适在上海读书期间,便小有文名,加上他先父在地方上有一点声名,所以在外谋事的同乡差不多都颇看重胡适其人。1915年9月,陈独秀在上海创办《青年》(二卷一期起,改名《新青年》)杂志。10月6日,汪孟邹即将杂志的创刊号寄给在美读书的胡适,并写信告诉他,此杂志"乃友人皖城陈独秀君主撰,与秋桐亦是深交,曾为文载于《甲寅》者也。拟请吾兄于校课之暇，担任《青年》撰述，或论文，或小说、戏曲，均所欢迎。……铼亦知兄校课甚忙，但陈君之意甚诚，务希拨冗为之，是所感幸"①。这是陈独秀通过汪孟邹与胡适发生联系的开始。信中提及的秋桐，即主办《甲寅》杂志的章士钊。胡适先曾在《甲寅》上发表过文字，也与章士钊通过信。而陈独秀"二次革命"失败后逃日，常往来于章士钊处，并为《甲寅》写过文章。《甲寅》杂志归亚东图书馆经销，汪孟邹将每期杂志寄若干份给胡适，请他在美分售给留学界。有此一段渊源，故作如此介绍，以便于胡适对陈稍有了解。近年海外有人考辨说，胡适早在《竞业旬报》时期即已与陈独秀结识。这是无根据的猜测。如果那时已经相识，陈独秀何不直接写信给胡适，而要汪孟邹代为介绍并转达约稿之意？

　　陈独秀此时是个热烈的西化论者，对于海外深造的学子期望甚殷，对早有文名的胡适更是如此。所以，一再催促汪孟邹，定要恳请胡适赐稿给《青年》杂志。两个月后，汪孟邹又写信给胡适，称"陈君望吾兄来文甚于望岁，见面时即问吾兄有文来否。故不得不为再三转达。每期不过一篇，且短篇亦无不可，务求拨冗为之，以增杂志光宠。至祷！至祷！否则陈君见面必问，铼将穷于应付也"。从这里可以见出陈独秀为人的恳挚。胡适那时正着手预备博士论文，同时又开始进行文学革命的尝试，所以忙碌得很。但奈不过年长的老友再三代人催促，加上《青年》杂志本身确也很具吸引

---

① 引自原件。

力，胡适乃于次年2月初，赶译出俄国作家库普林的短篇小说《决斗》，寄给了陈独秀。同时写一封信，很坦率地对杂志所登薛琪瑛译的英国作家王尔德的《意中人》提出了批评。陈氏十分重视胡适的意见，回信表示"仰望足下甚殷"，盼他早日"返国相见"。①

胡适与《新青年》结缘，真是如鱼得水。胡适的成名，虽然是由于他的才智，但陈独秀与《新青年》实在起了关键作用。我们上面说过，胡适当时甚为忙碌，如果不是陈独秀的恳切催促，胡适不一定那么早就在《新青年》上发表文字。他那篇被称为"文学革命发难的信号"的文章《文学改良刍议》，正是在陈独秀催促下写成的。原来，反映他的文学革命主张的"八不"主义，最早是在写给朱经农的信中提出的；后来在给陈独秀写信时再次提到，陈独秀立即回信要他"详其理由，指陈得失，衍为一文，以告当世"②。胡适遵嘱照办。于是，1917年1月，这篇文章便在《新青年》二卷五号上登出，并且立即引起强烈反响。陈独秀接着在下一期上发表《文学革命论》，大声宣告曰："文学革命之气运，酝酿已非一日，其首举义旗之急先锋则为吾友胡适。余甘冒全国学究之敌，高张'文学革命军'大旗，以为吾友之声援。"③由新文化运动的"总司令"把"文学革命先锋"的头衔颁给胡适，胡氏一生在学界得享大名，其肇端即在于此。陈独秀在文中宣布了文学革命的三大主义：推倒雕琢的阿谀的贵族文学，建设平易的抒情的国民文学；推倒陈腐的铺

---

① 《胡适来往书信选》（上）第4页。
② 《独秀文存》卷三第18页，上海：亚东图书馆，1922年。
③ 《独秀文存》卷一第136页。

张的古典文学,建设新鲜的立诚的写实文学;推倒迂晦的艰涩的山林文学,建设明了的通俗的社会文学。①陈的文章如同一篇革命的檄文,以其磅礴的气势弥补了胡文的不足。把他们两人的两篇文章合起来看,才真正够得上文学革命的开场锣鼓。自此伊始,陈、胡并列,被视为新文化运动的两个主要的领袖。

在文学革命问题上,陈独秀不仅全力支持胡适,而且发挥了他作为《新青年》主帅的作用。他在《新青年》上发表的许多有关文学革命的通信,对文学的本质、新文学的美学价值等都有独立的阐述。他特别鼓吹法国式的写实主义和自然主义。但他对文学革命的最大贡献,是他把学术性的讨论变成为一场文学革命运动。因而文学革命所取得的伟大成绩是与他分不开的。

但是几十年来,对于文学革命这段历史,出现了许多很偏颇的不合实际的说法。有的文章认为,胡适的《文学改良刍议》既然没有"革命"的字样,文学革命运动便与他无关。显然,陈独秀本人就不可能同意这种极端片面的意见。这在上述引文中已说得很清楚了。我们还可以引证钱玄同的文字来证明,当时参加文学革命运动的主要分子都承认胡适作为发难者的地位。钱氏在1917年7月2日给胡适的信中说:"文学革命之盛业,得贤者首举义旗,而陈独秀、刘半农两先生同时响应,不才如玄同者亦得出其一知半解、道听途说之议论以就正于有道,忻忭之情莫可名状。"②就连鲁迅也不否

---

① 《独秀文存》卷一第136页。
② 转引自《胡适文存》卷一第58页。

认,"首先来尝试这工作的是五四运动前一年,胡适之先生所提倡的'文学革命'"①。

胡适回国后,加入《新青年》编辑部。这时,在陈独秀周围聚集了一批思想敏锐、才识不凡的新派人物。他们不仅在文学革命方面共同奋斗,而且在攻击旧道德,提倡新道德,破弃旧学藩篱,介绍西方科学文化,批判专制主义,鼓吹民主自由等方面,也是在同一阵线上协同并进。而胡适与陈独秀两人,其思想主张更较一致。这是了解这段历史的人都知道的,不详论。这里略谈一谈过去不大被人注意的方面,即胡适与陈独秀在北大推进教育改革方面的合作。

胡适的入北大,主要是陈独秀引荐的。先是蔡元培于1916年12月26日被任命为北京大学校长,1917年1月4日到校就职。他决心要整顿和改革北京大学,特别属意于文科的改革。为此,他极力延揽具有新思想的人才。当时在北京医专任校长的汤尔和及在北大预科任教授的沈尹默(两人皆隶浙籍),都向蔡元培力荐陈独秀为文科学长。陈本蔡元培在清末搞革命活动时的旧友,此时办《新青年》已有全国影响。蔡遂决定延聘陈独秀任北大文科学长。陈受命后于1月13日到校视事。他考虑的第一件事也是延揽人才。他首先便想到胡适。他写信给胡适说,蔡元培"力约弟为文科学长,弟荐足下以代。此时无人,弟暂承乏。孑民先生盼足下早日回国,即不愿任学长,校中哲学、文学教授俱乏上选,足下来此,

---

① 《三闲集·无声的中国》,《鲁迅全集》第4卷第13页。

亦可担任"①。由此信可知，陈独秀在答应蔡元培的约请的当时，就已决荐胡适来北大，而且准备把文科学长的职位让给他。胡适自然不能贸然地接受，他只答应回国后愿到北大任教。1917年7月，胡适回国抵上海，专等陈独秀到沪商决北大任教事，然后才回家乡去见他相别整整十年的寡母。

陈独秀到沪是为主持北大招生事，在与胡适见面之后，8月9日，他写信给蔡元培说，他自己"尚有琐事料理未清"，月内恐不能回京。知京中校务甚忙，"亟需有人相助"，故提议"请胡适之君早日赴京，稍为先生服劳"。信中甚推胡适有才干，说"适之英、汉文并佳，文科招生势必认真选择，适之到京即可令彼督理此事。适之颇有事务才，责任心不在浮筠兄之下，公共心颇富，校中事务，先生力有不及，彼所能为者，皆可令彼为之"。独秀初与胡适见面，即如此推诚信重。他在信中还就胡适到校后的工作与待遇提出建议，说："此时与彼言定者，只每星期授英文学六时，将来必不止此（或加诸子哲学，或英文学史，俟独秀到京再为商定）。希与以专任教员（聘书可用新章教授名目）之职（月薪二百四十元可矣，惟望自八月份起）。彼到京即住校中（鄙意新落成之寄宿舍，宜多请几位久留欧美，起居勤洁之教员居住其中，以为学生之表率）。"②陈独秀几乎为胡适安排好了一切。

胡适于9月10日到北京就任北大教授。陈、胡两人相慕已久，

---

① 《胡适来往书信选》（上）第6页。
② 见《档案与历史》1986年第2期（上海）。

从此相与共事，一面同办《新青年》，导扬新文化；一面合力谋划北大文科的改革。如果说在文学革命中，陈独秀视胡适为先锋，那么，在北大改革中，则更倚为军师。因为，按西方模式来改革中国的高等教育，胡适比北大的其他教授有更大的发言权。而这时的陈独秀正醉心于西方的教育、文化，对胡适的大胆创议无不信从。他们首先严订学习与考试的制度，以求改造旧北大由官僚子弟们酿成的只为求资历而无心求学问的恶劣风气。其次，他们效法欧美大学，实行选科制。胡适作为创议人，亲自拟定了有关章则，陈独秀则全力赞助。他们调整课程设置，尽量增设新学科。他们极力提倡学术研究，创办研究所。他们又创议实行教授会制度，奠定了"教授治校"的基础。他们极力扶助各种团体。胡适亲自倡办成美学会，力助热心向学而家庭贫寒的子弟。他们大力支持新潮社等各种文化学术性团体，赞助工读互助团，等等。所有这些，对于改造旧北大，推动新文化运动，改变一代青年人的思想，都有很重要的意义。而在这些活动中，陈、胡两人的密切合作，加上蔡元培的鼎力支持，实是取得成绩的重要关键。

正因为他们两人在新文化运动和北大改革中密切合作，所以，后来新旧思潮的斗争尖锐化的时候，守旧营垒的攻击也就首先集矢于他们两人。陈独秀尤为守旧阵营所忌恨，有一封匿名信是这样写的：

字付陈独秃、胡闹及狐群狗党知悉：

汝等左道惑人，甚于黄巾、白莲。大逆灭亲，洋屁毁圣，肆无忌惮，大逞凶威。自谓真可矣了，不知人神共嫉，天地不容。汝等狗命不值一个小炸弹。但现在有欲花这冤枉钱的,将你们除削了,投诸豺犬。我看你们虽是捣乱分子,甘冒不韪,也是无见识,杀之亦可惜。然权不在我,你们可防备着点。见你阎王爷,教训教训你们。

这是何等刻毒的谩骂! 如果说,这或许只是穷愁没落的旧文人捣的鬼,那么大名鼎鼎的林琴南,写《荆生》《妖梦》等小说来影射,攻骂陈、胡等人,便代表了上层守旧营垒的态度了。然而更大的压力却是来自北洋军阀政府。当时盛传政府当局欲胁迫蔡元培惩戒陈、胡等人的说法。到1919年初,已是谣言蜂起了。3月间,守旧阵营更利用陈独秀私行不检,大肆造谣攻讦,终至于迫使蔡元培利用取消各科学长的机会将陈辞去,以请长假的名义,让陈离开了北大。但陈独秀的离开北大,使坏事变成了好事。一方面,他辞去北大教职之后,言论行动都更加自由,这对他后来逐渐接受马克思主义,以至积极从事建党活动,在客观上是有利的条件。另一方面,由于他的去职暂时缓和了反动营垒对北大的攻击,客观上对胡适、钱玄同等遭受攻击较多的人,起了缓冲的作用。因为社会上普遍认为陈独秀是这些新派人物的首领,打击了首领,使守旧者们得到一定程度的心理上的满足。

陈独秀离校后不久,五四运动爆发,尖锐的政治问题一下子提到了首位。《新青年》及新文化运动的同人们逐渐暴露出思想上的分歧。胡适与陈独秀两人在思想主张上也开始各行其是了。

十余年之后,胡适说,陈独秀"离去北大,以后中国共产党的创立及后来国中思想的左倾,《新青年》的分化,北大自由主义者的变弱,皆起于此夜之会。独秀在北大,颇受我与孟和(英美派)的影响,故不致十分左倾,独秀离开北大之后,渐渐脱离自由主义者的立场,就更左倾了"①。胡适的这个说法,虽未必皆可信,但正如我已经指出的,陈独秀离开北大,确是更推动了他思想的激进倾向。这于整个新文化运动的分化,领袖分子的分裂,是极有关系的。

二

　　五四运动爆发的那一天,胡适不在北京。他于4月底前往上海去迎接他的老师,受邀来华讲学的杜威博士。"五四"的当天,他出席了杜威的演讲会。第二天才得知北京的消息。陈独秀其时正在北京,他所主持的《每周评论》恰于5月4日那天出版第20号。他发表了《两个和会都无用》一文。最早明确地指出国内的南北议和与巴黎的国际和平会议,都是分赃会议,都是少数政治家、外交家"关门弄鬼","与世界永久和平,人类真正幸福隔得不止十万八千里"。他号召"人民都站起来直接解决"问题。"五四"的学生运动,正是"人民站起来直接解决"问题的一次行动。学生运动大大激扬了陈独秀本已亢奋的政治热情。5月7日,他写信给在上海的

---

　　① 见胡适致汤尔和的信(载《胡适来往书信选》(中)第281—282页)。所谓"此夜之会",是指1919年3月26日夜,蔡元培召集北大部分教授开会,讨论陈独秀的私德受到激烈攻击,北大当作何处置的问题。汤尔和列席此会,他极力怂恿蔡元培辞去陈独秀,以减轻北大承受的压力。当时蔡很信重汤尔和,故听了他的意见,决定撤销陈的文科学长职务,并令其请长假离开学校。

胡适,告诉他北京发生五四运动的情况,以及北大所面临的危机与微妙的处境。①胡适参加了5月7日上海市民的大游行。第二天,他就急急地启程回北京了。

6月11日,陈独秀因在前门外大世界散发《北京市民宣言》而被逮捕。于是胡适和陈独秀的一班朋友都奔走营救他。6月29日,胡适在他接编的《每周评论》上发表一条随感录《研究室与监狱》,说:"你们要知道陈独秀的人格吗? 请再读他在《每周评论》第25号里的一条随感录:'我们青年要立志出了研究室就入监狱,出了监狱就入研究室。这才是人生最高尚而美的生活,从这两处发生的文明,才是真文明,才是有生命有价值的文明'。"胡适对他这位朋友的人格是很敬佩的。但在思想上,已经有变化了。《每周评论》原是陈独秀、李大钊等为了更多地发表政治评论而创办的。创办伊始,胡适就不很积极。他只在上面发表一些文艺性的东西。陈独秀被捕,他接编《每周评论》,才不得不发表一些政治性的言论。但一涉及这个领域,他同他的朋友们的思想分歧就开始暴露了。

7月20日,胡适在《每周评论》第31号上发表《多研究些问题,少谈些主义》一文。后来胡适自谓,这是他由不谈政治,到开始谈政治的一篇"政论的导言"。这篇文章显然是有所为而发。当

---

① "五四"的当晚,北洋政府国务会议上就有人提出解散北京大学和撤换教育部长傅增湘及北大校长蔡元培的动议。傅增湘抗议说"古今中外无此办法"。陈独秀的信上说:"大学解散的话,现在还没有这种事实。但是少数阔人,确已觉得社会上有一班不安分的人,时常和他们为难,而且渐渐从言论到了实行时代。彼等为自卫计,恐怕要想出一个相当的办法。"(见《胡适来往书信选》(上)第42页)。

时，五四运动过去未久，学生还没有安定下来，学校秩序尚未恢复，山东问题仍是悬案，国内各派却仍是纷争未已。胡适是实验主义的信徒，他认为应当紧紧抓住这些实际的问题，一个一个地去争取解决。因此对一些人只谈论主义，便不满意。当时谈得最多最热闹，对青年也最有影响的是无政府主义。谈论社会主义的也不少，但谈马克思主义的却还很少。所以，断定说，胡适提出"少谈主义"的口号是自觉地向马克思主义进攻，似不很符合实际。李大钊发表《再论问题与主义》一文，批评胡适对"主义"的态度，并明确声言他自己是"喜欢谈谈布尔札维主义的"。胡适在接着发表的两篇(《三论问题与主义》与《四论问题与主义》)文章里，便明确表示他反对马克思主义的阶级斗争的理论。胡适三篇文章的主旨是：一，认为中国急待解决的实际问题很多，有志于救国的人，应当面对实际问题，提倡实际问题的调查与研究。二，一切主义与学理都该研究，但它们只是研究和解决实际问题的参考材料和工具，谈论主义与学理不能代替实际问题的解决。三，研究和解决实际问题是困难的，而高谈主义却是极容易的事。因此"高谈主义不研究问题的人，只是畏难求易，只是懒"。四，"偏向纸上的'主义'是很危险的。这种口头禅很容易被无耻政客利用来做种种害人的事。"而"'主义'的大危险就是能使人心满意足，自以为寻着包医百病的'根本解决'，从此用不着费心力去研究这个那个具体问题的解决法了"。①

---

① 引文均见《问题与主义》，《胡适文存一集》卷二第147—198页。

胡适的议论,不能说完全没有道理。但很明显的,他是完全依据实验主义的立场来看待问题的。实验主义本身也是主义之一种,而且这种主义在政治上是十足的改良主义。在当时中国环境下,究竟有没有"解决这个那个具体问题"的条件？究竟能不能循着一点一滴地改良的途径,解决中国面临的巨大危机？胡适的议论的真正弱点就在这里。李大钊批评他把主义与问题完全割裂,并指出,中国是一个"没有组织,没有生机的社会,一切机能都已闭止……必须有一个根本解决,才有把一个一个的具体问题都解决了的希望"①。正是基于这种认识,李大钊才找到马克思主义的革命理论。所以,胡适与李大钊的争论,实质上是实验主义与马克思主义的争论。陈独秀当时身陷囹圄,无法参加这场争论。但一年多以后,他发表一篇《主义与努力》②的短文,却是关系这场争论的。他以划船作比喻,说主义就是定船的方向,努力就是划船,二者缺一不可。他曾批评"许多青年只是把主义挂在口上,不去做实际的努力",因而强调说:"我们改造社会是要在实际上把他的弊病一点一滴、一桩一件、一层一层渐渐的消灭去,不是用一个根本改造的方法能够叫它立时消灭的。"照这个说法,陈独秀的意思完全与胡适合拍了,但其实不然。他又说:"现在有一班妄人误会了我的意思,主张办实事,不要谈什么主义,什么制度。主义制度好比行船的方向,行船不定方向,若一味盲

---

① 李大钊:《再论问题与主义》,《每周评论》第35号;又见《李大钊选集》第232页。
② 此文发表于《新青年》8卷4号。

目的努力,向前碰在礁石上,向后退回原路去都是不可知的。"这反映出,他写这篇文章时,侧重的还是反对只谈问题不谈主义的倾向。只是,他对这个问题未做深入的理论思考,用比喻来说明问题,有很不确切的地方。问题与主义的争论,所显示的不仅是方向的不同,不只是胡适主张效法美国式的资本主义,李大钊主张效法俄国的社会主义。而且方法论也有原则分歧。李大钊主张以革命的手段"根本解决",胡适不赞成革命,不承认有"根本解决",主张一点一滴的改良。陈独秀没有把自己的思想同胡适的思想完全明确地区别开来,但这不等于说在实际上,陈独秀的思想与胡适的思想,这时还没有大的分野。在发表《主义与努力》这篇短文之前三个月,他在《谈政治》①一文里,已很清楚地表明他拥护马克思主义的国家与革命的学说,而这正是区别马克思主义者与一般知识分子最重要的关键。

如果说陈独秀在思想理论上还没有完全意识到他与胡适的全部分歧及其意义,那么在如何办《新青年》杂志这个具体问题上,他们的分歧却表现得非常明确而尖锐。

自从陈独秀就任北大文科学长,《新青年》便从上海迁北京编辑。1918年,胡适、钱玄同、李大钊、沈尹默等陆续加入编辑部,便成为同人刊物,大家轮流编辑。当时,大家的注意力都集中于批判封建礼教与文学革命等问题上,内容与思想大体都能一贯。但他们之间已有急进与稳健的不同。到1919年五四运动后,情形大变。

---

① 此文发表于《新青年》8卷1号。

首先是李大钊编了一期"马克思主义"专号,这是《新青年》转向宣传马克思主义的开端。从此,谈政治,谈马克思主义,谈俄国革命的内容大大增加。1920年4月1日出版的七卷五号,是胡适负责编辑的最后一期。下一期,七卷六号(纪念五一劳动节专号),便是由陈独秀在上海齐稿的。在这一期出版前夕,陈从上海写信给北京的同人,请他们考虑《新青年》以后的编辑办法。主要问题是:仍由北京同人轮流编辑,还是由在京一人担任编辑,或是由陈氏负责在上海编辑? 盖此时北方空气对《新青年》实属不利。陈氏的意思是想把《新青年》移上海编辑。但他不能不征求同人的意见。北京同人都很敬重陈独秀,也明白陈独秀的意思。所以,从八卷起,《新青年》就正式移上海编辑出版,逐渐变成上海共产主义小组的机关刊物,宣传马克思主义,介绍俄国革命的文章占了绝大部分篇幅。实际负责编辑的是年青的共产主义者陈望道等人。胡适对于这种情况颇不满意。主张《新青年》仍以哲学文学为主要内容。1920年12月16日,陈独秀写信给胡适、高一涵,说:"《新青年》色彩过于鲜明,弟近亦不以为然,陈望道君亦主张稍改变内容,以后仍以趋重哲学、文学为是。但如此办法,非北京同人多做文章不可。近几册内容稍稍与前不同,京中同人来文太少,也是一个重大的原因。"① 从表面看来,陈的意思与胡的主张,似并无扞格。但实际上关键在于何人主持编辑部的问题。照胡适的意思,《新青年》编辑部掌握在他根本不认识人手里,就无法贯彻他的意

---

① 《关于〈新青年〉问题的几封信》,《中国现代出版史料》(甲编)第7页。

图,因此也就不愿提供文章。使胡适不愉快的是,陈独秀在这封信里还责备胡适、陶孟和与研究系接近。这一点,确是陈独秀误信了谣言。

胡适的回信大约写在月底。他在信中说,《新青年》色彩过于鲜明,"此是已成之事实,今虽有意抹淡,似亦非易事。北京同人抹淡的工夫,决赶不上上海同人染浓的手段之神速"。他提出三个办法:(1)听《新青年》流为一种有特别色彩的杂志,而另创一个哲学文学的杂志。(2)要做到改变内容,必须恢复"不谈政治"的戒约。此点上海同人不便为之,而北京同人正不妨如此宣言。所以乘陈独秀离沪去广东的机会,把《新青年》编辑部自九卷一号起移回到北京来,并即在此号内发表"不谈政治"的宣言。(3)根据陶孟和的意见,《新青年》既已遭邮局停寄,不如索性停办。①紧接着胡适又有第二信给陈独秀,取消了陶孟和提出的第三办法。但对前两条,陈独秀仍大为生气。甚至认为第一条是"反对他个人"。他写给北京同人的复信,经大家传观之后,胡适最后一个看到。1921年1月22日,胡适在给北京同人征求意见的信上说:"我并不反对他(指陈独秀——引者)个人,亦不反对《新青年》。不过我认为今日有一个文学哲学的杂志的必要。今《新青年》差不多成了 Soviet Russia 的汉译本,故我想另创一个专关学术艺文的杂志。今独秀既如此生气,并且认为反对他个人的表示,我很愿意取消此议,专提出'移回北京编辑'一个办法。"②这次的主张,北京同人多数

---

①② 《关于〈新青年〉问题的几封信》,《中国现代出版史料》(甲编)第7页。

表示赞同。①

分歧已经暴露出来，任何弥合的办法都已无济于事。对此，周氏兄弟与钱玄同的观察最为真切。周作人在签注意见时写道："我看现在《新青年》的趋势是倾于分裂的，不容易勉强调和统一。无论第一第二条办法，结果还是一样。所以索性任他分裂，照第一条做或者倒还好一点。"鲁迅同意周作人的意见，只是附加一句"不必争《新青年》这个名目"。钱玄同在把陈独秀"大生气"的那封给北京同人的信转寄周氏兄弟时，说："初不料陈、胡二公已到短兵相接的时候！"②足见当时围绕《新青年》的问题，陈独秀与胡适之间的矛盾已是何等尖锐。这次的风波，关键是陈、胡思想分途。陈独秀成了共产主义者，要学俄国人的样子，搞革命。胡适仍坚持其自由主义立场，不赞成直接谈政治，尤不赞成搞革命。故他坚决反对《新青年》宣传马克思主义，宣传俄国革命。为达此目的，他要求至少要做到将《新青年》移回北京编辑。而移回北京编辑就意味着由胡适主导《新青年》的编辑方向。这一点陈独秀和北京同人们是看得很清楚的，所以当时就有人提出希望胡适不要与陈独秀争《新青年》这个名目。当时的政治形势的变化比陈、胡等人之间的思想分歧的发展还要来得更为急剧。胡适汇总北京同人的意见，于2月

---

① 张慰慈、高一涵无条件赞同。陶孟和表示赞成之外，又提出：若此信仍不能实行，就停办；王星拱赞成陶的意见；李大钊初主另创一个杂志，后改为同意移回北京编辑；周树人、周作人兄弟倾向于另办一个杂志；钱玄同意见与周氏兄弟相似。李大钊与钱玄同都坚决反对停办之说。

② 见钱玄同致鲁迅、周作人的信（1921年1月11日），载《鲁迅研究资料》第12辑第17页，天津：天津人民出版社，1983年。

6日写信告诉陈独秀。陈于2月15日回信给胡适，信上明确说，他不赞成《新青年》移北京，是因为北京的"空气不大好"。所谓空气不大好，就是缺少革命的气息。他怀疑和担心像胡适这类自由主义分子，会被研究系或其他政客所利用。他告诉胡适："现在《新青年》已被封禁，非移粤不能出版，移京已不成问题了。"同时又说："你们另外办一个报，我十分赞成，因为中国好报太少，你们作出来的东西总不差，但我却没有工夫帮助文章。而且在北京出版，我也不宜作文章。"①这就是说，《新青年》在上海都站不住了，更何况北京？逼人的形势为陈、胡的争论做了结论：《新青年》同人终于分裂了。陈独秀在同一天写给周氏兄弟的信上说："《新青年》风波想必先生已经知道了，此时除移粤出版无他法，北京同人料无人肯做文章了，惟有求助于你两位。"②陈独秀亦明知，北京同人的多数不可能与他同一立场去宣传革命。从此，《新青年》正式成为共产党人的刊物，《新青年》在北京的原有同人，不再与闻编辑事务了。但胡适、周氏兄弟及刘半农等人仍有学术文艺性的稿子给《新青年》发表，直到第九卷结束。这也可见，思想上的严重分歧，并没有太严重地伤害陈、胡之间的友谊。

三

《新青年》的风波过后，胡适本想立即着手另办一个学术性的

---

① 《中国现代出版史料》（甲编）第13页。
② 《鲁迅研究资料》第12辑第17页。

刊物。陈独秀给他的信是1921年2月15日写的。2月22日，胡适就拟就了《发起〈读书杂志〉的缘起》，其中说，他发起这个杂志目的是"希望各位爱读书的朋友们把读书研究的结果，借它发表出来。一来呢，各人的心得可以因此得着大家的批评。二来呢，我们也许能引起国人一点读书的兴趣，——大家少说点空话，多读点好书！"①这最后一句话显然有所为而发的。从他的立场去看，《新青年》是热衷于谈主义的，谈主义而不研究问题，在他看来就是讲空话。他是想，《新青年》就让给你陈独秀去谈主义、讲空话去好了，我胡适却要拉一批爱读书的朋友来办个《读书杂志》。然而，他的计划未能很快实现。后来他改变初衷，由不谈政治改而直接谈论政治，于1922年5月办起了《努力周报》。这时，中国共产党已于上年7月正式成立，陈独秀做了总书记。他从此全部心力投入革命事业，与胡适的联系大大减少，在思想主张上更是屡见分歧，时有争论。

　　胡适的办报，事前有不少朋友劝他不要办，希望他专心于讲学著述，勿为"梁任公之续"。但他要谈政治的冲动是抑制不住的。上年5月，他与丁文江等商议组织"性质为秘密的"努力会，8月初，在安徽讲演《好政府主义》。另外，他还写了好几首政治味道甚浓的诗，如《四烈士冢上的没字碑歌》《死者》《一个哲学家》《双十节的鬼歌》等等。这些都表示，政治问题时时在引动他的兴奋。所以他终于决心办一个谈论时事政治的报。他在《努力周报》第7号

------

① 《胡适文存二集》卷一第29页。

上，发表《我的歧路》一文，其中说：自从因《每周评论》被封，有关"问题与主义"的政论文章流产以后，他也就一时打消了继续谈论政治的兴头，希望把心思仍集中于学术文艺方面，而把舆论的事业让给别人去做。但是，他说："我等了两年零八个月，中国的舆论界仍然使我大失望。一班'新'分子天天高谈基尔特社会主义与马克思社会主义，高谈'阶级战争'与'赢余价值'；内政腐败到了极处，他们好像都不曾看见，他们索性把'社论'、时评都取消了，拿那马克思、克洛泡特金、爱罗先珂的附张来做挡箭牌，掩眼法！外交的失败，他们确然也还谈谈，因为骂日本是不犯禁的；……然而他们争的是什么呢？"他又说："我等候了两年零八个月，实在忍不住了。我现在出来谈政治，虽是国内的腐败政治激出来的，其实大部分是这几年的'高谈主义而不研究问题'的'新舆论界'把我激出来的。我现在的谈政治，只是实行我那'多研究问题，少谈主义'的主张"。①胡适的自述，表明他的政治冲动，他的决心办报，一方面是时势所激；另方面，更多的是爱谈主义的舆论界所激。而他所指责的爱谈主义的，恰恰有爱谈马克思主义，爱谈阶级斗争，爱谈赢余价值的人们。如果说，两年多以前，他的不满意更多的是指向无政府主义，那么，当他办起《努力周报》的时候，他批评的矛头却更多的是指向马克思主义，指向以陈独秀为领导人的中国共产党了。这是"问题与主义"之争、《新青年》之争的合乎逻辑的发展。

---

① 《我的歧路》，《胡适文存二集》卷三第98—99页。

《努力周报》出版不久，胡适便与陈独秀直接交锋了。

　　1922年8月，陈独秀在《东方杂志》上发表《对于现在中国政治问题的我见》。批评那几年盛行起来的"联省自治"的主张。他认为这种主张"完全建设在武人割据的欲望上面，决不是建设在人民实际生活的需要上面。……不过联省自治其名，联督割据其实，不啻明目张胆提倡武人割据，替武人割据的现状加上一层宪法保障"[①]。胡适见此文后，在《努力周报》第十九期上发表《联省自治与军阀割据》一文加以反驳。他认为，中央政府的权威不足以制裁军阀，只有靠发展地方自治来节制军阀。他替联省自治的提倡者们辩解说，主张联省自治的都是反对军阀，反对驻防的人；个别军阀接过这个口号，那是另一个问题。

　　平心而论，联省自治的口号确是一部分有民主要求的知识分子和地方绅士提出来的。他们反对北洋政府的武力统一政策是实，但说他们是为军阀割据作辩护则不是事实。陈独秀说此种主张来源于武人割据的欲望，确有武断之病。但胡适要人相信，地方实权增加了，省议会就能制裁军阀，这也未免太天真了，几乎可以说是欺人之谈。在当时的中国，无论是中央的权，还是地方的权，实际都操在武人手里。国会不能制裁军阀，省议会也同样不能制裁军阀。陈独秀在9月23日写给胡适的信中，倒是说得比较简明透彻。他说："中国事，无论统一、联治、集权、分权，无论民主的政治或社会主义政治，不取革命手段都只是一场滑稽剧，这是我牢不可

---

① 《东方杂志》第19卷15号。

破的迷信。"①陈独秀到底是学了些马克思主义，看问题比较能够抓住本质和中心。陈还在信中解释说，他的文章是写在胡适公开其联省自治的主张之前，故不是针对他的。自然，胡适也并非因误会陈独秀是批评他，才写文反驳。他们思想立场不同，涉及共同关注的国家根本政治问题，互有驳难乃是很正常的现象。

这年的6月，陈独秀受中国共产党中央的委托，起草了《中国共产党对于时局的主张》这篇宣言，在共产党第三次全国代表大会上获得通过，并曾由张国焘带到北京交给李大钊，由李大钊分赠给在主张"好人政府"的《我们的政治主张》上签名的朋友们。大约胡适是9月间见到宣言的。10月1日，他写了《国际的中国》一文，很猛烈地批评宣言关于国际关系的论述。他说，宣言关于国际关系的说法是"一派瞎说的国际形势论"。他断言"现在中国已没有很大的国际侵略的危险了"。所以没有必要把反抗帝国主义的侵略作为斗争的一个目标。他主张"努力向民主主义的一个简单目标上做去，不必在这个时候牵扯到什么国际帝国主义的问题"②。如何对待帝国主义的问题，是中国共产党同国内一部分自由主义知识分子之间有原则分歧的一个问题，也是陈独秀与胡适之间最谈不拢的问题之一。我们没有看到陈独秀对《国际的中国》一文作何反应。但在这前后，陈独秀有连续数篇反帝的文章在《向导》上发表，其中有一篇《议员学者跑到美国帝国主义家里讨论宪法问题吗?》文中点到

---

① 据原件。
② 《胡适文存二集》卷三，第128f、128i页。

胡适的名字，劝告他们"不要上美国帝国主义者的当"①。

陈、胡在反帝问题上的争论，到五卅运动以后变得更为激烈了。五卅惨案发生后，胡适对英、日帝国主义之所为，亦表愤慨，提出惩凶、道歉、赔偿及修改不平等条约的主张。但他对日益高涨的群众反帝运动却采取全然无理解的态度。他甚至责备说，当直奉战争时，死了十几万人，你们不抗议，五卅事件中死了几个人，你们却如此无休止的抗议。②这简直完全站到帝国主义立场上发言了。他的态度自然引起群众的不满，陈独秀也难以理解他何以在帝国主义这个问题上，竟如此冥顽不灵。据亚东图书馆的编辑汪原放的回忆，这年11月，胡适为在上海疗痔，有一段时间住在亚东图书馆。时陈独秀常往来沪上，每至沪必到亚东图书馆看望老朋友汪孟邹。此时胡适住在馆中，陈独秀更是经常出入于此。汪原放回忆说，陈、胡两人时常为帝国主义的问题而辩论，辩论到激烈时，平日最富绅士风度，最有容人雅量的胡适，竟会拂袖而去。③有一次他们的辩论涉及北京晨报馆被游行群众放火焚烧的事，陈独秀回护群众的立场使胡适大生气。辩论之后，胡适特写一封信给陈，信中说："几十个暴动分子围烧一个报馆，这并不奇怪。但你是一个政党的负责的领袖，对于此事不以为非，而以为'该'，——这是使我很感诧怪

---

① 此文载《向导》第4期。文中引《中华新报》1922年9月29日的消息，在国会休会期间，一部分议员和学者到前美国驻中国公使芮恩施寓所谈话。议员有汤斐予、丁佛言、林宗孟、刘建侯等十余人；学者则有胡适之、徐新六、卫深甫等。

② 1925年9月28日，胡适在武昌大学讲演时讲的话。此次讲演后，有人写信表示抗议。见《胡适来往书信选》（上）第345页。

③ 汪原放：《回忆亚东图书馆》第95页，上海：学林出版社，1983年。

的态度。"又说:"《晨报》近年的主张无论在你我眼里为是为非,决没有该被自命争自由的民众烧毁的罪状。"因为"争自由的唯一理由……就是期望大家能容忍异己的意见与信仰。凡不肯承认异己者的自由的人,就不配争自由,就不配谈自由"。①陈独秀当时是站在被压迫、被剥削和被剥夺了一切自由的人民大众一边,他当然不肯承认那种替反动军阀政客,替帝国主义辩护的自由。

反帝是中国共产党革命纲领的首要内容,这是中国争取独立无法回避的问题。但胡适一类由西方国家培养起来的自由主义知识分子,他们不承认这一点。他们总是强调,帝国主义的侵略,不平等条约,都是中国人自己不好而造成的。中国人要想争国际间的平等,必须首先自己争气,把自己的国家搞好。若强调反帝,那就是"把一切罪过都推到洋鬼子头上",就会放弃了自己的责任和努力。但中国人要做国家改造的工作,要推翻封建统治,势必要与帝国主义的在华利益相冲突。所以,要真想改造中国,使之独立、统一、民主,那就无论如何也无法回避反抗帝国主义的问题。胡适始终不赞成反帝国主义,这是他后来同对帝国主义取妥协政策的国民党政权相结合的一个重要思想基础。

胡适与陈独秀的分歧,自然不局限于反帝的问题,而是涉及理论和世界观的广泛领域。

1923年,有一场科学与人生观的论战,"努力"派的丁文江等同玄学派的张君劢等就科学能否支配人生观的问题展开论争。胡适

---

① 《胡适来往书信选》(上)第356页。

与梁启超是双方的主帅。是年11月,亚东图书馆将有关论文结集为《科学与人生观》一书出版,特请胡适与陈独秀为该书作序。陈在序中指出,丁文江表面上似乎战胜了张君劢,实则大不然,甚且是"卸甲丢盔的大败"。什么意思呢? 陈氏说,丁文江站在存疑的唯心论立场,"你既承认宇宙间有不可知的部分而存疑",那么张君劢就有理由说:"科学家站开,且让玄学家来解疑。"①岂不是向玄学家投降了吗? 从这一认识出发,陈氏说到胡适。他说:"适之最近对我说:'唯物史观至多只能解释大部分的问题。经过这回辩论之后,适之必能百尺竿头更进一步。'"②意思就是说,你胡适真要同玄学家划清界线,你就只有站到唯物史观的立场上来。胡适见了陈的序,大不谓然,写信进行反驳。他表示"独秀希望我'百尺竿头更进一步',可惜我不能进这一步"。他仍然不完全赞成唯物主义历史观。他坚持说,不单是物质的原因,"思想知识等事也都是'客观的原因',可以'变动社会,解释历史,支配人生观'"③。这就是他主张的多元的或所谓"秃头的历史观"。陈独秀指出物质的原因是变动社会,解释历史,支配人生观的根本原因,这是对的。但他没有详加论证,因而也未能恰当地说明在社会历史领域里精神力量的作用。胡适钻了他的空子,提出了"思想知识等事"的客观作用的问题。但他拒绝指明思想知识等事,到底是如何发生作用的,它究竟是与"物质的原因"完全平行的发生作用,还是一种根本上

---

① 《陈独秀文章选编》(中)第349页、354页。
② 《陈独秀文章选编》(中)第349页。
③ 《胡适文存二集》卷二第24页。

要受到物质原因制约的作用。因为胡适是实验主义的信徒，照他自己所说，实验主义对于这类哲学问题是采取"不了了之"的态度。

如果说，在哲学和理论问题上，甚至包括一些政治问题上的争论，胡、陈之间大抵尚能尽理而止，那么在涉及到具体而微的团体的事业问题上，胡、陈之间的斗争就会变得颇有些火药味。三四年前，为《新青年》事，"陈、胡二公已到短兵相接"（钱玄同语）的地步。三四年后，为了《努力月刊》的事，胡适对陈独秀发动了一次更为猛烈的批判。盖《努力周报》于1923年10月停刊后，胡适于是年12月与商务印书馆商订合约，决定改办《努力月刊》，由商务印书馆出版发行，负责给作者付酬（但约定，胡适与陈独秀两人不受酬）。原预定于1924年5月出版。但到8月，还没有出版的消息。所以有读者投书《晨报》提出质问。这时，胡适正在北戴河休假。"努力"的同人高一涵发表文章答复读者。文中表示出对胡适将《努力月刊》交由商务印书馆出版发行，变成商业性刊物不满意的态度，认为这是要"努力"的同人为商务印书馆的资本家们赚红利，故不肯积极从事。胡适见了高的文章，很是生气。认为这位老朋友的议论是受了左派的影响。并且认定陈独秀应对这类憎恨资本家的左派言论负责。他先写信给高，批评高的议论，存心不够忠厚，力言商务印书馆于此事，只是存心帮忙一些读书的穷朋友。然后于9月12日，在《晨报》上发表文章《关于〈努力〉的问题》，名义上是解释《努力月刊》久延未出的原因，而实际上却不点名地大批陈独秀。刚好陈于不久前在《政治生活》第十五期上发过一篇谈论义和团的文章。胡适便由此借题发挥。他说:"我个人的主张是《努力》应该继续出版。今日政治方面需要一个独立正直的舆论机关那是不消说的了。即从思想方面看来,一边是复古的混沌思想,一边是颂扬拳匪的混沌思想,都有彻底批评的必要。……六年前作《克林德碑》那篇痛骂拳匪的大文的作者,现在也大出力颂扬拳匪了!"又说:"今日那班处处畏资本家的阴谋的人,同时又往往为拳匪曲说巧辩——这真是翻手为云,覆手为雨,我们只好叫他讼棍的行为!"胡适自注道:"这一段不是对一涵说的,因为一涵并不至于颂扬拳匪。"这篇东西是目前所见胡适批评他的老朋友陈独秀的最激烈的文字。在对待下层群众的反抗运动的态度上,陈独秀在"五四"前确是站在自由主义的立场上的。在他接受马克思主义以后,态度起了根本性变化,这便成了他与胡适的另一个重要的分歧点。

四

胡适与陈独秀这两位在科学与民主的旗帜下共同奋斗过的老朋友,"五四"以后逐渐分道扬镳。一个坚持自由主义立场,一个走上革命的道路;一个仍是实验主义的信徒,一个接受了马克思主义。从此,在涉及思想、政治的一系列问题上,两个人立场不同,意见相左,时起争论。在这个多灾多难的国家,他俩遭遇了截然不同的命运。胡适从大学教授做到首席官方学者,后来又荣任驻美大使,地位日崇,声名益振。陈独秀放弃了大学教授的头衔去奔走革命,当了共产党的领袖,屡涉险阻,几遭缧绁之灾。后来,他被开除出党,又横遭国民党的监禁,至抗战始获释,晚境是在疾病与窘苦中度过的。这对老朋友的不同遭遇很具有典型意义。

那么,他们两人的思想分歧是怎样发展起来的呢? 又是什么原因造成他们在思想、政治以至人生道路的不同选择呢?

当陈独秀热诚举荐,努力把胡适请进北大,又同他携手共事,并肩战斗的时候,他们两人无疑地是互相引为同道,谁也不十分注意彼此思想上的差异,更不会想到,这些差异后来竟变成重大的政治分歧。现在当我们已经概述了他们后来的分歧和争论之后,再回过头来检查他们初期的差异就比较有意义了。

人们常常谈到,在文学革命运动中,胡适是个改良主义者,而陈独秀才是个真正的革命者。这是一个很普遍的看法。这个说法至少是太笼统,太简单化了。通常被认为这种说法的最有力的根据是:胡适只关心文学形式的改革,而陈独秀首重内容的改革。其实,一种事物的发展临近质变的时候,主要就表现为新内容脱弃旧形式,旧形式的打破是革命性变化的直接表现。所以,当时胡适注力于打破旧形式并不错。新内容已经产生,只因为旧形式不适合表现新内容,所以才发生这场文学革命。我在《论胡适在文学革命运动中的作用》一文里,已经比较深入地讨论过这个问题,这里不再详论。我在这里要着重说明的是,胡适与陈独秀在文学革命问题上的主要区别是在于其态度与着眼点的不同。胡适主要着眼于从学理上论述文学革命的见解,而陈独秀主要着意于从时势的需要上来论述其文学革命的见解。进言之,胡适是以学者立言,陈独秀是以革命家立言。胡适后来谈到他对文学革命的态度时曾说到,他作为一个留学生同国内学者讨论这样一个十分重大的问题,态度不能不放谦虚一些。足见他是从学理上看待这个问题的。他又说,陈独秀是个老革命党,他一上来就是以革命家的态度,"必不容反对者有讨论之余地",对于"选学妖孽""桐城谬种",必欲扫荡干净而后快。

在文学革命中,胡适最早提出具体主张,最早实地尝试白话诗的创作,所以他被陈独秀许为"文学革命的先锋",是可以当之无愧的。但是如果没有陈独秀等人那种咄咄逼人的气势,文学革命难以迅速形成席卷全国的运动,以至一两年之间收到胜利的奇效。所以胡适后来说,如果没有陈独秀的"必不容反对者有讨论之余地"的精神,文学革命至少还得经历十年的尝试。这是很平允的估价。但是反过来说,如果只有陈独秀的三大主义和"必不容反对者有讨论之余地"精神,而没有胡适的具体的合于学理的主张,没有耐心地实地试验新主张的实际效果。那么,不管革命气势如何磅礴,仍难做到以白话取代古文的统治地位。风潮过后,仍可能是旧物重来。所以,全面地看问题,应当承认,胡适与陈独秀的态度、着眼点的差异,使他们充当了文学革命中相辅相成的两翼,二者不可偏废。在这里,我们既要看到他们的差异性,又要看到他们的统一性。差异性反映了两人思想背景上的不同,一个是受过系统训练的学者,一个是热心救世的革命家。统一性则表现了他们对进化观念的共同信仰。一个着重从文学史的研究中揭示白话文学代替古文旧文学的必然性;一个从时势的发展上揭明了这个变革的必要性。

胡、陈两人思想走上对立的关键是起于对政治的不同态度。陈独秀作为一个老革命党，他对政治有特殊的敏感，他执着地追求着从政治上解救中国的目标。《新青年》初创时，他经常发表政论文章。在回答那些劝他不要谈政治的人时，他说："我现在所谈的政治，不是普通政治问题，更不是行政问题，乃是关系国家民族根本存亡的政治根本问题。此种根本问题国人倘无彻底的觉悟，急谋改革，则其他政治问题，必至永远纷扰，国亡种灭而后已。"[①]而胡适则不然。他初回国时，曾下决心二十年不谈政治。这一点，他固然没有做到，但"五四"以前，确是基本上没有谈政治。1918年12月，陈独秀、李大钊等创办《每周评论》，用意即在谈政治，当时胡适正回里奔丧，未多参与。回北京后也很少为《每周评论》写文章，所发文字多是文艺性的。陈独秀对新文化运动有一个殷切的期望，就是从这里迅速引出政治上的效果。他在《新文化运动是什么》一文中清楚地表明了这一点。他在文中说，新文化运动要影响到别的运动上去。影响到军事上，应当结束军阀混战，导致国内和平；影响到产业上，应当使劳动者觉悟；影响到政治上，"要创造新的政治理想，不要受现实政治的羁绊"[②]。五四运动激发了全国人民的爱国政治热情，先进分子看到了人民的觉醒和力量，特别是看到工人阶级登上历史的舞台，促使他们急切地学习和领会十月革命的道路和意义。这样，陈独秀等人便逐渐接受了马列主义，走上无产

---

① 《今日中国之政治问题》，原载《新青年》5卷1号，又见《陈独秀文章选编》（上）第268页。

② 原载《新青年》7卷5号，又见《陈独秀文章选编》（上）第516页。

阶级革命的道路。实际上,在五四运动爆发前,陈独秀继李大钊之后,即已表现出对十月革命的相当的理解。①五四运动更加速了他接受马列主义的过程。到1920年9月,在《新青年》八卷一号上发表《谈政治》一文,表明他对马克思主义的革命理论已有颇为深入的理解。这是他接受马克思主义和确定走无产阶级革命道路的重要标志。胡适作为自由主义者,他当然反对马克思主义,反对无产阶级革命。并且,正是为此目的,他才热衷于谈政治,以自由主义对抗马克思主义,这样,原来学者与革命家的差别,到此表现为政治思想上的对立。

在一个争取独立和民主的国家里,政治选择是最足以影响一个人的全部思想及其人生道路的。一个坚持和平改革同一个认定革命道路的人,他们在对待国际帝国主义的态度上,对国内统治集团的态度上,对各阶级各阶层的态度上,都会因为基本政治立场不同而互相歧异。胡适与陈独秀在反帝问题上、群众运动问题上、办《新青年》与《努力月刊》问题上,之所以屡次发生争论,原因即在于此。

陈、胡两人的不同选择是同他们的出身经历与不同的教育背景密切相关的。

陈独秀出身于破落的官僚地主家庭,本来也想沿着科举道路,得以一展抱负。但南京乡试的经历,使他大感晦气,决然改变自己

---

① 《二十世纪俄罗斯的革命》,原载《每周评论》第18号,又见《陈独秀文章选编》(上)第381页。

的道路。他对现实采取怀疑与批判的态度，终于参加了反清革命。他爱读书，肯思考，执着地追求自己认定的理想。他从事反清革命却不参加同盟会，他几乎可以说是最早一个对辛亥革命持批判态度的人。办《青年》杂志，反映出他确有超乎同辈的远见卓识。青年终于被唤醒了，五四运动把大批大批的青年推上了革命的道路，陈独秀自己则被拥到革命领袖的地位。胡适也可以说是出身于破落的官僚地主家庭。但他没有经过科举，他所受的是系统的新式教育。他很少参加实际的社会斗争，走的是学者之路。他也爱读书，肯思考，只是他把自己的怀疑与批判的精神主要用于书本学问上。他同中国人民大众的生活实际相隔得远，所以他同那些将自己的命运同人民大众紧密联在一起的革命知识分子便格格不入了。

陈独秀不是一个成熟的马克思主义者，一则他没有也不可能深入系统地研究马克思主义的理论；二则他没有长期地同工农群众一起参加实际斗争。这两方面的情况成了他致命的弱点。所以，他不久就开始离开马克思主义，越到晚年越表现出向资产阶级民主主义的复归。陈独秀的一生，可说是一贯的反对派，而够不上一贯的革命家。在清末他反对清朝封建专制，民国以后，他反对北洋军阀，在国民党政府时期，他反对国民党统治。在这些时候，陈独秀的铮铮傲骨令人敬佩。而在共产党内，他一度成为党的反对派。这时，他的傲气不是对着敌人，而是对着党，对着人民集体奋斗的事业，是对党不服气，对革命不服气。这时的陈独秀，被旧意识缠住了腿，没能跟着党和革命人民一道前进，他后退了，落伍了，颓丧了。陈独秀一生先后接受过三种意识形态：封建的、资本主义的、共产主义的。但三者都不彻底,他始终是个半瓶醋。他的成功与失败,他的功绩与错误,他的可爱与可悲,都同这一点有关。胡适是作为学者介入政治的,他一生迷信美国式的民主。对于国内政治,他是个不可救药的和平改革论者,无论如何不肯与统治集团完全决裂,一心追求可以被容纳的小小改革,屡败不悔。这是他与陈独秀的最大不同。陈是无论如何不肯与统治集团妥协。这一点上的不同,造成了两人截然不同的命运:一个屡受统治者的迫害,一生穷蹙;一个成了国民党政府的官方学者,备享盛名所带来的种种好处。

五

胡、陈两人,其思想、立场及命运如此不同,而其友谊却维持终生不渝。这是很耐人寻味,也是很可钦敬的。

当《新青年》的风波骤起,连钱玄同都颇感惊讶,以为他们"短兵相接",会闹到水火不容的地步。可事实上,两人的争论只是各明其理而止,不曾留下丝毫嫌怨。他们的争论结束不过半年,1921年8月27日,陈独秀写信给胡适,希望他到安徽去做教育厅长,好好搞一搞家乡的教育。如果胡自己不愿去,还希望他向任鸿隽劝驾。10月4日,陈独秀在上海被法捕房逮捕。6日晚,胡适得讯,立即打电话给蔡元培设法营救。他不禁骂道:"法国人真不要脸!"①10日,他受法国《政闻报》主笔之邀餐叙,当面指责法国人

---

① 《胡适的日记》(上)第236页。

逮捕陈独秀的不义做法。1922年8月9日,陈独秀再度遭法捕房逮捕。胡适仍极关切。他得知法捕房所提各种证据和不准交保的消息后,于16日写一封很长很恳切的信给当时署理外交部长的顾维钧,"详说独秀案内证据,并说法国人近年作的事,实在大伤中国青年的感情。请他以此意劝告法公使,请他们不要如此倒行逆施,惹出思想界'排法'的感情"。并且还说:"我并不为独秀一个人的事乞援,他曾三次入狱,不是怕坐监的人。不过一来为言论自由计,二来为中法两国国民间的感情计,不得不请他(指顾维钧——引者)出点力。"①这封恳切的长信果然发生效力,顾维钧出面干预的结果是法国公使发电给其上海领事,陈案以罚款了事。紧接着,胡适又与李大钊、蔡元培等一起,为陈独秀募款,以为善后之计。

　　须要说明的是,胡、陈之间如此互相关切与照应,首先自然是他们谊深情笃,同时也是因为他们彼此承认都是有益于国家社会的人。从上面胡适写给顾维钧的信即可看出,胡适仍认为陈独秀是中国进步青年的领袖。至于陈独秀及许多与胡适有师友关系的人,包括李大钊、毛泽东、周恩来、恽代英、邓中夏等人,这时对胡适,仍以师友视之,只是觉得他"太缺少了革命精神"(周恩来语),把他归入"非革命的民主派"(毛泽东语)。故在某些政治活动上,仍希望与胡适这类知识领袖建立联合战线的关系。前面提到的陈独秀所起草的《中国共产党对于时局的主张》,即表示了这样的愿望。陈独秀要张国焘将此宣言带给李大钊传给胡适等人,正是希望得到

---

① 《胡适的日记》(下)第429—430页。

他们的理解与支持。虽然彼此意见分歧，但以李大钊为中介，陈独秀始终与胡适互通声气，遇有新的重要决策，常常先打招呼。例如，1922年陈独秀谋求与孙中山联合，实行国共合作时，是年12月11日，陈写信给胡适、蒋梦麟，告诉他们孙中山先生准备采取新的政策，希望他们给予支持和配合。

1925年初，距离胡适猛烈批评陈独秀不过四个月，陈独秀丝毫不曾忘怀这位老朋友，曾连续数信请汪孟邹转达，劝胡适不要参加善后会议。一来希望他能与南方所有进步力量一致，抵制段祺瑞的政治图谋；二来也是爱惜胡适，不希望他以政治态度的失误，招致青年人更大的反感。胡适虽未听劝，仍然去"尝试"了善后会议，但他中途退会不能不说与陈独秀等朋友的事前苦劝有关。当时中共机关刊物《向导》周报发过多篇批评善后会议的文章。对胡适的评论却很留有余地，还特别指出他提交善后会议的《国民大会组织法》同段祺瑞们大不相同。

陈独秀对胡适的关爱，颇含爱惜人才之意。他很了解胡适，深知他不仅是讲学著述之才，而且有事务才，公共心盛，在同侪及青年中甚有影响。所以，很希望他能与自己同道；即不能同道，也要互相联络；即不能联络时，至少也不要成为对头。而且，最好是能看到他在思想学术方面继续做出贡献。有这一层深意在，故不论怎样意见分歧，不论胡适对他批评如何猛烈，他都能以忠厚待之，决不意气用事。

从胡适方面说，胡适一生极重友情。他也确从友谊中得到许多重大的恩惠。他有一句名言："此身非吾有，一半属父母，一半属朋友。"足见他对友谊的重视。陈独秀也可以说是有恩于他的人,他的成名与陈独秀有重要关系。所以他对陈独秀确有难于割舍的友情。另一方面,胡适作为一个思想相当成熟的学者,他不满意陈独秀的政治态度,但颇想依靠友谊的联系,影响陈独秀,使其不致过于"左倾"。他对于1919年春陈独秀被迫离开北大深致惋惜。他认为陈独秀如果那时不离开北大,或许不至于接受马克思主义和从事创建共产党。胡适此话自然未必可信。但我们也确应看到,胡适对陈独秀是有一定影响的。陈独秀头脑深处始终保留着一层对自由民主的信仰,这不能说与胡适的影响无关。1925年12月,胡适在给陈独秀的一封信里说:"我们两个老朋友,政治主张上尽管不同,事业上尽管不同,所以仍不失其为老朋友者,正因为你我脑子背后多少总还同有一点容忍异己的态度。……如果连这一点最低限度的相同点都扫除了,我们不但不能做朋友,简直要做仇敌了。"①他们确没有成为仇敌,友谊一直维持到底。其所以能够如此,他们头脑中多少有一些彼此相通的东西确是原因之一。这相通的东西,就是对自由、民主的信仰。陈独秀出党之后,特别到晚年,几乎又完全回到民主主义的立场上去了。他认为无产阶级民主"其具体内容也和资产阶级民主同样","特别重要的是反对党派之自由"②。要"反对党派之自由",就是由"容忍异己"的态度而来。这证明胡适对陈独秀

---

① 《胡适来往书信选》(上)第356页。
② 陈独秀:《我的根本意见》,转引自胡适:《陈独秀最后对于民主政治的见解(论文与书信)序言》,见胡适思想批判讨论会工作委员会秘书处编印《胡适文辑》(政治)第77页。

的透视是不错的。所以说，胡、陈两人政治对立而仍能维持友谊，既有私谊起作用，也有共同的思想作基础。如果只看作是个人恩怨，或只看作是陈独秀思想妥协，都属片面。

胡适对陈独秀这位一生坎坷的老朋友，颇尽"友谊之道"。1919年"五四"以后，陈独秀多次被捕，胡适每次都尽力营救。1932年10月，陈独秀被国民党政府逮捕，胡适也曾力谋营救。但这一次是蒋介石的决定，无法挽回。胡适及陈独秀的其他朋友只能做到将陈独秀由军法部门移交普通法庭审理。陈独秀被捕仅半个月，胡适便在他主办的《独立评论》第24号上发表了傅斯年的《陈独秀案》一文，盛称陈独秀是"中国革命史上光焰万丈的大彗星"。12月1日，陈独秀写信给胡适，一以感念他和一班朋友奔走营救之意，再则要胡给他寄一批书，供狱中阅读。还要他催请商务印书馆早日出版他的《拼音文字》稿。此稿早几年即已写出，当时即托胡适与商务印书馆联系出版。商务碍于政治原因不能出版，乃由胡适与赵元任筹集一千元稿费给陈，以供其生活之需，而此稿仍存胡适处。

1937年7月，日本帝国主义发动全面侵华战争。8月，派机轰炸南京，陈独秀狱室被炸，几乎险遭不幸。胡适当时因参加庐山谈话会亦来南京，他与张伯苓等几番奔走请托，终于使陈独秀获释。接着，胡适曾设法转托一家美国出版公司，要他们邀请陈独秀去美撰写自传，陈谢却了。一方面显出陈独秀的铮铮傲骨，另方面也表明胡适确在尽力为老朋友帮忙，为他谋求休养、读书和著述的条件。

陈独秀的生活一直很清苦，胡适在经济上多次帮过他的忙。而且对于陈请托之事，不但他本人要书、要资料，竭力供给，就是陈独秀为其党中朋友如蔡和森、瞿秋白出版著作之事找他，胡适亦均尽力予以帮助。他还曾为某些共产党人推荐和安排工作。

　　但有一件事，胡适拒绝了陈独秀的要求。那是1934年夏天，陈独秀在狱中突然发愿要研究太平天国，他读过了罗尔纲的有关著作后，提出要当时正在做胡适助手的罗尔纲到南京狱中同他细谈。胡适不肯答应。说，独秀有政治偏见，他不宜于研究太平天国，还是让尔纲研究吧。这很可反映出胡适想把陈独秀从思想上"拉回来"的意向。他们的友谊也经历过一些小小的危机，如1924年到1925年那段时期，他们的分歧比较尖锐，常常在一起辩论到不欢而散。那时陈独秀是高姿态，有意让了几分。还有一次，是1933年10月，胡适从国外回来路过南京时没有到狱中去看陈独秀。到北平后，他写信给陈解释说：此次回国匆匆赶回北平，未去看他，请他原谅。两月后有事还要去南京，届时一定去看他。谁知，陈独秀见信大发脾气，说老胡在南京有工夫同达官贵人周旋，独没有工夫看老朋友，声明要与胡适绝交，连亚东图书馆的汪氏叔侄的劝告都不管用。可是，两个月后，胡适果然到南京，果然去看了这位老朋友，秉性恳挚的陈独秀，火气完全消散了。陈独秀出狱后辗转到了四川江津，晚境颇清苦。汪孟邹曾将其情形报告在美任大使的胡适，希望设法让陈独秀出国疗养。胡曾力为设法。但陈独秀一身傲骨，在民族战争的苦难岁月里，他不肯出国。事遂寝。

　　陈独秀于1942年5月27日病死江津。死时尚不满63岁。胡适与他从1916年始有文字交,1937年9月胡适出国后再无直接联系。他们共事不过两年,相交则有二十年。一个是革命家,一个是学者;一个是脾气倔强而待人恳挚,一个是温文尔雅而待人以礼。陈独秀可谓有"至性"的人,常常焕发着激情;而胡适则是个重修养的人,事事出之以理性。他们两人几乎处处都显出可以互补的性质。这一对朋友的交谊及其各自的生平志业,是中国现代史上颇有典型意义的好材料。

初稿写于1984年夏,收入《胡适研究论稿》。
1989年加以增补扩写。

9

蔡元培与胡适

凡是民国年间成长起来的知识分子，没有一个人不知道蔡元培与胡适，也绝少有人在知识、学问、道德与理想方面丝毫没有受过这两位学者和教育家的影响。但很可惜，这两个人在民国教育与文化史上的位置，在一段时期中，不曾充分地被认识，胡适的命运一直是大背时，50年代他被批得一塌糊涂，至今还有人闻胡适之名，悚惕而惧。蔡元培的命运要好些，然而对他的兼容并包、思想自由的方针，多数人至今不敢正眼相看。至于1927年清党案一事，就更无论矣！1979年举行纪念五四运动六十周年学术讨论会时，收论文近二百篇，其中竟无一篇研究蔡元培的论文。笔者深自慨然，乃尽十日之力，匆匆赶成《蔡元培——新文化运动的赞助者和保护者》一文（见《纪念五四运动六十周年学术讨论会论文选》第2册第429—446页），聊以补阙。从那时以来，国内对蔡元培与胡适的研究，都取得了相当的进展。我总觉得，充分理性地，平心地研究蔡元培与胡适这两个人，是我们不能推卸的责任。

一

蔡元培（1868—1940）、胡适（1891—1962）两人相差23岁。一个

生长于国学隆盛的浙东绍兴，一个籍隶以考证学著闻的徽州绩溪。两人是因北京大学而连在一起的。

1917年初，蔡元培就任北京大学校长，立意革新。他聘请清末反满革命中的老将，正在上海办《青年》（2卷1期起，改名《新青年》）杂志的陈独秀来任文科学长。陈是安徽人，久闻胡适少年而有文名，托人写信到美国邀其为《青年》撰稿。不早不晚，就在蔡元培到任，陈独秀亦应聘来京的时候（1917年1月），胡适那篇吹响文学革命号角的宏文《文学改良刍议》在《新青年》发表，这是《新青年》由上海迁京后出版的第一号。在下一号里，陈独秀又发表《文学革命论》，把文学革命运动的调子提到最高度。从此，大海潮音，震动全国，青年学子争相响应。陈独秀向蔡元培力荐胡适，蔡氏异其才识，欣然同意。这年7月，胡适自美归来，一入国门，他就决定应聘为北京大学文科教授。其时，还不满二十六岁。蔡元培以饱经阅历的长者，毅然决定邀请这位刚刚离开学堂的洋学生为最高学府的教授，其眼光识力确属不凡。那时，尽管国中人才甚是贫乏，但远不是所有大学毕业生，乃至洋博士，都能立刻找到如意的工作。胡适入北大，得展长才，功成名就。蔡元培于他实有知遇之恩。

蔡元培后来回忆道："那时候，因《新青年》上文学革命的鼓吹，而我们认识留美的胡适之君。他回国后，即请到北大任教授。胡君真是"旧学邃密"而且"新知深沉"的一个人。所以，一方面与沈尹默、兼士兄弟，钱玄同、马幼渔、刘半农诸君以新方法整理国故，一方面整理英文系。因胡君之介绍而请到的好教员颇不少。"①显然，对胡适初入北大时的情况，蔡元培印象甚深，对胡适于北大的贡献评价也甚高。胡适对蔡元培终生怀有敬意。在他晚年作口述自传时，很亲切地提到他初入北大的情况和对蔡先生的敬意。他说："当我在北京大学出任教授的时候，北大校长是那位了不起的蔡元培先生。蔡校长是位翰林出身的宿儒。但是他在德国也学过一段时期的哲学。所以也是位受过新时代训练的学者，是位极能接受新意见、新思想的现代人物，他是一位伟大的领袖，对文学革命发生兴趣，并以他本人的声望来加以维护。"②

在蔡元培悉心网罗之下，当时北京大学聚集了一大批优秀的学者。一部分是讲旧学的，如刘师培、黄侃等等；一部分是讲新学的，如，除胡适之外，还有钱玄同、李大钊、鲁迅、周作人、刘半农等等。胡适是新学营垒中的佼佼者。在涉及学校改革创新的事情上，蔡元培、陈独秀都极为倚重他。有几项重大的改革就是胡适倡议的。例如，改分年级制为选科制，组织各科教授会，创办研究所，等等。③这些倡议都得到了蔡元培、陈独秀的全力支持。创行选科制，大大鼓励了青年学子的主动精神；研究所的成立直接增强了自由研究学术的空气；而教授会的成立，冲击了一向受政府官僚

---

① 蔡元培：《我在北京大学的经历》，《东方杂志》31卷1期。
② 《胡适口述自传》，见《传记文学》34卷4期。
③ 1917年10月25日，胡适写信给他母亲说："此次教育部因改订大学章程事，召集一会讨论此事。适亦被请参预会事。因建议废现行之分年级制，而采用选科制。此议已经教育部通过，但一切细目详章尚须拟好。此为中国学制上一大革命，一切办理改革之法非数日所能料理。适为创议之人，当竭力筹办此事，期于一年之内可见诸实行，故绝不能久离京城。"又谓："大学现拟分部组织教授会，适亦为创议之人，故非将此事办妥，不能久离京也。"

度影响的旧有的大学行政制度,开创了教授治校的学府风范。至于创办各种学会、研究会,赞助学生成立团体,创办刊物等,蔡元培与胡适更是志同道合。蔡元培亲自主持成立进德会,胡适加入为会员。胡适创办成美学会,志在援助贫苦而有志向学的青年,蔡元培是最主要的赞助人之一。著名的《新潮》杂志,是与胡适关系最密切的几个学生如傅斯年、罗家伦、顾颉刚等人办起来的。他们请胡适当顾问,而蔡元培也给予大力支持。

胡适对蔡元培领导北大改革的气魄衷心敬佩。他认为,蔡先生造成北大最重大的变化是两个:一个是组织方面的,即从校长、学长独裁制改变为教授治校制。这可以大大鼓励教员的积极性和创造性,从而增加学校基础的稳固性,学术发展的连续性。第二个是大力提倡学术思想的自由,容纳个性的发展,使北大成为国内自由思想的中心,引起青年学生对各种社会活动的浓厚的兴趣。[①]后来的事实证明,胡适指出的这两点,对于北大之所以为北大,确是至关重要的。蔡元培长北大的主要贡献正在于此。胡适特别敬佩蔡元培身为校长而不喜专权,倒宁愿分权、减权,这是只有具备高度的民主信仰的人才能有的胸怀。

在蔡元培精神的鼓舞和感召之下,北京大学真正摆脱了旧日京师大学堂的积腐空气,成了一间充满活泼精神和浓厚研究空气的新式大学。各种思潮,各家学派都在北大找到了鼓吹者和信从者。倡无政府主义者有之,倡马克思主义者有之,倡国家主义者亦有之;

---

① 胡适:《回顾与反省》,《北京大学日刊》1922年12月17日。

倡实验主义者有之，倡康德主义者有之，倡儒、道、佛者亦有之；此外更有恋爱至上论者，复辟救国论者等等，不一而足。蔡元培充分容纳这种种思潮，令其自由传播，自由竞争；对于教员学生的政治信仰更丝毫不加限制。以为大学教员，只应问其是否有学问，而不必存政治禁忌；苟有学问，尽可令其发挥所长。教授中有拥护洪宪帝制的刘师培，有拥护清室复辟的辜鸿铭，也有强烈憎恶复辟，而大倡科学民主的陈独秀。这决不是说蔡元培没有自己的信仰，自己的立场和见解。他自己是一个热诚的民主主义者，又怀有无政府主义的理想。他当然不赞成任何复辟的主张，他之容纳刘师培、辜鸿铭，是因为他们学有专长。刘师培的国学，辜鸿铭的英文学，是海内公认的。他们在课堂上讲国学，讲英文学，都是学子所求而与复辟无关。至于各种思潮，各家学说，蔡元培明确主张"循思想自由原则，取兼容并包主义"。"无论何种学派，苟其言之成理，持之有故，尚不达自然淘汰之运命者，虽彼此相反，而悉听其自由发展。"①这是蔡元培最重要的一项主张，也是中国思想史上一种空前的创议。自秦始皇统一中国，焚书坑儒，以吏为师；汉武帝罢黜百家，独尊儒术，垂二千余年，思想定于一尊，习故守常；苟有新说出，必斥为异端，口诛笔伐，不稍留余地。蔡元培长北大，实行的新方针，为中国思想、学术、文化乃至政治生活，揭开了新的一页。

---

① 蔡元培：《致〈公言报〉函并答林琴南函》，《北京大学日刊》1919年3月21日。

由此造成了影响整个中国近代史的三个相互关联的伟大的运动，即文学革命运动、新文化运动和五四运动。

二

蔡元培的"思想自由，兼容并包"的原则，最有利于新思想、新观念的创行，因而最受胡适一类具有新思想的教授、学生们的拥护。可以说，正由于蔡元培的自由主义原则的保护，胡适的白话文运动，实验主义哲学，女子解放、个性解放的主张，乃至疑古的论调等一系列同传统相矛盾的东西才得以畅言无忌，广为传播，引起青年的激动。胡适因此成了新文化运动的领袖，成为青年学生景仰的人物，风头之健，堪称北大教授之冠。

但，也正由于蔡元培的保护，北大校内新说竞出，激怒了守旧派。旧营垒百计图谋报复。于是谣言纷起，北大备受攻击。蔡元培借发刊《北大月刊》的机会，指望说明他的兼容并包原则，以便"释校外学者之怀疑"。他说，外间学者"闻吾校之论理学用欧美学说，则以为放弃国粹，而不知哲学门中于周秦诸子、宋元道学固亦为专精之研究也。闻吾校延聘讲师讲佛学相宗，则以为提倡佛教，而不知此不过印度哲学之一支，借以资心理学、伦理学之印证，而初无与于宗教，并不破思想自由之原则也"①。当时虽已是民国时

---

① 蔡元培：《〈北京大学月刊〉发刊词》，见《北京大学月刊》创刊号，1919年1月。

代,然而社会习气仍不脱专制时代的锢陋,以为全国最高学府,倡一说即当为天下定标准。在守旧派看来,凡不合于他们居中守常的议论的,尽在排斥之列。若大学反而宣传讲论,便是脱出了常轨。林琴南致蔡元培的公开信就指责蔡元培领导北大,"凭位分势力而施趋怪走奇之教育",劝他"留意守常为是"。他们的常轨就是思想专制,守孔孟一家之言,不许改革,不许创新。蔡元培以为宣示了思想自由的原则,便可释人之疑。他把人们的思想水准估计过高了。林琴南等所反对的,恰恰是他的思想自由、兼容并包主义。

当时北京大学最引起旧势力反对的有两点。一是废文言而倡白话;一是批孔孟,倡新道德。这两方面皆以陈独秀、胡适等为急先锋,又都得到蔡元培的支持。蔡曾宣言:"白话派定占优胜"[1],又提出"与其求划一,毋宁展个性"[2]。所以,旧营垒中人,都认为蔡元培与陈独秀、胡适应对北大的"走入歧途"完全负责。于是中伤的谣言,攻讦的议论纷至沓来。

到1919年"五四"前的几个月,"北京的空气已被北京大学的师生们弄得很动荡了。北洋政府很觉得不安,对蔡先生大施压力与恫吓"[3]。守旧营垒借势出头向新文化领袖们发起攻击。

我们且引大名鼎鼎的林琴南先生的例子。

---

[1] 《国文之将来》,《蔡元培全集》第3卷第357页。
[2] 《新教育与旧教育之歧点》,《蔡元培全集》第3卷第174页。
[3] 傅斯年:《我所景仰的蔡先生之风格》,《中央日报》(重庆)1940年3月24日。

林琴南先生致蔡元培的公开信，那是"登大雅"的文献，其中却多有詈骂之语，如"人头畜鸣"之类。而其影射小说《荆生》，梦想有"伟丈夫"（影北洋政府的徐树铮）出来，把田其美（影陈独秀）、狄莫（影胡适）和金心异（影钱玄同）狠狠地教训一顿。作者直骂这三人是"畜牲"。小说《妖梦》，写一个白话学堂（影北京大学），校长是元绪公（影蔡元培，元绪暗喻大龟，已是骂人之语），教务长是田恒（影陈独秀），副教务长是秦二世（喻胡亥，即影胡适）。小说中，田、秦二人倡白话，毁伦常，元绪公点首赞成。忽然来一巨魔，将三人活活吞下，化作一堆臭粪。五四运动爆发的第二天，国务员中就有人提议解散北大，更足以说明，仇视新文化运动者，仇视北京大学者，恰是自命有识之辈的贵族遗老和身居高位的政府官僚。

人们不禁发生疑问，白话文的提倡，对孔孟的批判，新道德的宣传，何以竟至于引起这样激烈的反对？今天比较年轻的人，恐怕多半不能理解。

先说白话文的问题。

人们或许知道，从前南社诸子闹"诗界革命"闹了不少年，未曾激起什么人的愤怒和反抗；林琴南翻译西方文学名著，严复翻译和介绍西方近代思想学说，章士钊办《甲寅》批评时政，所有这些都不曾引起严重的斗争。而白话文的兴起却激起林琴南等辈那般刻毒的怨愤。我以为这其中一个重要的原因，就是上述那班人所写的东西，都未摆脱"精神贵族"的立场，他们的东西仍只限于少数"上等人"看，与亿万"下等人"无关。即使在思想倾向上互相歧异，但毕竟仍只是"老爷们的事情"。正如两位绅士争吵不容家奴置喙一样，甚至若自家女人插嘴，也会被斥退。白话文的兴起会逐渐打破老爷与家奴之间的界限。家奴、女人们也加入来议论"老爷们的事情"，这是老爷们最难容忍的。事实是，白话文运动深受青年学子的欢迎，又经过青年学生们广泛传播到许许多多普通的人群中去。1919 年，全国已有白话报刊四百种以上。于是新思想、新道德、新文学得白话文为传播工具，便如决堤的洪水一样，迅猛冲向社会各个阶层，各个角落。连中学生也要发表思想，批评社会；连商店店员、识字工人，甚至车夫、小贩都要看报纸，都来议论时事，这是中国旷古未有的大变局。面对如此局势，那些专制主义余孽的军阀政客和受他们荫庇的贵族遗老如何不害怕？所以他们把白话文视为洪水猛兽，把陈独秀、胡适视为左道惑人，并因而罪及于保护他们的蔡元培，就不足为怪了。

至于说到批判孔孟与旧礼教，提倡个性解放和新道德，其对于专制主义的不利就更为明显了。中国有两千年以上的专制主义传统，一向标榜以"忠孝"治天下。教忠教孝才能造就奴顺的性格，才能保障统治者的安富尊荣。一提倡个性，便要去掉奴性，在家不能为"孝子"，便要越出前辈轨范；在社会不能为"顺民"，便会不安于现状。他们要独立思考，自断是非，自决弃取。社会上这样的人多起来，专制主义者还能安宁吗？

既然白话文与新道德打扰了"上等人"的安宁，威胁到了统治者的利益，惊破了贵族遗老们的迷梦，他们愤怒，要反抗，要报复，也就是必然的了。

守旧势力认定陈独秀、胡适是罪魁祸首,而且认定蔡元培应负最后的责任。所以,他们首先希望撤换北大校长,驱逐陈独秀与胡适。他们渴望见到这种事实,因而就不顾一切地造作谣言,公然给报纸写通讯,发专电,说陈独秀、胡适、钱玄同与刘半农(一说是陶孟和)已被驱逐出北京大学,陈独秀已去了天津等等。发布这个谣言的竟是北大学生,林琴南的弟子张厚载。张身为北大学生,却与旧日老师一副头脑,对新文学百般看不惯,尤反对胡适的戏剧改良论。以思想不同,而转成怨愤,图报昔日师恩,宁闭眼不看事实,忍心害理,造作谣言。张的行为反映了旧势力共同的心理;也反映了蔡元培和北京大学当日所承受的巨大压力。据傅斯年回忆,蔡元培当时有两个"谋客"(据笔者考究,这两个谋客一为汤尔和,一为沈尹默,皆是蔡的同乡,善于谋划)。其中一个给蔡出主意,至少要去掉陈独秀,并"约制胡适",才能保护北大。蔡元培正色说道:"北京大学一切的事,都在我蔡元培一人身上,与这些人毫不相干。"①这种勇于承担责任的领袖风范,实与中国专制主义传统所造就的"一切功劳归于自己,一切错误推给他人"的典型恰成对照。

蔡元培保护了北大,保护了胡适。②后来,五四运动爆发后,蔡元培辞职出京,胡适参与维持校务,苦撑以待蔡之归来。蔡曾表

---

① 傅斯年:《我的景仰的蔡先生之风格》,《中央日报》〈重庆〉1940年3月24日。
② 陈独秀终于离开北大,直接原因是社会舆论攻击其隐私。蔡元培为进德会会长,有不便回护之处。不得已,乘取消学长制而建立教务处的机会,令陈请长假离校。而胡适以下诸人皆安然无恙。参见《胡适来往书信选》(中)第281—290页。

示，对他"维持的苦衷是十分感激的"①。这可算是胡适对蔡先生的一种报答。

三

北大的共事，新文化运动中同一阵线的经历，给蔡、胡两人的终生友谊奠定了牢固的基础。以后直到蔡元培1940年病逝，二十年间他们在许多重要活动中，都有着密切的联系。1921年，胡适组织努力会②，蔡元培被邀请参加。1922年，胡适起草《我们的政治主张》宣言，蔡元培领衔发表。1927年，蔡元培创设和领导大学院，聘请胡适为委员，以后又创办中央研究院，胡适参加其评议会。1928年，以蔡元培为董事长的中国公学董事会决聘胡适为校长。在蔡的支持下，胡适整顿中国公学，颇有成绩。1932年，蔡元培协助宋庆龄创设民权保障同盟，胡适被邀加入，并负责创设了同盟的北平分会，如此等等。这些活动基本上是沿着平行的两个方向运作的。一个是争取中国社会的民主化；一个是发展中国的教育学术。这两者可以说是中国近代化过程中最重大的两个课题。在这两方面，他们两人虽亦有不同处，但基本上是同一立场，同一阵线的。蔡元培死后，学界人士很希望胡适卸去驻美大使职务，归国继蔡先生任中央研究院院长。但因种种原因，此事未成事实。抗战结束

---

① 《胡适来往书信选》（上）第59页。
② 努力会是个力图在知识界扩大影响，致力于中国的改革与发展的小团体。其简章见拙著《胡适研究论稿》第380页。

后,胡适被任为北京大学校长,这可算是他继承蔡先生事业的一次重大机会。但那已经是国民党内力衰颓,日益腐化之时,加之内战又起,教育事业已无从谈起。胡适的许多雄心勃勃的计划,都徒成废纸。

使我们感兴趣的是,蔡、胡两人作为民国时期学术教育界发生重大影响的两个人,他们在思想和行为上有着惊人的一致性。

比如,在教育方面:

一、主张个性的教育。蔡元培强调学校教育要特别重视培养健全的人格,处处注意养成学生的自动精神,故谓"知教育者,与其守成法,毋宁尚自然;与其求划一,毋宁展个性"[1]。胡适更是非常强调学生个性的发展,由他主稿的"学制案",以"谋个性之发展"为七条宗旨之一。他更突出强调培养学生智能的个性,即养成学生"独立思想,独立观察,独立判断的能力"[2]。

二、关心平民的教育。蔡元培认为,发展教育是建设近代民主国家的必要条件,因而时时注意提倡平民教育。首先在北大开设校役夜班,以后又开设平民夜校。开学之日,他亲临讲话,宣传人人都有受教育的权利,"要全国人都能享受这种权利才好"[3]。胡适在其主稿的"学制案"里,也非常强调"发挥平民教育精神","使教育易于普及"。

三、提倡女子教育。蔡元培是中国最早创办女子教育的先驱人

---

[1]《新教育与旧教育之歧点》,《蔡元培全集》第3卷第174页。
[2]《实验主义》,《胡适文存》卷二第144页。
[3]《蔡元培全集》第3卷第380页。

物,著名的上海爱国女校就是他亲手创办的。新文化运动期间,他对发展女子教育尤为关切,认为这是女子解放的根本途径之一。他不恤传统陋见,首创大学招收女生的先例。而这件事恰与胡适密切相关。1919年10月,胡适发表《大学开女禁问题》,指出,大学招收女生是近代高等教育理所当然的事情。但中国女子教育不发达,为实现这一点,须认清步骤,创造条件。第一步,要先聘任女教授;第二步,是招收女子旁听;第三步,是改革现行女子教育,使其与高等教育相衔接。北京大学正是循此步骤实现大学招收女生的。胡适为女子争教育权的思想最突出地反映在他为一个普通的女学生李超所作的传记里。

四、教会教育问题。教会学校是西方国家的教会团体在中国所办。蔡元培与胡适都坚决反对在学校中实施宗教教育。蔡元培说:"我尤所反对的,是那些教会的学校同青年会,用种种暗示,来诱惑未成年的学生去信仰他们的基督教。"他主张,大学不设神学科,各种学校均不得有宣传教义的课程,不得举行祈祷式;以传教为业者,不宜参与教育事业。他强调说:"我的意思是绝对的不愿以宗教掺入教育。"①他并且谴责,用宗教宣传引起"无知识的人盲从的信仰,来维持传教人的生活,这完全是用外力侵入个人的精神界,可算是侵犯人权的"。②在这方面,胡适是他的坚决的同盟者。胡适指责说,教会"利用儿童不能自己思想的时期,强迫他们做宗教的仪

---

① 《蔡元培全集》第4卷第179页。
② 《胡适文存三集》卷九第1168—1170页。

式，劝诱他们信仰某种信条，那是不道德的行为"。"这种行为等于诈欺取利。"他主张，学校里应当完全排除宗教的影响，"彻底实行思想自由，言论自由，信仰自由"。①他屡次在教会团体和教会学校的讲坛上宣传他的这些主张。如果考虑到早在 20 年代，全国就有 30 万青少年是在教会学校中读书的，那么我们就不能不重视他们两人的主张所具有的实际价值。从这里也反映出这两位教育家和学者所具有的高度的人道主义和理性主义。他们是任何野蛮与蒙昧的对头。

五、争取教育独立。蔡、胡两人都把教育事业在国家生活中的地位看得十分重要。他们不赞成把教育附属于政治、宗教或任何别的东西。蔡氏说："人类事业最普遍最悠久者莫过于教育。"胡适认为教育是社会生产力的源泉，是"接受人类遗产"的关键。所以他们认为，教育应占有崇高的独立的地位。1922 年，蔡元培提出《教育独立议》。胡适也终生持有教育独立的主张。他认为，政府对于教育只应负起筹拨教育经费和委任教育行政人员的责任，不应干涉教育的具体进行，他尤其反对所谓"党化教育"。

六、关于高等教育。蔡元培既办过中等教育，也办过高等教育。但正如他自己所承认的，他的兴趣偏向于高等教育。胡适则一生主要从事高等教育。他们把这看作是国家各项事业中，一项最重大，最具长远意义的工作。他们知道，没有好大学，也不会有好的中学，也就不会有全民族素质的提高。所以努力办好高等教育是两

---

① 《胡适文存三集》卷九第 1168—1170 页。

人共同的志向。蔡元培强调高等教育的任务在于研究高深学问,他大力主持创办研究机构,在大学办研究所;离开大学,办中央研究院。胡适是他的主要支持者。胡适强调"大学教育应该朝着研究院的方向发展"①。他还特别提出"大学应为国家造就领袖人才"②。所以,在他那里,国家办高等教育,是提高国家的力量和地位的一件极其紧要的工作。

七、对学生、对事业的高度责任感。蔡元培在就任北京大学校长的演说中,强调大学内必须树立认真读书,认真研究的风气,不应混资格,混文凭。他千方百计聘请最优秀的学者到校任教,对不称职的教员一概斥退,即使是外籍教授也不姑息,即使外国公使提出干预,亦所不恤。胡适从教育的重大社会使命出发,尤其重视教育质量问题。北京大学曾因政治活动的冲击,学生误课太多,成绩下降。他在一次讲演中说,北大的学年考试,居然没有留级、降班的,这是北大的耻辱,它说明北大的教育是不严格的。1921年,因学潮误课甚多,学校准备开学后先补课一月,然后接上新学期的课。胡适坚决反对,主张干脆将学业延长一个学期,将所有误课认真补好,然后再开始新学期。此议甚得蔡先生赞成,但在教务会议上却没有通过。为此,胡适被"气得难受"。在一个月的补课结束时,他写道:"此一个月的补课,我虽尽心力做去,但终是一种敷

---

① 《争取学术独立的十年计划》,天津《大公报》1947年9月28日。
② 胡适给翁文灏的信(1937年5月17日),见《胡适来往书信选》(中)第357—358页。又见《归来之感想》,《晨报》(北平)1936年12月5日。

衍，心里终过不去。"①这是他教育家的良心和责任感的表现。还有一事，最能表现他对教育质量问题的态度。30年代，胡适为其母校，上海澄衷学堂三十周年写文祝贺。他说，澄衷学堂在全国的中学中，要算是经费最充足，教员最称职的。可是三十年来，他们坚持只办初中，一心一意办好初中，决不"升格"。他认为，这一点精神是值得澄衷学堂的董事和教员们骄傲的。在胡适看来，教育的发展首先不在于多收多少学生，多建几所学校，更不是把小学变初中，把初中变高中，而首先是提高教员和学生的程度。世界上没有哪件事情比教育事业更加需要诚实、认真和高度负责的严格精神。

蔡、胡两人在民国教育学术界服务都在三十年以上。在这个领域里，他们思想一致，亲密合作，为国家做出了重大的贡献。

蔡、胡两人另一个极其相近之处，是他们两人都真诚地向往民主主义。首先我们应当看到，蔡元培在北大极力实行"思想自由，兼容并包"的原则实即是他的自由、平等、博爱的精神的贯彻。我们看他《不肯再任北大校长的宣言》就会更加明白这一点。蔡先生珍爱自由，痛恶官僚政治。不自由，即引去，决不与恶政治同流合污。1920年8月，胡适同北大另外几位教授发表《争自由的宣言》。两年后，他草拟《我们的政治主张》，要求以好政府代替现有的恶政府，以便实行"公开的政治，有计划的政治，宪政的政治"。蔡元培毅然领衔发表之。在这个宣言上签名的，除了一大批具有英美教育背景的知识名流以外，还有共产党人李大钊。六十年来，此

---

① 《胡适的日记》（上）1921年10月8日。

事备受指责，完全不被承认它的民主意义。在讲李大钊时，所有文章著作照例避而不谈，好像是李大钊的一个污点。我看现在应是还事情本来面目的时候了。无论是李大钊，还是蔡元培，他们在这个宣言上签名，丝毫无损于他们的历史地位。因为这是一些真诚地追求民主、自由和进步的知识分子的一种表示，而不是政客们的把戏。1923年1月，蔡元培为"罗案"①再起，挺身抗议新上任的教育总长彭允彝干涉司法，践踏人权，毅然辞职，发表有名的"不合作宣言"。当时陈独秀批评蔡元培的行动会引人倾向消极主义。胡适立即出来支持蔡的立场，认为蔡先生的"有所不为"的决心，是打击恶政治第一步必须的。1929年，胡适与刚得势的国民党不谐，连续写文抨击当局践踏人权，要求速订宪法，实行宪政，保障人权。国民党当局极为不满，组织围攻，给予处分，不一而足。蔡元培则十分赞赏胡适的言论，认为是"振聩发聋，不胜佩服"。1932年末，蔡元培与宋庆龄组织民权保障同盟，胡适参加并创立北平分会，担任主席，立即着手调查人权问题，后因与总部发生分歧而退会（其原因，后面会谈到）。至此为止，我们看到，在争取自由民主的事业上，蔡元培与胡适也是长期共同奋斗的。

四

　　蔡元培与胡适虽然基本倾向一致，或极相近，但作为两个各有

---

　　① 指所谓"金法郎案"，1923年1月，彭允彝公然提议，在无证据的情况下，重新逮捕曾被疑贪污的财政总长罗文干。蔡元培为表示抗议而辞职。

多方面影响的历史人物，他们之间的差别还是明显的。我想从政治态度、治学方法和做人风范上来作一点稍为深入的比较观察，借此或可丰富我们对于历史人物的认识。

蔡、胡虽都是真诚的民主主义者，但由于个人经历和所处地位不同，在对待现实政治问题的态度上，往往有差异。大体上，在北洋政府时期，因蔡元培是政府任命的官员，而胡适是纯粹学者，所以不论在新文化运动问题上，还是在批评政府方面，胡适都比蔡元培来得更激进一些。如他在《努力周报》上的时评，对贿选上台的总统曹锟，对红罗厂卖身的猪仔议员，对教育总长彭允彝等等，抨击皆甚激烈。同时，他与陈独秀、李大钊、高仁山等革命分子的关系，也远较蔡元培同他们的关系更加密切。李大钊、高仁山后来均遭反动军阀杀害，胡适也一度蒙"赤化"之名，为北洋军阀所不容。蔡元培除两度辞职，以示不合作以外，对北洋政府不曾有更激烈的表示。

在国民党统治确立的最初几年里，蔡元培以其与国民党的历史渊源之深，加上与"分共案"的关联，他虽与蒋介石等人保持一定的距离，但终究是身处当局之中。他任过监察院长，大学院院长等等。胡适被聘为大学院委员，不久就坚决辞掉。在他就任中国公学校长时，为公学立案事又遭当局的刁难。1929年，他连发几篇文章激烈抨击国民党当局，甚至直批评到蒋介石、孙中山的头上。为此，国民党人对他大张挞伐，指其"诋毁总理，狂评主义，诬蔑中央，凡煽惑人心之言，危害党国之论，无所不用其极"。可见，这时胡适仍保持一种比较激进的自由主义立场。但1931年九一八事变后,胡适的态度转趋温和。而蔡元培这时却同蒋介石核心集团大不谐,他同宋庆龄组织的民权保障同盟,明显地带有反蒋的性质。胡适虽亦参加该组织,却只是从其维护人权和实行法制的考虑出发。所以,当同盟总部为着达到释放一切政治犯的目的,而越过胡适领导的北平分会,直接发表一种胡适认为伪造的控诉北平监狱酷刑虐待的材料时,胡大为不满。他不经同盟同意,在报刊上发表文章和谈话,批评同盟总部的做法。蔡元培尽管与胡适私交甚好,但在这一重大原则问题上,他坚持同盟总部的立场,与宋庆龄一道,请胡适"自由出会"。这件事是胡适与蔡元培发生明显分歧唯一的一次,也成了胡适同国民党当局关系发生转变的一个契机。从此以后,胡适与蒋介石核心集团越来越接近,而蔡元培与蒋介石却越来越疏远。蔡积极参加营救一些重要共产党员和革命分子(如许德珩、侯外庐、廖承志、陈赓以及共产国际的牛兰夫妇等)。他同鲁迅的关系,亦由私人的友谊而进至紧密的政治结合,这也是他反蒋的政治立场的一种合乎逻辑的发展。这时他同胡适的政治分歧还表现在对抗日问题的立场。蔡氏是明确主张抗日的,因而支持青年的抗日救国运动。而胡适却拥护蒋介石的"攘外必先安内"的政策,对青年救国运动虽亦有某种程度的同情,但坚决反对学生罢课。

　　蔡、胡两人政治态度上的不同表现有其深刻的历史与思想的渊源。蔡元培虽是学者、教育家,但他始终是"政治中人",而胡适首先是学者,他的议论基本上不超过"书生论政"的范围。他的反对北洋政府,批评国民党和后来的拥护蒋介石,都非出自党派的关系，而是知识分子凭其个人对国家民族命运的认识而决定其态度。对北洋政府，胡适认为，这个政府太不像样了，是"强盗政府"。他抨击国民党，因为他对他们期望太高，指望他们像西方的政府和政党那样，把国家尽快引上宪政的轨道。但国民党人不理解他的意思，误以为是敌对分子，矛盾弄得很尖锐。胡适遂即表明心迹，是"希望国民党反省"，促其"自身改善"，以免在人民中积怨太深，酿成燎原大火。①胡适是个完全的和平改革论者，是个补天派，不是拆台派，不是革命派。他希望国民党慢慢终于走上宪政治国的道路，所以坚决反对共产党领导的暴力革命。但他终其一生不肯加入国民党，始终给自己保持一种可以自由批评政治的立场。可以说，拥蒋反共的胡适，仍不失为一个自由主义的知识分子的领袖。

　　蔡元培与胡适不同。从清末以来他一直投身政治运动。参加同盟会，参加光复会；民国以后则一直以国民党元老的资格从事政治活动，并屡次担任政府公职。所以他的政治活动都具有党派的背景：其反清，有同盟会的背景；与北洋政府不合作，有国民党的背景；其反蒋，则有国民党左派的背景。这同纯粹自由主义知识分子是不可同日而语的。正因为其活动有党派的背景，所以更易遭忌。他与宋庆龄领导民权保障同盟，同情共产党，蒋介石不惜暗杀一位资深望重的国民党员杨杏佛，以达到扼杀民权保障同盟的目的。这也是中国政治史上的一个特色，对于稍有眼光的政治家来说，书生论政或可优容，党派活动却最为大忌。胡适颇谙此中道理，故一生

---

① 见《〈人权论集〉序》，并参考《胡适研究论稿》第230页。

只做无党派的人。

对自由、民主的追求，可以把蔡、胡两人联在一起。但各人经历与地位的不同，又把他们区别开来。

当我们的比较观察转入学术范围的时候，蔡、胡两人的差异就显得更为醒目了。两人虽然都长期服务于教育学术界，但蔡先生是作为领导人，主要从事教育行政方面的工作。胡适虽也做过系主任、院长、校长，但却始终未停顿专门学术的研究工作。所以，两人的差别首先就在于蔡先生是博览中西，泛滥百家；胡适则是中西融汇，学有所归。蔡先生亦曾多年留学海外，但他是在中国学问已成，根基已固的情况下去做老童生，他只是去求更多的了解，而不在乎完成什么。所以，没有哪一个学派，哪一种学说，哪一种方法，真正变成他自己的。蔡先生曾自述，其西学零散而无系统，说他留学时"拾取零星知识，如于满屋散钱中，暗摸一二，而无从联贯"，自认是"受中国读书人之恶习太深"。[①]所谓中国读书人恶习就是博览而无系统，散漫而无中心。我认为蔡先生这段自我批评是很诚恳的，符合他的实际。正因有此不足，所以，尽管他本人也知道做学问最主要的是方法，但他远未能锤炼出自己的一套方法。他的《中国伦理学史》、《哲学概论》等，都只是讲义式的概述，谈不上有精密的方法。至于他的《红楼梦》研究，则更是因为方法不当而脱离了科学研究的轨道，陷入牵强附会之中。他断定《红楼梦》是影射康熙时政治斗争的小说，给书中大部分人物找到历史上的模

---

① 蔡元培致吴稚晖书，见载《民立报》1911年2月25日。

特儿。但他既未弄清确实的作者也没有证明作者影射的确实动机，只从字面、字背种种可能的含义上去附会历史人物，这是极靠不住的。胡适批评这种方法是"猜笨谜"，蔡先生却说："这正是中国文人的习惯。"仿佛说，研究中国文人作品，正宜如此。难怪蔡先生的朋友和同乡汤尔和说，胡适《四十自述》中写其母亲的长辫是暗用古代美人长发垂地的典故。这种从字缝中猜谜的把戏，同细心搜集材料进行研究的方法，其差别真不可以道里计了。现在，恐怕没有哪一个稍为严肃的文学史家会相信蔡先生的方法和结论了。

胡适与蔡元培不同，他十几岁就进入上海的新式学堂，接着到美国留学，受到系统的西方教育，得到比较充分的治学方法的训练。他一生的思想事业都是在留学时期结胎的。他的思想方法和治学方法是充分自觉地形成起来的。他的观察政治问题，或治哲学、治史学、治文学都自觉地运用他的实验主义的方法。他自述，方法问题主宰了他的一生。我们看他的哲学史、文学史、思想史、古小说考证等等，非常清晰地表明了这一点。人们对胡适的学术著作可以提出种种批评，但谁也不能否认，他有非常自觉的一贯的思想方法和治学方法。这个方法实质就是把西方实验主义哲学同中国传统的考证学相结合。胡适利用这个方法，在许多领域都取得了开创性的成就。蔡元培对胡适的方法和成就是衷心悦服的。他为胡适的《中国哲学史大纲》作序，说它有四大长处，并强调只有像胡适这样"旧学邃密"，"新知深沉"，中西兼长的学者才能作出这部中国哲学史。蔡的奖掖，对于胡适确定其学术地位是颇有关系的。胡适对蔡先生自然是敬重和感激。但对他的《石头记索隐》还是禁不住说了很不客气的话。在学术上，他们属于两代人，其间的差别是可以理解的。在中国近代，西学传入以后，一直存在吸收与排斥两种倾向。吸收的过程经历了不同的阶段，蔡元培与梁启超一辈人，是属于泛滥百家的时代；新文化运动以后，才是建立和发展新的专门学术的时代，胡适恰好是这个时代的开路人物。

最后，我们再看看蔡元培与胡适在做人风范上有何异同。

人创造了文化，文化造就了人。蔡、胡两人都是中西文化互相冲突又互相融汇的过程中训练出来的人物。他们都比较自觉地企图解决中西文化结合的问题。结合有两个方面：客观的方面和主观的方面。客观的方面，就是在政治、经济、教育、学术等各领域，荟萃中西之长，创造中国的新政治、新经济、新教育与新学术。主观的方面，就是在中西文化结合的过程中，变化自己的心态，产生新的做人风范。

应该说，蔡元培与胡适在做人的方面很有相似的地方，他们都有持己谨严，待人和平的风度，但仔细考究一番，还是会发现两人的风范颇有微妙的差别。

蔡元培因身肩重任，平时难得与普通教师、学生接触，但他的平易、谦和、待人友善的态度，还是给人以极深的印象。只要同他有所接触，哪怕只见他一面，听他一次讲演，都会受到他的人格的感染。冯友兰在北大读书时，只见过他两次，后来只在海外见过。但回味起来，冯氏觉得在蔡先生身边，感同光风霁月。他的人格能造成一种气象，沐浴这种气象之中，就不能不为他的人格所感化。胡适亦是洵洵学者，平易谦和，言谈文雅，待人亲切。若逢假日，谁到他家都会受到良好的接待，感到春光融融，所有青年学子最愿意接近他，聆听他的言论。但他与蔡氏不同，在融融和气，彬彬有礼之中总会渗透出一点儿"勉力为之"的味道，使人感到他是凭一种做人的技巧，使"任何人跟他在一起都觉得舒服"，①才子和傻瓜都能得其所哉。这表明，胡适自己有如此做人的需要。照张奚若所说，他是"好邀誉"。②他自己早年就承认"思想颇锐，而未尝不用权术"。③成名之后，仍自认待人处事"颇近于玩世"。④以此，我觉得蔡先生的"光风霁月"的气象是自然浑成，而胡适的满面春风，却不免"有意为之"的痕迹。这决不是说胡适是伪君子。盖人生世上，遭逢多故，能始终葆其天性不漓，实所罕有。有志向善者，都要靠自己修养磨炼。中国正统儒家的优秀人物，皆以这种修养磨炼功夫为人生第一件大事。故历史上颇出了几个近于圣贤的人物。但多数人不能达此境界。像蔡先生那样庶几可谓近于圣贤了。而胡适虽有时亦颇现出几分圣贤光彩，但基本上是个贤者或智者，而非圣贤。蔡氏因近于圣贤境界，其待人之诚，容人之量，几乎是所遇皆然，始终一贯。胡适因是勉力为之，有时稍一松懈，便发生意气和不容人的情形。当年林琴南那般攻击北大，攻击蔡元培，而蔡氏复信丝毫不假辞色，评情论理，真可谓"犯而不校"了。胡适以晚辈学者，屡受蔡之知遇奖掖之恩，而对其《石头记索隐》攻之为"猜

---

① 温源宁原作，倪受民移译：《胡适之》，《逸经》第14期。
② 张奚若致××的信，《胡适来往书信选》（下）第517页。
③ 《胡适留学日记》1914年6月8日。
④ 胡适致梁漱溟的信，见《胡适文存二集》卷二第71页。

笨谜"。蔡元培作跋语只是申述己意，未尝有为此作气之意，真可谓"人不知而不愠"。胡适有时就做不到这一点了。施存统曾责备胡适在一次讨论工读互助团问题的会上，竟露出"谩骂轻佻的口吻"①。杜威来华讲学，胡适要求《益世报》登载不索报酬的"义务广告"，该报未允，改登新闻栏，胡适大不高兴，竟指责该报是以党派待学术。该报主笔邓家彦批评胡适，为此"入人于罪，愤愤然若不可解者，岂哲学家固应如此耶？"②1935年夏，《晨报》登出某一不学无术之徒批评胡适考证蒲松龄生卒年的文章。胡适见了，大生气，他要求《晨报》重登他的考证文章，"以赎失察之罪"③。1948年，为考证《水经注》案，胡适与钟凤年见解迥异，大约是胡适致钟凤年信中词语有失谦和，钟氏认为是"饱以老拳"。胡适再回信说，"辩论无益，徒伤感情"，是以不欲再辩。④类此情形，在蔡先生那里，断断不会发生。蔡先生也有发怒或争持之时，但都是为公事上的原则问题，决不含个人意气。这就是他们的差别。

五

蔡元培与胡适都是学者和教育家，他们的差别，最大的根据，

---

① 施存统致百棣的信（1922年5月4日）。
② 邓家彦致胡适的信《胡适遗稿及秘藏书信》第40册第195页。
③ 胡适致陈博生的信（1935年7月30日）《胡适遗稿及秘藏书信》第20册第53页。
④ 钟凤年致胡适的信（1948年7月8日）。胡适复钟凤年的信（1948年7月11日）。

仍在于他们各自的教育背景。

蔡先生 15 岁为秀才，21 岁中举人，24 岁成进士，翁同龢氏许为"年少通经，文极古藻，隽才也"①。足见其旧学根柢相当深厚而扎实。直到 26 岁时，震于甲午之败，始"省悟中国的政教，实有不及西洋各国处，且有不及维新的日本处"。从此始关注西学，读教会所译和日本人所译的西学书。"且由应用的方面，引到学理方面，把中国古书所有的学理来相印证。"②这以后便有维新运动，便有废科举兴学校。而胡适恰当此时，再也没有系统接受旧教育的机会。而且人们再无须为科举事操心，读书最迫切的理由是求知识、求本领，造就职业能力，甚或就是为了救国。这同自古相传的读圣人书，期作圣贤的道路大相径庭。胡适 13 岁进入上海新式学堂，受西式教育，以后在美国完成其系统教育。其学问主体是西学。蔡先生以其旧学根基已固，价值标准已趋定型，故对西学是选择，是拿来与旧学相印证，所以谈自由平等博爱，谈社会主义，言必称孔孟。他对西学颇曾博览，且具眼光识力，但其根本态度，从立身行事到从政问学，都极受旧学的影响。胡适便不同了。他的思想，从原则到方法都是在西方文化环境中结胎的，已建立起西方式的价值标准。他反转来对旧学加以选择，取其可与西学相结合之点，而弃其不能相合之点。他在说明其整理国故的原则时，这种意思表达得最为清楚。他说，整理国故"就是从乱七八糟里面寻出一个条理脉络

---

① 《翁同龢日记》第五册（光绪十八年六月十一日），中华书局，1997 年。
② 蔡元培：《五十年来中国之哲学》，《蔡元培全集》第 4 卷第 366 页。

来;从无头无脑里面寻出一个前因后果来;从胡说谬解里面寻出一个真意义来;从武断迷信里面寻出一个真价值来"①。简单地说,就是用西方的科学方法对过去的文化遗产重新加以整理、鉴别,求得其真价值。

胡适的观点、方法,他的价值判断,同中国固有传统存在尖锐的矛盾。但他是一个异常聪明的人,他深知,在中国社会环境里欲有作为,必须调整好自己同传统的关系。为了要改变传统,必须理解传统。所以在为人处事方面,他都力求中国化,对婚姻、家庭、朋友等等,都不轻易触犯传统。在治学方面,他也尽量使其本来得自西方的方法具有中国化的形式,他竭力表彰中国的考证学就是这个道理。有人认为考证学是史学末技,殊不知,考证学也和其他学问一样,到了大家的手里,使其发挥尽致,也可发生极大的影响。胡适的《〈红楼梦〉考证》,使旧的索隐派尽失光彩。从此,古典文学的研究才走上正当的学术轨道。他的《〈水浒传〉考证》,竟鼓动起一个青年学者(顾颉刚)发大心愿,重新考证古史,崇古的心理被打掉了一大半。难怪当时参与辩论的旧派学者感叹世道人心受了影响。

胡适为了调整自己同传统的关系,一度不免产生压抑心理。在家庭生活、社会生活中都是如此。大概只有极少的人知道他内心的寂寞与痛苦。到晚年,他特别强调容忍的精神,是他毕生经验的总结。

---

① 《新思潮的意义》,《胡适文存》卷四第162页。

蔡先生从旧学中来，又了解西方的许多长处，因而在中国社会中，他比较能够自如地应付新旧的冲突。从中国知识分子的眼光看去，蔡先生被视为中西荟萃的典范人物。如罗家伦说，他"凝结中国固有文化的精英，采撷西洋文化的优美"①。任鸿隽说他"萃中西之长于一身"②。傅斯年说："蔡先生实在代表两种伟大的文化，一是中国传统圣贤之修养，一是法兰西革命中标揭自由平等博爱之理想。"③这些评论都是就其完整的人格而发。

对于胡适，称赞他学贯中西的颇不乏人。在老一辈知识分子和青年人中，也颇有不少人景仰他的人格。但像上引材料所表现的，一代人中发自深心的人格敬仰，胡适是不曾得到的。所以，我说蔡先生是个圣贤型的人物，而胡适只是个贤者或智者。

有人会说，像蔡先生这种以固有传统为基础，结合中西文化的风范是最好的，在目前现代化的文化重建过程中最应提倡这一典范。

我的看法稍有不同。我和许多老辈的和中年的知识分子一样，非常敬仰蔡先生。但说到文化建设的问题，我总不喜欢提倡某种现成的模式，要大家模仿。第一，我认为要大家都成为一种类型的人，是事实上决做不到的。第二，大家都循一种模式也是无益的，社会还是多样一些为好。文化问题尤其如此。古今中外，以领袖和先知自命的人，不知提出过多少文化的模式和做人典范，但到头

---

① 《伟大与崇高》，《中央日报》（重庆）1940 年 3 月 24 日。
② 《蔡先生人格的回忆》，《中央日报》（重庆）1940 年 3 月 24 日。
③ 《我所景仰的蔡先生之风格》，《中央日报》（重庆）1940 年 3 月 24 日。

来，没有哪一个民族是按这些人的意志被定型的。文化还是以丰富多彩为好。五四新文化运动，决不是某种单一的运动。单有蔡元培不会有新文化运动。同样地，单有陈独秀、胡适或李大钊、鲁迅，也不会有新文化运动。实际上，是我们这个被种种危机警醒起来的伟大民族，酝酿和萌动了半个多世纪寻求新生的种种斗争，造就了种种杰出的人物，以历史的机缘汇聚到一起，才造成了那个伟大的文化重建运动。在这个运动过去半个世纪之后，我们审视这个运动中的种种人物，品评其长短，然后主观地认定某种或某个人物是最好的，以他来规范后人，其余都不足道，这肯定不是明智的态度。照我的看法，就近代史范围说，凡是为中国社会的进步，民族文化的重建做过有益的工作的人，都值得我们长久地追念。我们只有在综合前人一切优秀成果的基础上，才可能有新创造。若满足于为某派某人之绪余，那就只能等而下之了。但即使有人对前辈的成果做了最好的综合，他所提供的，对于伟大新时代来说，仍只是有限的部分。正因此，我最赞赏蔡元培先生的兼容并包精神。我认为，从文化史的角度看，这是蔡先生留给我们的最珍贵的遗产。

1988 年 3 月 11 日

10

胡适与梁启超

作为历史人物,梁启超的黄金时代是在清朝末年;而胡适则是在五四新文化运动中成名的;他们整整相差一个时代。两人各在自己的时代里发生了重要的影响。我们比较研究他们在思想、学术和政治态度等方面的异同,这对于近代思想史是很有意义的。

一

胡适比梁启超小18岁。他降生的那一年(1891年),梁启超入万木草堂,在康有为弟子群中是出类拔萃的一个。1895年,胡适始入塾读书。那一年,梁启超在北京参与发动公车上书,开始成为政治舞台上的风云人物。1898年,变法失败,梁启超出亡日本,时仅七岁的胡适,大约根本不知道有这回事。

胡适真正知道梁启超并受到他的影响是在上海读书期间。1904年,他到上海入梅溪学堂读书。有一次为了应付作文《原日本之所由强》,得其二哥的帮助,见到了《壬寅年〈新民丛报〉汇编》。1905年,转入澄衷学堂后,更把《新民丛报》当作了重要的精神食粮。他在《四十自述》中回忆说:"我个人受了梁先生无穷的恩惠。现在追想起来,有两点最分明。第一是他的《新民说》,第二是他的

《中国学术思想变迁之大势》。"①又说:"《新民说》诸篇给我开辟了一个新世界,使我彻底相信中国之外还有很高等的民族,很高等的文化。《中国学术思想变迁之大势》也给我开辟了一个新世界,使我知道'四书五经'之外中国还有学术思想。……这是第一次用历史眼光来整理中国旧学术思想,第一次给我们一个'学术史'的见解。"②由于受梁氏的启发,胡适萌发了作中国学术思想史的志愿,差不多定了他一生的学术方向。

辛亥革命爆发的时候,胡适正在美国留学。他曾受过革命党的影响,因此不很赞成梁启超的政治主张。但对梁氏于思想界的积极影响,他却始终很敬佩。在《四十自述》中他曾说:"他(指梁启超——引者)虽不曾明白提倡种族革命,却在一班少年人的脑海里种下了不少革命种子。"③最能反映他这种看法的是1912年当梁启超结束十四年的流亡生活回国的时候,他在日记里写下的一段话。他说:"梁任公为吾国革命第一大功臣,其功在革新吾国之思想界。十五年来,吾国人士所以稍知民族思想主义及世界大势者,皆梁氏之赐,此百喙所不能诬也。去年武汉革命,所以能一举而全国响应者,民族思想政治思想人人已深,故势如破竹耳。使无梁氏之笔,虽有百十孙中山、黄克强,岂能成功如此之速耶! 近人诗'文字收功日,全球革命时'。此二语惟梁氏可以当之无愧。"④这里把梁氏

---

① 《四十自述》第101页,亚东图书馆,1933年。
② 《四十自述》第105—106页,亚东图书馆,1933年。
③ 《四十自述》第93页,亚东图书馆,1933年。
④ 《胡适留学日记》第122页。

的功绩有些估价过高，抹杀了与梁氏同时鼓吹资产阶级民主思想的其他人的贡献，而且用贬低孙、黄的办法来抬高梁启超，亦不妥。此后有一段时间，胡适几乎把中国的希望寄托于梁氏等人身上。1916年袁世凯倒台身死后，他写道："我国今日的现状，顽固官僚派和极端激烈派两派同时失败，所靠者全在稳健派的人物。……这班稳健的人物如梁启超、张謇之流，名誉尚好，人心所归，有此中坚，将来势力扩充，大可有为。"不过须有"一个开明强硬的在野党做这稳健党的监督，要使今日的稳健不致变成明日的顽固"[1]。不消说，胡适的这一政治理想根本不曾实现。但他对梁启超的敬重依然未减。

胡适回国任北京大学教授，因提倡文学革命而名扬全国。1918年11月，他唯敬唯谨地到天津去会见梁启超。事前，他托徐新六代为先容。接着专函致任公，表达求见之意，态度极为恭谨。这封信已收入《梁启超年谱长编》中[2]，读者一查可知。他们见面的情形如何，不得而知。[3]不久，梁启超就出游欧洲了。而在梁氏欧游期中，国内爆发了划时代的五四运动。此后，胡适对梁启超的崇仰渐减，且在学术见解、政治主张上亦常有歧异，互相辩难的时候颇不少。

1919年2月，胡适的第一部成名之作《中国哲学史大纲》（上

---

[1] 《胡适留学日记》第960页。
[2] 《梁启超年谱长编》第872—873页，上海：上海人民出版社，1983年。
[3] 实际上这次两人并没有见面，1920年3月21日，胡适记事簿上有："初见梁任公，谈"的记载。

卷)出版。时梁氏在欧,未能及时注意。1920年3月,胡适的白话诗集《尝试集》出版。梁氏刚好结束欧游归国,见到此书极为兴奋。他写信给胡适说:"《尝试集》读竟,欢喜赞叹得未曾有。吾为公成功祝矣。"信中并提出他的看法说:"窃意,韵文最要的是音节。吾侪不知乐,虽不能为必可歌之诗,然总须努力使勉近于可歌。……望公常注意于此,则斯道之幸矣。"(引自原件。以下凡引录原件的引文,不再加注。)大有鼓励嘉勉之意。这年,梁启超为蒋百里的《欧洲文艺复兴史》写序,纵笔如潮,不能自止,以至序文超过了正文,只好独立成书,名之曰《清代学术概论》。书中有几处提到胡适,称其治学有清代"正统派遗风"。此前,胡适曾敦请梁氏著书评述有清一代的"今文学运动"。所以此书写成后,梁氏写信给胡适,请其评正。信中说:"关于此问题资料,公所知当比我尤多,见解亦必多独到处。极欲得公一长函为之批评。"信中还告称:关于白话诗问题,他准备要作文"与公上下其议论";对于《哲学史纲》则"欲批评者甚多"。[1]不久,梁氏即写就了批评白话诗的长文给胡适看。胡适逐条批驳,梁氏终没有发表。不过,胡适对《清代学术概论》一书还是颇为赞许的。他在日记中说:"任公此书甚好,今日亦只有他能作这样聪明的著述。"当然,他认为"此书亦有短处",拟"他日当为作一评,评其得失"。[2]可惜,胡适未能写出这篇书评。1921年,梁启超写成《中国历史研究法》一书,胡适许之为"任公

---

[1] 《梁启超年谱长编》第922页,上海人民出版社,1983年。
[2] 《胡适的日记》1921年5月2日,中华书局,1985年。

的最佳作"①。但对梁氏的《墨经校释》便不太恭维了。梁氏写成此书时送请胡适写序。胡适在序文中一方面称许任公二十年前就提倡对墨学的研究；一方面很不客气地对该书提出了一些批评。梁氏对胡的批评心实不快，但又不能不赞许胡适这种"极纯笃的学者风度"。他把胡序放在书后，而把自己的答辩信放在书前。如此做法颇异乎常例，胡适见了也很不快，认为这是"任公不通人情处"。

1922年5月，胡适办起《努力周报》，对政治问题时发议论，也常同政界人士交往。与梁启超关系至密的研究系大将林长民曾几次要拉胡适进入他们的圈子，胡适都婉谢了。当胡适起草的《我们的政治主张》发表时，梁启超颇以不邀他加入署名而不满。

这年秋天，梁启超应北大哲学社之邀到校讲演，题目是《评胡适之〈中国哲学史大纲〉》。梁氏事先就声明：他不拟作全面评述，而"只是把我认为欠缺或不对的地方老实说出"。他批评胡书"把思想的来源抹杀得太过了"，"写时代的背景太不对了"，老子年代也大成问题，"讲孔子庄子最不好"。有些话还说得有些尖刻，如说胡适"时髦气味未免重些，有时投合社会浅薄心理，顺嘴多说句把俏皮话"②，等等。

1923年2月，胡适应清华同学之请，在《努力周报》附刊的《读书杂志》第七期上，为青年学生开出《一个最低限度的国学书

---

① 《胡适的日记》1922年2月4日，中华书局，1985年。
② 梁启超：《饮冰室合集·文集》三十八第50—68页。（以下引用此书时，简称《文集》或《专集》）

目》。梁启超见了,嘲笑这个书目"文不对题"。说它名之曰"最低限度",实际开列的书目,有好些远远超出了最低限度。而有些必读的书,却又没有开列。梁氏说,在一个最低限度的国学书目中,把《三侠五义》《九命奇冤》都列上,而《史记》《汉书》《资治通鉴》却没有,"岂非笑话"! 简直是"石破天惊的怪论"。梁氏最后下一断语,认定胡适开的书目"是不合用的"。①

这年的三四月间,开始了玄学与科学的论争。科学派的丁文江与玄学派的张君劢,就科学能否支配人生观的问题大开笔战。梁启超是张的后台,胡适是丁文江的后台,虽然梁、胡未直赴前线作战,但也都有文字发表。梁启超的《人生观与科学》批评丁文江迷信科学万能。他说,人生问题有一部分是科学解决得了的,有一部分,比如情感,就不是科学所能解决的。胡适发表了一篇自认为是"很不庄重"的小文章,叫做《孙行者与张君劢》。文中揭示了张文自相矛盾的地方,批评说,张君劢认为科学只能解决一部分人生问题,而不能解决全部问题,由此以为他的人生观的理论就可以脱离科学的支配。这只是幻想。正如孙行者的筋斗云,仍然逃不出如来佛的掌心一样。梁与胡直接批评的对象是丁文江与张君劢。但实际上,好像手球比赛中的地板反弹球一样,打在地板上,目标却是要射入对方的网窝。这一点,到胡适为《科学与人生观》这本论争的文集写序时,就表现得更明显了。胡适说,这三十年来,科学这一名词,在中国几乎取得了无上尊严的地位。无论懂与不懂的人,无

---

① 《胡适文存二集》卷一第231—236页。

论守旧和维新的人,都不敢公然对它表示轻蔑和戏污的态度。直到民国八九年间,梁任公发表他的《欧游心影录》,科学才在中国文字里正式受了"破产的宣告"①。在胡适看来,中国学界掀起反对科学、怀疑科学的逆流,梁任公要负首要的责任。

这年冬,梁、胡两人共同参与发起纪念戴东原诞生二百周年的学术活动。梁启超为赶写纪念文章竟连续写作三十四小时,文章结尾一句是"我要睡觉去了!",堪称千古文章一奇句。胡适则特地从南方休养地赶回北京参加纪念活动,除了赶成《戴东原在中国哲学史上的位置》一文外,并着手写作《戴东原的哲学》一书。这是他们两人互相没有争论的一次共事。另一次共事是在1925年。那年成立中华图书馆委员会,范源濂做会长,胡适做书记,而梁氏出任京师图书馆的馆长。

综观梁、胡二氏的交往,"五四"以前,胡适对梁启超十分敬仰,视为前辈,甚少批评。"五四"以后,梁氏欧游归国,思想退潮,他们有了明显的思想分歧,互相批评都很不客气。但就私交而言,未受多大影响。1922年胡适在他的《五十年来中国之文学》一文中,仍给梁启超以很高的评价。1929年1月,梁启超病危期间,胡适恰好赶到北平出席协和医校董事会。19日晚上到北平时,梁氏已死八个小时了。第二天胡适赶去参加大殓,不禁伤感下泪。后来他在《四十自述》的自序里再度对梁氏之死表示悼惜。他说:"梁启超先生也曾同样允许我(写他的自传)。他自信他的体力精力都很

---

① 《胡适文存二集》卷二第2页。

强，所以他不肯开始写他的自传。谁也不料那样一位生龙活虎一般的中年作家只活了55岁！虽然他的信札和诗文留下了绝多的传记材料，但谁能有他那样'笔锋常带情感'的健笔来写他那五十五年至关重要又最有趣味的生活呢！中国近世史与中国现代文学就都因此受了一桩无法补救的绝大损失了。"① 足见胡适对梁氏一生的总印象是很好、很亲切的。

二

梁启超是中国近代学术的重要开拓者之一。以后的中国学者，不管何种学派，都多少受过梁启超的影响。胡适作为一个后辈，可以说直接继承了梁启超的学术事业。梁启超的贡献在于他较早地，较广泛地初步介绍了西方近代学术，并最早采用新方法新观念来整理中国的旧学术。他做得比较肤浅，但其开创之功不可没。胡适比梁启超整整晚了一个时代，他受过梁氏的启蒙之后，到美国接受了七年系统的教育与训练，使他对当时占支配地位的一派，杜威的实验主义理论和方法有相当深入的领会。如果说梁启超还只是初窥西方近代学术思想、理论和方法，并在中国旧学上面做了泛泛的尝试的话，那么到了胡适这里，就已经可以说是比较自觉地运用西方近代的理论和方法，具体深入到几个旧学的领域，做了较为成功的创造性工作。明确了这一点，才能进一步论述两人的学术

---

① 《四十自述·自序》，《胡适自传》第5页。

异同。

　　梁启超是从经学走入近代学术的。其好处是对旧学熟悉，其坏处是他的学术著作绝大多数都带有半新半旧的特色。相比之下，胡适对旧学的熟悉程度，特别是在广度上远不及梁启超。但细考其著作的内容就会知道，胡适的近代学术思想要比梁启超的纯粹得多。治经学，这是旧时代所有知识分子的必修课。但他们除了诵习经文，默记传注之外，可以说谈不上什么学问和方法。胡适讲过一个故事，说清代康熙皇帝某次巡幸江南，某日驻跸某地，他微服出行，想参观一下地方风物人情。走到一个小巷口，他看见一个小孩子对着墙上的一块牌子比比划划。近前一看，是一个指路牌，上面写着"此路不通"四个字。康熙问那孩子，"你认得那几个字吗？"小孩答说，下面三个字都认得，头一个字不认得。康熙又问："你读过什么书？"小孩说只读过《论语》。康熙很感新奇：怎么，一部《论语》连一个"此"字都没有吗？他回去立刻检出《论语》来看，果然没有"此"字。他觉得这很有意思。一时兴起，他要作弄一下他的大臣们。于是召集群臣问道：诸位爱卿，你们可知道一部《论语》里面共用了多少个"此"字？一下子群臣被问得个个发愣。然而他们终究是侍上有方，善于揣摩圣意：既然不是问有没有用"此"字，而是问用了多少个"此"字，那么想必不在少数。于是有答说十几个的，有答说二十几个的，还有答说六七十个的。康熙暗笑：这些饱读经书的人，对这部最重要的经书，原来也是这般糊涂。他挥手要他们退下自己检查去。原来，据学者们的考证，在《论语》中，凡须表达"此"字意义的地方都用的是"斯"字，个别地方也有用"兹"的。比《论语》晚出的书里面,才逐渐用到"此"字。到后来竟很少用"斯",而大多用"此"了。这反映了语言文字随时代演变的情况。但如果没有一点历史的眼光,没有一点研究问题的态度,是无法认识到这一点的。上面引述的这个故事,很生动地说明了旧时读书人尽管对几部经典读得烂熟,甚至可以做到"倒背如流",但只要从学术角度提出问题,他们就会目瞪口呆。如要开口,也只能是胡说八道。因为他们平时读书时,从不曾有一点研究的态度。既然不研究,就谈不上什么学问与方法的问题。当然,也有一些有实力的学者,不能说他们毫无方法。其方法却不外是推寻"微言大义",或是考证辨伪。前者是今文经学家的本事,后者是古文经学家的长技。梁启超是今文经学的末代子孙,其人聪颖机敏,有所论著,辄不乏大胆的创见。然而方法不够谨严,常常自相矛盾。所以,论治学之严谨,方法之一贯,梁氏不如同时代的章炳麟,更不如后辈的胡适;与以专精著闻的王国维就更不能相比了。但和他亲受业的老师康有为相比,他显得还多一些冷静考索的功夫。古文经学家的考证辨伪稍近于科学方法,在清代发展到很高水平。胡适很受清代考证学大师的影响,他把它纳入他的实验主义的体系,造成他自己的治学方法,颇为一贯地用之于他的学术研究之中。其最显著的特点,一是怀疑,提倡于不疑处有疑;二是重证据,提倡有几分证据,说几分话。他为了弄清戴震究竟曾否偷窃赵一清的《水经注》校本,花了二十年时间积累资料,搜寻证据,至死仍未肯写定全部看法。梁启超是决不肯干这种事的。人们可以怀疑胡适这个研究题目本身的价值究竟有多大,却不应怀疑他这种谨慎的态度。

从治学的出发点上说，梁启超与胡适也有不同。梁启超成长于科举时代，读书就是为了助皇上治国平天下。他沿着历代儒家提倡的"通经致用"的路子，遇着清末的风云际会，便一下子投身到政治斗争中去。梁启超的学术生涯非常明显地分为两个阶段：在清末民初，他的治学是为政治斗争做预备或做补充；而在"五四"以后，他是抱着文化救国，教育救国的目的治学的。所以梁氏一生以政论家自居，而以学术为末事。胡适则不然。他没有科举时代"学而优则仕"的观念。他所受的教育与训练使他认定读书是为了造成一种服务于社会的职业的能力；读书报国不一定要做官，也不一定要搞政治。他后来搞政治，纯然是因特殊的历史际遇。胡适从不以政论家自居，而总是把学术工作看作是他的本行。胡适一直鼓吹为学术而学术，为真理而求真理。从一开始整理旧学，他就宣明这一宗旨。在《论国故学》（1919年）一文中他说："我以为我们做学问不当先存这个狭义的功利观念。……当存一个'为真理而求真理'的态度。研究学术史的人，更当用'为真理而求真理'的标准去批评各家的学术。"[①]最能表现他这种态度的是1928年11月写给胡朴安的一封信，他在信中说："我不认中国学术与民族主义有密切的关系。若以民族主义或任何主义来研究学术，则必有夸大或忌讳的弊病。我们整理国故只是研究历史而已。只是为学术而作工夫，所谓

[①]《胡适文存》卷二第286页。

实事求是是也。"① 这种为真理而求真理的态度自然要比旧儒'通经致用'的态度更接近科学。梁启超没有完全摆脱旧儒学风的影响，他在晚年写的《中国历史研究法》里，也曾批评旧史家"从不肯为历史而治历史，而必侈悬一更高更美的目的——如'明道''经世'等，一切史迹则以供吾目的之刍狗而已。其结果必致强史就我，而史家之信用乃坠地"②。六年以后，在《中国历史研究法补编》中，他的态度变了。该书开篇即宣言：历史的目的是在于"将过去的真事实予以新意义或新价值，以供现代人活动之资鉴"③。他并且批评了为学问而学问的态度。他说："现在人很喜欢倡'为学问而学问'的高调，其实'学以致用'四字也不能看轻……学问是拿来致用的，不单是为学问而学问而已。"④ 这是从为学术而学术的立场后退了。中国旧儒一贯以致用为标榜，梦想从先哲的著述中寻绎出治国平天下的大道理，指望靠这些大道理创造出长治久安的人间奇迹。这种态度和方法根本错误。所以一两千年不曾跳出儒学的圈套。须知，一切科学，其对象都是客观的，因此只有屏除任何主观成见，依据科学已经获得的经验知识和方法去实事求是地研究事物的内在联系，才可能求得真理。而任何真理对于人类来说，都不是没有用的。所以，运用已有的知识方法实事求是地研究事物，发现新的真理，这本身就是学以致用。凡是不肯实事求是地研究问题，不肯为

---

① 《胡适来往书信选》（上）第497页。
② 《专集》之七十三第31页。
③ 《专集》之九十九第5页。
④ 《专集》之九十九第10页。

真理而勇敢探索、辛勤劳作的人，他们所标榜的"学以致用"在客观上就会有自欺欺人的性质。因为既然缺乏实事求是的勇气和耐心，又怀有强烈的主观目的，其结果必然走到同真理相反的方向。近代为真理而求真理的态度是对中世纪经院学术的反叛，是对于把学术作为神学或经学的婢女，为其维系所谓"世道人心"效力的那种地位的反叛。在这个意义上说，它是有重大进步意义的。当然，到后来，一些害怕现实斗争的知识分子，以这个口号为借口，躲到书斋里去搞所谓"纯学术"，那是另一个问题。不能因为它可能导致这种消极影响而否定这种治学态度的进步性质。

中国近代学术，只有不到一百年的历史，它始终没有真正脱出稗贩的阶段，进入独立创造的时期。学者们，大多数都是围绕着两件事耗费了他们的毕生精力：一是介绍西学，二是整理旧学。堪称创造性的，精心结撰的专著甚少甚少。在这个意义上说，胡适与梁启超本质上都是学术史上的过渡人物。胡适自己也承认这一点。有一次他暗自感叹："现今的中国学术界真凋敝零落极了。旧式学者只剩王国维、罗振玉、叶德辉、章炳麟四人，其次则半新半旧的过渡学者，也只有梁启超和我们几个人。内中章炳麟是在学术上已半僵了，罗与叶没有条理系统，只有王国维最有希望。"[①]这些写在日记中的话，自然是他的真实想法。胡适虽比梁启超晚一个时代，但严格说，的确未超出过渡时代的范型。梁、胡两人在中国近代学术史上都是破坏之功大于建设的实绩。而且最终仍觉破坏的事业尚未完

---

① 《胡适的日记》1922年8月28日，中华书局，1985年。

成。梁启超在他晚年著作《清代学术概论》中说："启超之在思想界，其破坏力确不小，而建设则未有闻。"又说："梁启超可谓思想界之陈涉。"①胡适在 1936 年初写给汤尔和的一封信中曾说道："'打破枷锁，吐弃国渣'当然是我的最大功绩。所惜者打破的尚不够，吐弃的尚不够耳。"②

胡、梁两位虽都是过渡型的人物，虽都是中国近代学术史上破坏的功臣，但如果我们考察他们介绍西学与整理旧学的具体内容，就会看出他们各有特点。

梁启超介绍西学主要在《新民丛报》时期。那时中国正处于革命危机爆发的前夕，梁氏的介绍偏重于政治学说，他对于西方政治学说的介绍，内容稍为具体而深入，且往往有所发挥；于其他学术思想的介绍虽亦不少，但多属泛泛。梁氏介绍西方政治学说是想直接用于中国的实际。由于中国内外危机频仍，政治形势的发展复杂而多变，所以梁氏介绍的内容时常变换，自己的政治主张也随之屡变，前后矛盾的情况甚多。"言屡易端，难于见信"③，在一定程度上减弱了他所介绍的学说的影响。梁氏对于其他学术思想的介绍，务多求广，急不暇择，缺乏系统性与应有的深度，错谬之处亦复不少。所以，梁氏的西学介绍，充分反映了早期阶段散乱而不系统，浮泛而不深入，粗疏而不准确，驳杂而不专精的特点。与梁启超同

---

① 《专集》之三十四第 65 页。
② 《胡适来往书信选》（中）第 295 页。
③ 黄公度致梁启超的信（光绪三十年七月四日），见《梁启超年谱长编》第 341 页。

时介绍西学的严复,在专精上大大超过梁氏,然而正因其专精,译文又过于古雅,所以未能发生广泛影响。那时人们能得一点西学的知识,绝大部分是梁启超之赐。

胡适与梁启超不同,他曾经专门深入地研究了杜威一派的实验主义哲学思想,一生信守不渝。他在国内传播的也只有这一派的思想,其论政、述学皆本于此。他不止一次地申明,是杜威教会他如何思想的,所以实验主义是他一生的哲学基础。他常常表白,他的谈政治,倡白话文,作新诗,搞小说考证,等等,都是实行他的实验主义。我们即使不能说胡适于西学有所专精,至少可以说他很专一。如果研究近现代史上西方学术思想在中国的传播及其所产生的影响,要做个案的深入分析的话,那么选择胡适的实验主义是最合适不过了。

梁、胡两人在整理旧学方面的特点,可能是人们更感兴趣的问题。但本文不是专谈这个问题,篇幅有限;加之,这个问题还须进一步做更精细的研究,所以这里只能简单地谈一下我的看法。

比较一下胡适与梁启超的学术思想史方面的著作,可发现一个明显的差别:胡适多半是具体的研究,而梁氏大半是综观的概论。对此大约不会有何异议,可不详论。我以为最重要的差别是梁启超重视思想家的观念和主张,而胡适重视思想家对待知识的态度和方法。为说明这一点,我们就他们研究相同对象的著作做一些比较分析。

胡适与梁启超治中国思想史,都看重两头;即一头是先秦诸子,一头是清代学术。在先秦诸子中,两人对墨子都很感兴趣。关于墨学，梁氏的重要著作有《子墨子学说》《墨子学案》《墨经校释》等。胡适的墨学著述主要有《中国哲学史大纲》（上卷）中关于墨学的两篇，另有《墨子》《论墨学》《墨子·小取篇新诂》等。梁启超在《墨子学案》中首重其"兼爱"，次为"实利主义经济学说""宗教思想"等等，而把墨子的论理学置最后。在《子墨子学说》中，他首列"宗教思想"，次为"实利主义"，以下是"兼爱""政术"等等，而把墨子的论理学作为附录。在《〈墨经校释〉序》中，因是专谈墨经，始认墨子学说一为教爱，一为教智，似乎把墨子的知识论、方法论提到了第二位。胡适在《中国哲学史大纲》中讲墨学的部分，开篇首重其方法论。他指出，孔、墨的大区别就在于其哲学方法的不同。孔子重目的，而墨子重方法。胡适把墨子的逻辑思想单独作一章来讲解。这是他讲墨学不同于前人的独到处。讲《别墨》一篇，他从知识论入手，详析其论辩的方法。不单讲墨学如此，讲诸子，他都贯穿了重视知识论，重视方法论的基本立场。胡适的《中国哲学史大纲》是由博士论文《先秦诸子哲学方法之进化史》扩充修订而成，其特别重视方法论是很自然的。这并非一时的偶然想法，他一生讲哲学的文章通通贯穿了重视方法论的基本倾向。这是他治思想史、哲学史的根本态度。梁启超也看出了胡适对知识论与方法论的特别偏重。他在批评胡适的《中国哲学史大纲》时说："凡关于知识论方面，到处发现石破天惊的伟论，凡关于宇宙观、人生观方面，十有九很肤浅或谬误。"①

---

① 《文集》之三十八第 60 页。

讲到清代学术,梁启超有两本重要著作:《清代学术概论》和《中国近三百年学术史》。这两本书都有相当的学术价值。胡适关于清代学术,除了《戴东原的哲学》以外,没有什么大部头的著述。在这个领域里,胡适与梁启超有一个共同点,即他们都充分认识到清学是对于宋明理学的反动,看到清学是近代学术的前驱。但他们两人所秉受清学的影响却大不同。梁启超受影响最大的是今文学,而胡适受影响最大的是考证学。梁启超看重的是清学以复古为解放的思想贡献及其整理旧学的成绩;胡适所重视的是清代学者的治学方法。胡适关于治学方法的系统主张就是通过总结清代学者的治学方法提出来的。所以,在清代学术的研究中,我们同样可以看到他们两人治学的重要区别,可以看到胡适比梁启超及一切前代学者不同的最大特点是他对知识论和方法论的高度重视。

我个人认为,重视知识论和方法论,是近代哲学的一个重要特点。在西方,中古时代的经院哲学,为神学所笼罩,人们只能按上帝的旨意去体认世界的本质,根本取消了人们独立地认识世界的任务。在中国,两千年的儒学一尊,人们总是围绕着天道、性命几个概念打圈子,很少有人能突破这个框框。因此知识论与方法论也不可能成为学者特别关心的问题。在西方是文艺复兴以后,在中国是清中叶以后,知识论与方法论的问题才渐渐为人们所重视。我们看西方开辟近代哲学的几位大师的有影响的著作正是关于知识论与方法论的。如培根的《新工具》,笛卡儿的《方法谈》《形而上学的沉思》,斯宾诺莎的《理智改进论》,洛克的《人类理智论》等等。在德国,哲学进入近代范围略晚,康德的最重要的著作《纯粹理性批判》正是他的知识论与方法论。德国古典哲学的集大成者黑格尔最重要的代表作是他的《逻辑学》。中国清代最杰出的学者已有比较自觉的方法论的思想，但他们所遇到的历史遗产和社会条件不同于西方，所以未能形成真正的知识论与方法论的著作。他们的知识论与方法论是后人替他们总结出来的。而这其中胡适所作的总结是最有代表性的。他的《清代学者的治学方法》《戴东原的哲学》，都可以看作是这方面很有贡献的著作。

近代哲学家把知识论与方法论特别强调起来，一方面是人类思想发展的一个必然阶段，一方面也是对于中世纪经院哲学的一种反抗。从最古老的年代起，人们就开始思索我们生活在其中的这个世界究竟是什么的问题。古代的思想家只能笼统地提出一些或出于冥想的猜测，或出于天真的直观而产生的宇宙论或本体论的观念。无论是倾向唯物论的，还是倾向于唯心论的，他们都不可能为自己的观念提供有说服力的论证。因此，在人类对付自然力的能力甚为微弱的情况下，这些哲学家们的见解经不起宗教观念的排击。人类经历了一个漫长的宗教蒙昧时期。当人类对付自然的能力经过长期积聚有了较重要的突破的时候，当社会发展的新时期即将到来的时候，重新认识世界的任务便出现在人们的面前。人们渴望知识，渴望提高自己战胜自然的能力和掌握自己的命运的能力。这时，那些专门致力于把人类的经验和理想作哲学的思考的哲学家们便把知识论与方法论作为自己最重要的课题。这一时期的哲学家们，许多人对本体论的问题采取了怀疑和审慎的态度。人们常常只是简单地用"资产阶级软弱性"来解释这种情况，这固然不算错，但至少是远没有说到痛处。须知，笼统地说一下这世界是物质的，或说它是精神的，这是很容易的。但是要提出有说服力的论证就很难了。这些哲学家们不满意神学的创世说，怀疑上帝的存在，但他们没有足够的思想资料来对世界的本质作出统一的论证。因此他们或者倾向于二元论，或者停止于怀疑，即存疑的唯心论。而康德则宣称，世界本质的问题是人类理性不可达到的领域，干脆把本体论的问题推到彼岸世界，那个世界到底是神还是什么，哲学家不愿为这个问题操心了。撇开了本体论，自然是哲学家的退缩，但这样一来，他们可能在知识论和方法论方面做较多较深入的探讨和发挥，构成了哲学史上一个很具特色的阶段。在这个阶段里，甚至更晚一些时候，那些被公认为唯物主义的哲学家，他们同样没有解决世界的物质统一性的论证问题。他们的唯物主义与其说是深刻不如说是聪明，他们推翻神学的胡说，简单明快地宣称世界是按它自己本来的样子存在着。可是这个世界的本来样子又是怎样的？作为这个世界的一部分，我们人类，人类的精神，究竟是怎么回事，他们同样陷于困惑。说到人类的精神，人类的认识，他们不是流为经验论，就是流为唯理论，而两者都同样存在着让唯心主义钻进来的大漏洞。至于说"头脑分泌思想"，那简直成了哲学史上的笑话。

现在我们回过头来谈胡适与梁启超。

梁启超作为近代启蒙思想家，他并非完全不重视知识论与方法论。但因为他本人没有受到系统的科学的训练，对西方科学思想了解得很皮毛，所以在他那里，同本体论宇宙观相比，知识论与方法论只能占据次要的地位。而胡适是在资本主义发达的美国完成他的学业的,受过良好的系统的训练,对西方哲学方法做过专门的研究,所以他在方法论方面的素养要远远高过梁启超一类人。他所秉受的杜威一派实验主义哲学,同欧洲的经验批判主义、马赫主义一样,同自然科学有密切的联系。这派哲学家的存疑主义态度与早期启蒙思想家有一脉相承的关系。他们最感兴趣的是研究思想方法本身,而把思想的对象的客观实在性问题撇在一边,或企图用经验之类的模糊概念敷衍过去。杜威的一本重要著作叫《思维术》,另一本重要著作叫《经验与自然》,前者是具体研究思想方法,后者是把方法论的意义推广,他自称该书是要提供一种"经验的自然主义的方法,给人们提供一条能够使他们自由地接受现代科学的立场和结论的途径"①。可见仍是着重方法论。胡适作为杜威的实验主义的忠实信徒,他一生治学总是把方法问题置于首位,这构成了他的最大特色。而这也恰是他高于前人的地方。

三

在东西文化问题上,胡适与梁启超有着更明显的分歧。梁启超大谈文化问题是在他欧游之后思想退潮时期。所论往往脱离科学的轨道而陷入玄学的泥潭。

1920年,梁启超自欧回国,发表《欧游心影录》,对大战后的欧洲甚表悲观。他认为欧洲的这次大灾难是由于人们过信科学万

---

① 杜威于1929年1月为《经验与自然》一书写的序。

能，拼命发展科学，发展工业，追求物质文明所引出的结果。他说，西方思想家自己也怀疑西方文化的价值，反而羡慕东方的"精神文明"。梁氏号召国中青年，要振作起来，发扬固有的东方文化，使之扩展起来，去超拔西方民族。梁氏是思想文化领域中一个有绝大影响的人。他的论调一出，大大鼓舞了被五四新文化运动打得缩头缩脑的卫道者们起来反攻的勇气。不少头脑半新半旧的学者也纷纷出来散布谬论。这是一股逆流，是对清末以来的新学的反攻，是对新文化运动的反动。它不但引起了共产主义者们的尖锐批评，也促使胡适之类的自由主义学者起来辩驳。科学与人生观的论战，东西文化问题的辩争，就是这一次新旧思潮的斗争的最重要的表现。在科学与人生观的论战中，胡适与梁启超主要扮演幕后指挥的角色，而在东西文化的论争中，他们两人都亲临前线，互以刀兵相见。

　　1922年，梁启超在南京金陵大学的第一中学演讲《什么是文化》。他把文化定义为"文化者，人类心能所开积出来之有价值的共业也"①。这个用玄学加佛学的术语构成的定义，如不加解释，人们真不知道任公先生念的是什么咒。依他自己的解释，换成常人能懂的语言，他的意思是，人类在自由意志支配之下，所进行的创造活动及其成果就是文化。这其中既包括物质的，也包括精神的。他强调，凡不是自由意志创造的，即无价值可言，因而也就不是文化。文化既然是自由意志的产物，因而它不受因果律的支配。这些

---

① 《文集》之三十九第98页。

便是梁氏对文化的基本见解。

梁氏的定义强调自由意志,不是在自由意志支配下的活动及其产品都不算文化。这就有把自然科学及根据于自然科学建立起来的近代大工业通通排除文化之外的危险。在《欧游心影录》里,梁氏大嚷"科学破产"!"物质文明破产"! 他认为欧洲大战所造成的大灾难,实根源于人们过信科学万能,拼命发展科学;科学发达的结果是造成工业革命。如此"外部生活变迁急剧,内部生活随而动摇"①。从前,人的内部生活(即精神生活)还可靠宗教来调节;因科学排挤了宗教,而科学倡导的物质的机械的人生观又排除了自由意志,随之道德责任心便丧失了。于是物欲横流,强权得势,终至于人心大乱,社会大乱,演成大战争,造成空前浩劫,如此等等。梁氏没有明白说,科学与大工业不是文化。但照他上面所说的科学与工业所造成的后果,实等于说,它们不但不能算文化,甚至是文化的对立物,是破坏文化的东西。

其次,由于强调自由意志造成文化,而照梁氏的说法,自由意志是不受因果律的支配的。因此,在文化史中便没有必然性可循,结果导致神秘主义。他在《研究文化史的几个重要问题》里明白宣称:"我们既承认历史为人类自由意志的创造品,当然不能又认他受因果必然法则的支配,其理甚明。"②文化史既然无因果可循,那么我们怎样从总体上去理解它,认识它的发展和演变呢? 梁氏告诉我

---

① 《专集》之二十三第10页。
② 《文集》之四十第3页。

们"什有九要从直觉中得来"①。这是他把神秘主义的直觉论引到历史学中来，这比他的《新史学》和《中国历史研究法》都大大后退了。

　　再次，因为强调自由意志造成文化，结果势必不能正确了解人类的物质生活与精神生活之间的关系，势必菲薄物质生活而夸大精神生活的作用与价值。而这样做的结果又必然退回到中国旧儒侈谈天道与心性、人伦与仪礼的老路上去。在《欧游心影录》一书中，我们已看到梁氏是如何菲薄物质生活的了。现在我们看他是如何夸谈中国先哲们的人生哲学的。1923 年 1 月，他在东南大学国学研究会讲演《治国学的两条大路》。他提出，治国学有两条完全不同的路径：一条是整理国故，是纯然抱整理研究的态度；另一条是要用内省的功夫，要躬行实践地去对待。②经过他的解释我们了解到，所谓用内省的功夫去研究，实则不是研究，而是对先哲的人生说教服膺膜拜，并且惟恭惟谨地去实践。梁氏说："盖欧人讲学始终未以人生为出发点。至于中国先哲则不然，无论何时代何宗派之著述，罔皆归纳于人生这一途，而于西方哲人精神萃集处之宇宙原理、物质公例等等倒都不视为首要。"③他这里所谓以人生为出发点，不是以现实的人生为出发点，而是以人生的价值观念为出发点。现实的人生，首先是人的物质生活，其实很少进入我们先哲们的视野。梁氏说："儒家看得宇宙人生是不可分的，宇宙绝不是另外一件东西，乃

---

① 《文集》之四十第 2 页。
② 《文集》之三十九第 110 页。
③ 《文集》之三十九第 114 页。

是人生的活动。故宇宙的进化全基于人类努力的创造……又看得宇宙永无圆满之时……吾人在此未圆满的宇宙中只有努力的向前创造。这一点柏格森所见的,也很与儒家相近。他说,宇宙一切现象乃是意识流转所构成,方生已灭,方灭已生,生灭相衔,方成进化。这些生灭都是人类自由意识发动的结果。"①梁氏认为人们"既知道变化流转就是宇宙真相,又知道变化流转之权操之在我",就可以做到"无入不自得"②的境地。这样,物欲的诱惑,他力的压迫、束缚,都无关紧要,只要"心不为形所役",自由意志充分流行便是最好。从这种思想出发,梁启超宣称:"佛教是全世界文化的最高产品。"③既然把佛教看成是人类文化发展的最高境界,那么,一切物质的追求,科学的进步,工业的发达,等等,还有什么值得说的呢?"盖宇宙最后目的乃是求得一大人格实现之圆满相"④。这是他鼓吹自由意志的文化史观的最后结论。在"五四"以后出现的这种文化史观无疑是倒退,是倒退到唐、宋以来逐渐酿成的以儒教为中心的儒释道三位一体的人生哲学的框架里去。梁氏产生这种倒退的趋向大约有两方面的原因。首先是参观欧洲大战后的惨况所受的刺激,对科学、工业的社会功用发生怀疑。其次是国内政治长期不上轨道,数十年追求改革,一无所成,因而对所追求的目标发生动摇。而这些目标是因受西学启蒙才确立起来的。所以由此怀疑到整个西方文化的价值。但这种国内外现

---

① 《文集》之三十九第116页。
② 《文集》之三十九第117页。
③④ 《文集》之三十九第119页。

实环境的刺激只是外部条件。从梁启超主观方面说，他所受的旧学影响太深，儒家传统成为他精神上一种沉重的负担，很难完全摆脱。一旦进步的追求受挫，失望之余，很容易向儒家的人生哲学去求寄托、求安慰。当然，儒家思想中并非毫无积极的东西，但你要向那里找安慰、找寄托自然就找不到那些积极的东西。一千多年前的中国，一大部分儒家知识分子向佛教文化礼拜，一千多年后的中国，一部分知识分子重又礼拜佛教文化，其中道理大可深思。

同梁启超相比，胡适到底是系统受过西方教育的人，旧文化的根底不深，包袱不太重。他始终相信科学，相信作为近代科学摇篮的西方文明。他对梁启超的文化观，大不以为然。他曾写过一篇《评梁任公先生的〈什么是文化〉》，登载在北京平民中学校刊上。可惜此文迄今未曾查到。从题目上推想，在那篇文章里，胡适会给出一个与梁启超不同的文化的界说。既然见不到原文，我们只好从其他文章里寻出他对文化的基本理解。

1926年6月，胡适在《我们对于西洋近代文明的态度》一文中提出他对文化与文明的基本见解：

"第一，文明(Civilization)是一个民族应付他的环境的总成绩。

第二，文化(Culture)是一种文明所形成的生活方式。

第三，凡一种文明的造成，必有两个因子：一是物质的(material)，包括种种自然界的势力与质料；一是精神的(spiritual)，包括一个民族的聪明、才智、感情和理想。凡文明都是人的心思智力运用自然界的质与力的作品；没有一种文明是精神的，也没有一种文明单是物质的。"①

关于文化与文明的定义问题,中外学者讨论数十年,迄无定论。我们无法在这里提出一个大家都能接受的标准定义来,所以也就不能遽断哪种界说是正确的。但我们可以考究某种界说是否会发生某种弊病。据我看来,胡适的界说可以避免上面批评过的梁氏定义的严重缺点。因为胡适的界说本来就是在批评梁启超一类人的错误观点的基础上提出来的。在我们上引的这篇文章的开头,胡适写道:"今日最没有根据而又最有毒害的妖言是讥贬西洋文明为唯物的(Materialistic),而尊崇东方文明为精神的(Spiritual)。这本是很老的见解,在今日却有新兴的气象。从前东方民族受了西洋民族的压迫,往往用这种见解来解嘲,来安慰自己。近几年来,欧洲大战的影响使一部分的西洋人对于近世科学的文化起一种厌倦的反感,所以我们时时听见西洋学者有崇拜东方精神文明的议论。这种议论,本来只是一时的病态的心理,却正投合东方民族的夸大狂;东方的旧势力就因此增加了不少的气焰。"②很显然,胡适这里所批评的正是梁启超的《欧游心影录》及相随而来的旧式学者排斥西方文化,贬低科学,贬低物质生活在文化史中的价值,重新抬出旧儒有关人生的空谈来欺骗世人的种种议论。

胡适关于文化的界说的最大特点是完全撇开所谓自由意志之类的玄谈,而明白指出:文化(按,西方学者把文明比文化理解得更为

---

① 《我们对于西洋近代文明的态度》,《胡适文存三集》卷一第4页。
② 《我们对于西洋近代文明的态度》,《胡适文存三集》卷一第1页。

宽泛,文明包容文化。我国学者对这两个词的理解多不同,通常是把文化理解得更为宽泛,而把文明理解作文化在人生日用上的表现形式。胡适沿用西方学者的用法,本文采取我国学者习惯用法)是人类应付环境的总成绩。胡适所说的应付,包括适应与改造两层含义。这个说法是可取的。离开适应与改造环境就没有人类的文化。而人类的适应与改造环境,根本不是什么自由意志所发动。与其说是出于自由意志,还不如说是出于环境的逼迫。当然,人类在征服自然的过程中确有一定的自由选择的余地。但是历史事实告诉我们,这种自由选择的可能性本身是有一定局限的,它本身是受着物质条件的制约的。所以,说宇宙的进化,社会的进化全是自由意志活动的结果,乃纯粹是玄学家的鬼话。

胡适的界说还明白地指出,没有单纯的物质文化和单纯的精神文化。任何文化都少不了物质和精神两方面的因素。他并且指出:"精神的文明必须建筑在物质的基础之上。"他解释说:"提高人类物质上的享受,增加人类物质上的便利与安逸,这都是朝着解放人类的能力的方向走,使人们不至于把精力心思全抛在仅仅生存之上,使他们可以有余力去满足他们的精神上的要求。"①在梁启超的文化界说里,虽然也承认文化包括物质与精神两方面,但在他那里,物质只有在自由意志支配下才有价值可言,才配称文化。所以自由意志是主导一切的。而自由意志究竟是什么,无法说得清楚。所以,梁氏的所谓文化,不受因果律支配,不是科学研究的对象,而只可

---

① 《我们对于西洋近代文明的态度》,《胡适文存三集》卷一第6页。

在直觉中领悟。胡适指出了在文化中物质因素与精神因素的关系之后，更进一步指出，生产工具在文化中的地位。他说："人是一种制造器具的动物，所以器具就构成了文化。""文化之进步就基于器具之进步。"由此他认为"东西文化之区别就在于所用的器具不同"。①有了这样的认识，就找到了理解人类文化本质的一个根据，找到了这个根据就可以屏除旧式学者在文化问题上所散布的种种神秘主义的论调，各民族的文化就是可以加以比较研究的了，整个文化史也是可以加以研究的对象了。在文化的本质的理解上，胡适远远地高过于旧式学者。

胡适与梁启超在文化问题上的争论是由对西方文化的态度问题引起的。中国人要向西方寻求真理，这是无法阻遏的必然的历史趋势。封建卫道者们无论如何反抗也无济于事。资产阶级主张学西方，目的是要在中国发展资本主义；无产阶级要学西方，是要走社会主义道路。两者的目标不同，虽均主向西方寻求真理，但两者之间存在激烈的斗争。但因为封建主义者对西方文化一概排斥，而资产阶级学者输入资本主义文明，马克思主义者输入社会主义文明都要破除封建卫道者们的抵抗。所以在批判封建主义这一点上，马克思主义者同资产阶级学者客观上有一定的一致性。梁启超这个早期著名的近代启蒙思想家，这时向后倒退，他不但反对最新的马克思主义，也反对某些近代西方思想。胡适反对马克思主义这是尽人皆

---

① 胡适《东西文化之比较》［美］俾耳德编著：《人类的前程》第23页，外语教学与研究出版社，2014年。

知的。他曾说"被孔丘、朱熹牵着鼻子走固然不算高明；被马克思、列宁、斯大林牵着鼻子走也算不得好汉"①。但梁启超连胡适所宣扬的易卜生主义也反对。他说："须知，拿孔孟程朱的话当金科玉律，说他神圣不可侵犯固是不该；拿马克思、易卜生的话当作金科玉律，说他神圣不可侵犯，难道又是该的吗?"②他们的话比较集中地反映了胡、梁两人对待西方文化的态度上的差别。在梁启超看来，西方值得推崇的只有它的宇宙论和科学；若讲到人生哲学上面，西洋人"真可说是始终未闻大道"，正应引导他们上"我们祖宗这一条路上"来。③这是一条什么路呢？ 就是鄙弃物质欲望，专心于自身的精神修养，追求一种人生与宇宙合一的所谓"人格圆满相"，说破了，就是宋儒的"存天理，灭人欲"。梁启超自然还没有倒退得么远，但他所鼓吹的人生哲学在精神实质上，确是与宋儒相通的，与佛教的精神相通的。

梁启超与胡适都是非常聪明，对时势很敏感的人。但由于他们所受的教育不同，学问根底不同，所以做出的反应也不同。在梁启超，他的旧学根底终究要比他的西学根底深厚得多，西学对于他不过是供取舍的材料而已。而胡适恰相反，他所受的系统的西方教育与训练，使他牢固地形成一套西方式的观念论和方法论，旧学对于他只不过是供整理研究的材料而已。梁启超要人们对旧学加以内省，且要躬行实践；胡适要人们对国故不存任何顶礼膜拜的心情，

---

① 《介绍我自己的思想》，《胡适论学近著》第一集第645页。
② 《欧游心影录》，《专集》之二十三第27页。
③ 《治国学的两条大路》，《文集》之三十九第116页。

只是还它一个本来面目。这种思想立场就是造成他们文化观念上重大分歧的内在原因。

四

胡适与梁启超在政治上都主张和平改革，反对暴力革命。但他们都曾经历过某种彷徨歧路，见解不定的时期。梁启超在百日维新前曾一度思想激进，不但初倡民权，而且有反清思想。戊戌变法失败后，由于愤激，其思想再度趋于激进，1902年前后达到高潮，连许多革命党人也认为那个时期的梁启超很起了一些革命鼓动作用。胡适在辛亥革命前，在上海读书期间曾主编过属于革命党人的刊物《竞业旬报》，表现了一定的革命倾向。民国初年，袁世凯篡窃大权，在民国的招牌之下，实行反动的专制统治。国民党人二次革命失败后，胡适曾表示希望有三次革命发生，结果被他的二哥大大训斥一通。他二哥在上海经商，是真正在资产阶级圈子里活动的人。胡适回国时，正碰上张勋复辟。他看到六岁的民国和清朝末年的情形差不多一样。于是他下决心二十年不谈政治，立志从思想文艺方面为国家建立改革进步的基础。当五四运动以后，广大青年政治热情陡涨，许多人表现出革命的倾向。胡适不以为然。但由于改革的要求一再受挫，有时他也不免对"军阀的专横"发出痛恨的责骂，对革命运动流露一点同情。

梁启超与胡适，这种彷徨歧路，见解不定的情形只是暂时的，整个地说，他们是一贯主张和平改革，反对暴力革命的。梁启超的和平改革思想主要植根于阶级的自觉。幼弱的中国资产阶级与社会中间力量不敢轻于尝试革命夺取政权，生怕革命不成，反乱了秩序，失掉发展资本主义的机会。发财的愿望胜过觊觎政权的念头。可以说，梁启超的和平改革论直接地反映了他们的愿望和情绪。胡适的和平改革论主要来源于他所受的教育。杜威的政治改良主义对他影响至深。他反复宣扬：社会的问题不会有什么根本的解决，只有一点一滴地谋求改良。所以当年毛泽东指出他同新兴的资本家阶级聂云台、穆藕初等同属于"非革命的民主派"。

和平改革论，是软弱的中国社会中间阶级的政治要求。他们一面不满于旧秩序，又害怕革命来了失去任何秩序；他们不满旧制度，但更害怕下层群众的"暴民政治"。他们幻想在统治者与人民大众的夹缝中求伸展，在反动统治底下希求民主化的改革。这是根本无法实现的。

一切政治改良主义者都指望借重一种现成的势力来谋求实现自己的主张。当民国初年梁启超支持袁世凯，30年代初期胡适支持蒋介石的时候，他们主观上并非完全放弃民主政治的方案。梁启超希望将袁世凯带上共和之路，胡适指望把蒋介石引上美国式民主政治之路。但其结果只是他们自己被袁世凯、蒋介石所利用，而袁、蒋两人没有向共和与民主前进一步，相反，越来越走上专制独裁的路，直到激起人民的反抗而走向垮台。梁、胡两人的政治改良之梦的终归破灭，很有典型意义。

清末民初的梁启超与"五四"以后的胡适在政治态度上虽然有相当程度的相似，但因时代条件不同，其间存在着不容忽视的重大差别。梁启超的和平改革论同孙中山的暴力革命论之间的辩争,是资产阶级内部两个派别间的辩争。而胡适争论的对象是共产党人,这是自由主义学者同无产阶级革命家之间的辩争。梁启超同孙中山等人争论的时候,他不否认专制制度是中国进步发展的主要障碍,他承认必须扫除这个障碍,中国才有希望。但他认为当时中国社会条件下,没有一种力量足以担负起推翻专制建立新的社会制度的任务。所以他主张用和平改革的方式逐渐培植国民的力量,以求达到改造国家的目的。胡适则不然,他在同共产党人争论时,根本不承认有革命的对象存在。他认为帝国主义的侵略是"瞎说的国际形势论"①,封建主义则"早已在二千年前崩坏了"②。既然没有革命的对象还有何命可革？ 剩下来的只有社会上的几种弊病。胡适指出其病有五:一是贫穷,二是疾病,三是愚昧,四是贪污,五是扰乱。他宣称,这五大病才是中国的真正敌人,而"打倒这五大敌人的真革命只有一条路",就是"集合全国的人力智力,充分采取世界的科学知识与方法,一步一步的作自觉的改革"③。梁启超的和平改革论很大程度上是对自身力量软弱的自供。而胡适的和平改革论在很大程度上是对付共产党革命的策略。这反映了处于不同历史阶段的中国中间阶级的政治思想状况。这一点差别在实践上有不容忽视的意义。梁启超承认革命对象的存在而自己不敢革命,这不妨碍他在革命高潮期间,也能跟随革命的洪流走一段路。他在辛亥革命前有

---

① 《国际的中国》,《胡适文存二集》卷三第 1280 页。
② 《我们走哪条路》,《胡适论学近著》第一集第 442 页。
③ 《我们走哪条路》,《胡适论学近著》第一集第 452 页。

过此类的表现，到民国初年在护国战争中有过更有声色的表现。而胡适则不然。他从30年代起，再也不曾表现过对革命的同情。

梁启超晚年从政治舞台上被排挤下来，一度专心从事教学和著述。北伐战争的迅猛发展打破了他的学者生涯。他对南方的革命形势缺乏真切的了解，对中国共产党尤其缺乏真切的了解。出于阶级的本能，他大骂共产党和共产国际。北洋军阀垮台的第二年，他就病死了。他没有来得及同共产党较量就作为失败者结束了自己的一生。胡适与梁启超不同，他对中国共产党基本上是了解的，所以他的反共，完全出于阶级的自觉心。后来当国共两党最后决战的时候，他明确地认为这是"两种生活方式的斗争"。他用笔和舌直接参加了同共产党的较量，结果是作为失败者离开了大陆。

综观胡适与梁启超两人，前者基本上是学者而未能忘情于政治；后者基本上是政治人物而未能忘情于学术。他们是中国近代社会转型期前后相继的两代知识分子中有代表性的两个人。在国家充满内忧外患、风雨飘摇的年代里，他们梦想做改革和建设的事业，结果都失败了。他们在政治上是失败者，然而在学术上却都有一些可观的成绩。社会流俗多以成败论人，往往视失败者一无足取，当作历史的垃圾抛到一边。这种态度对于学者，特别是对于历史学家来说是不可取的。历史学的任务是要弄清历史的本来面目，寻求历史发展的内在联系。因此，我们不能只研究成功者和胜利者的历史，因为那样我们便不能完全了解成功者之所以成功，胜利者之所以胜利的道理。只有在研究成功者、胜利者的历史的同时，也研究失败者的历史，才能在比较完全的意义上了解成功者之所以成功，失败者之所以失败的道理，从而更加明确历史发展的方向，了解今天的任务，提高责任心与自信心。失败者的历史不但可以为我们提供可资借鉴的教训，而且失败者往往也有某些可取的方面，如胡适与梁启超，他们在思想、学术、教育与文化上的成就与影响就是有目共睹的。所以，对他们进行深入的研究是很有意义的。

附：

梁启超与胡适

(2012 年 10 月 24 日在清华大学举办的"梁启超与现代中国"研讨会上的发言)

今天的会，是谈梁启超。梁启超是中国近代史上一位产生重大影响的人物。他既是政治家，特别是政论家，也是一位思想家和学者。整个中国近代史是一个过渡时期。是从中世纪过渡到近代现代的时期，或者说是从传统社会过渡到近现代社会的时期。所以梁启超是一个过渡人物。他本人很清楚这一点。所谓过渡时代，用梁启超自己的话说，就是两头不到岸。

为了说明梁先生在这个过渡时代所起的作用，我想通过以他和比他晚一辈的胡适作比较，使梁先生的历史作用及其特点，显得更明晰一些。因为胡适也是这个过渡时代的人物。胡适在评论当时学界人物时，曾明确地把自己划入与梁先生同属过渡性人物。虽同是处于过渡时期，但因其家庭、教育及人生轨迹不同，而各显出不同的特点。

早在数十年前，就有人做过梁、胡两人的比较。就中以台湾的张朋园先生为最早。我本人也在 28 年前写过胡适与梁启超的比较文章。我今天不想全面、系统地谈这个问题,以免重复。我想就我从前的文章提到而未充分展开的两点,在这里再谈一谈。

中国过渡时代,在思想文化方面一个突出的问题就是如何处理中西文化关系的问题。

梁、胡两人都主张引进西方文化,努力做到中西结合。这是没有重大分歧的。但仔细分析他们的言论著作,可以发现,两人还是有明显区别的。

在28年前我写的那篇《胡适与梁启超》一文中,我曾说到,"梁启超的旧学根底终究要比他的西学根底深厚得多,西学对于他不过是供取舍的材料而已。而胡适则恰恰相反,他所受的系统的西学教育与训练,使他牢固地形成一套西方式的观念论与方法论,旧学对于他只是供其整理研究的材料而已。"

这就是说,两人的立脚点不同。

梁先生是以中国的需要为出发点,根据中国人的标准去选择西学于我有用的东西。胡先生则认为,西方发达国家已充分发展起来的一套东西应是全世界的人都需要的。所以他是以西方的标准来对待中国固有的东西,与西方的标准相合或相近的东西,就加以发扬,相反则毅然舍去或置之不问。

这一点从胡适《中国哲学史大纲》及梁启超对此书的批评看得最清楚。

胡适极端重视方法论,他认为西方之工业及各项事业,尤其是其科学、学术之发达,是由于他们特别重视方法论。他研究中国思想史、哲学史,也就特别把方法论提到最重要的位置上来讨论。他的博士论文就是研究先秦思想家、哲学家的方法论的，而他的《中国哲学史大纲》正是在此博士论文基础上增补、修订而成的。梁启超虽并非完全不重视方法论，但他更重视宇宙观和人生观的问题。他认为，中国古代思想家和哲学家，都特别重视宇宙观和人生观问题的讨论，要撇开宇宙观与人生观，那就完全显不出中国古代哲学的特点。所以，他对于胡适只重视方法论而不重视宇宙论与人生哲学，非常不满。他评论胡适的《中国哲学史大纲》时说，书中"凡关于知识论方面，到处发现石破天惊的伟论，凡关于宇宙观、人生观方面，什有九很肤浅或谬误"。

胡适对中西文化问题有一个根本的估计，他认为，西方文化比我们自家的文化向前多走了一步，他们进入到近代现代，而我们还没有完全摆脱中古的时代。所以，我们应当虚心地向西方学习。既然要学人家，自然是要以人家先进的东西为目标，去仿效。仿效得多了，熟练了，再求创造。梁氏虽然也不否认西方的先进。但他认为，中国自己已有非常丰富的可宝贵的东西，特别是有关人生观方面的理论学说，比西方人还要高明。我们学西方，只能根据我们的需要，选取我们所缺的东西。至于人生观方面，西方还得向我们学呢。

两人都主张中西文化结合，但由于立脚点不同，实际上却发生很大的分歧。

梁氏以中国文化为本位，为基准，觉得缺少什么，需要什么就到西方文化中去择取。时时都不忽视中国文化固有的基础。胡适认为，既然西方文化比我们先进，就应当以西方文化为基准，我们固有文化中仍适用的，就保留，就发扬，不适用的，就淘汰。这两种主张在终极目标上有一致性，但立身的基点，结合的具体取径很不相同。经过半个多世纪的检验，我们今天或许可以说，梁先生的看法可能比较适合大多数人的心理，可能减少一些学习西方文化的阻力。而胡适先生的主张，可能易于为青年人所接受，在冲击旧网罗方面可能会发生一些震动的作用。但容易激起偏于保守的人的反感。

第一点就简单说这些。下面讲第二点。

梁启超、胡适两位思想家和学者年龄相差18岁，但在中国近代漫长的过渡期中，他们的生存环境并没有太大的变化。他们遭遇到差不多相同的历史课题。而他们两位又都是极富使命感的知识分子。所以，救国、强国，也就是引导中国走上现代发展之路，成为他们终生的追求。

但同样因为家庭、教育与具体的经历不同，而显现不同的特点。

梁、胡两人在思想文化上，在学术上，乃至在政治上，既有前后相继的一面，也有互相交叉的一面。梁氏一生绝大部分时间奔走政治，是政论家，也是政治活动家。但他又是一位学者，在思想学术上颇多贡献。胡适一生，则绝大部分时间都活跃于教育、学术舞台上。是一位学者和思想家。但他有时抑制不住自己的政治冲动，也时常发表政论甚至偶尔也参加一些政治活动。

但时代的艰苦，令人不能不感叹的是，梁启超的退而从事学术，和胡适的进而谈政治，都是在万不得已的情况下，作出的无奈的选择。

先看梁启超。

他于1914年辞去政府职务，避居天津，第二年创办《大中华杂志》，在发刊宣言中梁氏表达出对政治的极端失望。他说：

"我国民积年所希望所梦想，今殆一空而无复余。惩守旧而谈变法也，而变法之效则既若彼；惩专制而倡立宪也，而立宪之效则既若彼。曰君主为之毒也，君主革矣，而其效不过若彼；曰乱党为之梗也，乱党平矣，而其效不过若彼。二十年来朝野上下所倡言之新学新政，其结果乃至为全社会所厌倦所疾恶。"

接着说："吾以二十年来几度之阅历，吾深觉政治之基础恒在社会，欲应用健全之政论，则于论政以前，更当有事焉。……故吾自今以往，不愿更多为政谈，非厌倦也，难之，故慎之也。政谈且不愿多作，则政团更何有？……吾思之，吾重思之，吾犹有一莫大之天职焉。夫吾固人也，吾将讲求人之所以为人者而与吾人商榷之；吾固中国国民也，吾将讲求国民之所以为国民者，而与吾国民商榷之。"

本来梁氏已下决心，从政论舞台上退下来，用心于思想学术活动。后因袁世凯复辟帝制，乃不得不出而参加护国运动。再后，又有张勋复辟，梁氏又不得不再度为维护共和奔走。因有大功于护国事业，乃一度再加入政府。但不久即再度对政治失望而退居天津。自1919年欧游之后，梁氏彻底退到学术圈内。

还在出国欧游之前，1918年夏，梁先生即已考虑"出杂志，专言学问，不涉政治"。到是年10月，在给朋友的信中说："吾自觉欲效忠于国家社会,毋宁以全力尽瘁于著述,为能尽吾天职。"出游欧洲前夕,梁氏与他的几个晚辈朋友作竟夜长谈,"着实将从前迷梦的政治活动忏悔一番,相约以后决然舍弃,要从思想界尽些微力"。对以往政治活动忏悔一番而后,得出结论要从思想学术上为国家社会尽力。

再看胡适。

胡适于1917年夏归国。归国之前,他早已下定决心,要用笔和舌从事于社会教育事业,以偿报国之志。归国之际,看到国内情形,更加坚定了他打定二十年不谈政治,要从思想文艺上为改革政治打下基础的决心。从1917年到1922年,这中间,虽偶作政谈,但并未改变其二十年不谈政治的决心。1919年发表"问题与主义"的三篇文章之后,两年多时间仍坚守其学术园地的耕耘。到1922年夏,他终于感到不得不谈政治。这一年他与朋友合作办起《努力周报》,有人为他感到可惜,认为他应该尽瘁于思想学术,不当谈政治。胡适写文章说他的苦衷。他说,他回国两年,一直不谈政治,直到1919年夏,陈独秀被捕,接办《每周评论》才有不得不谈政治的冲动。于是有关于问题与主义的辩论。短暂的辩论过后,胡氏仍然做他的学问。以后两年多,并没有多谈政治。但他对当时中国的政治舆论界实在非常不满意。大家都撇开具体的政治不谈,而高谈各种主义。他说:"我等了两年零八个月,中国的舆论界仍然使我大失望。"人们尽情高谈各种主义,内政的腐败,外交的失败,他们好像都不曾看见。胡适"实在忍不住了"。他说:"我现在出来谈政治,虽是国内的腐败政治激出来的,其实大部分是这几年的高谈主义而不研究问题的新舆论界把我激出来的。"

我们姑且不论胡适对当时舆论界的评论是否公平、恰当。我们从中确可以看出,胡适是被刺激不得不出来谈政治。梁启超因对政治失望,对自己的政治活动有些近乎迷梦而知反省,从而退出政治舞台,改而从事著述。胡适则是对政治舆论界极端失望,而决心部分地离开学术而出来谈政治。两人一退一进,却是在大体相同的社会背景之下发生的,是非常耐人寻味的。

因时代的迷误,社会的混乱,使一个久在政治界活动的杰出的政治宣传家,因对现实政治失望而不得不退而研究学术;同时却使一位本打算二十年不谈政治,悉心尽瘁于学术的学者不得不出来谈政治。这是时代的吊诡。

梁氏与胡氏其政治追求是大体一致的。梁先生追求宪政的实行。胡先生追求自由民主。两人都未曾及身而见政治目标的实现。但梁先生却因退出政治舞台,于思想学术上多有建树,而嘉惠后人。胡先生卷入政治,虽其自由主义政论丰富了中国民主思想的滋养。但他也因为分心于政治而未能专心完成自己的学术夙愿,不免为后学者留下遗憾。

附录　胡适私人档案介绍

胡适是现代中国最具国际声望的学者和社会活动家之一。生于1891年,安徽绩溪人。19岁赴美留学,是著名哲学家杜威的高足。1917年回国任北京大学教授,以倡导文学革命和思想解放运动而成为新文化运动的领袖人物。他在文学、史学、哲学等诸多学术领域都有开创性的贡献,影响了一代青年学子。

胡适曾历任中国公学校长,北京大学文学院长、校长,中华教育文化基金董事会董事、名誉秘书;抗战期间,一度出任驻美大使。曾先后创办或参与编辑《新青年》《每周评论》《努力周报》《现代评论》《新月》《独立评论》等刊物,在文化界、教育界、思想界均有重要影响。1949年离开大陆后,寓居美国。1958年回台湾,任"中央研究院"院长。1962年病逝。

胡适生前,交游极广,在著述、公事之暇,有细心保存书信、文件的习惯。1948年离开北平时,在其寓所留下大量文稿、书信、日记及公私文件。这些资料作为胡适个人的档案一直由中国社会科学院近代史研究所保管。

据初步统计,这批档案中有胡适文稿958件,他人文稿1 898件,胡适书信约六百通(其家属的信件亦近六百通),他人致胡适的书信,约一万余通。胡适日记,包括记事录、来往书信登录簿等计

43册。公私文件近一千件，总共所藏资料一万五千余件。这些资料，有很高的史料价值。下面我分三个部分作一介绍。

一

第一部分是胡适遗稿，这里有大批极为珍贵的材料。胡适后半生绝大部分精力用于"水经注案"的考证，写了数百万字的文稿、笔记和抄录备用的材料。其中有相当大一部分现存在台湾胡适纪念馆，该馆所编印的《胡适手稿》，共十集，前六集都是有关"水经注案"的材料。我们这里收存的"水经注案"的稿子，有许多是胡适治水经注案的早期文稿，有些还保存得很完整。例如由王重民、刘修业代抄的长达246页的《全校水经注辨伪》，这是胡适遗存的全部"水经注案"遗稿中最完整的一篇长文。此文写成于1944年4月23日。作者有两篇题记，第一篇用绿墨水写于抄稿首页末。文云："我的水经注案诸文中，此为最早写成的一篇，故最不满我意，两年之中，我收得的材料更多了，懂得的东西更多了，故此文必须重新写过了。胡适卅五、六、十四。"隔了十天之后，作者又在目录页之后用红墨水再题道："此本是王有三先生和他夫人君寄女士代我抄的，原稿本我已拆散重写了。此本可以保存我在那个时期的第一篇重要文字的原来状态。胡适卅五、六、廿五。"这两篇题记都是在自美归国的太平洋船上写的。

另一篇《全氏七校水经注辨伪》手稿130余页，是由文字不相连属的几个部分组成的，仔细阅读可以看出，这就是上引题记中所说,被拆散了的原稿。我们再看台北胡适纪念馆影印的《胡适手稿》第二集卷一《全氏七校水经注辨伪》一篇长稿,其中第十部分《〈全氏七校水经注〉四十卷的作伪证据》之后,胡适题语云"卅五、六、廿四日太平洋船上改写卅三年的旧稿",表明这部分稿子就是拆散了卅三年4月写成的那篇长文之后重写稿的一部分。而该书影印的《证明〈全校水经注〉的〈题辞〉是伪造的》,则是由王氏夫妇代抄的那部文稿中的另一部分改写成的。

由上述的例子使我们明白,把北京近代史所收藏的胡适水经注案遗稿,与台北胡适纪念馆收藏的胡适水经注案遗稿互相参读,可令人弄清胡适治水经注案的进程及其思想变迁的痕迹。

在一篇较早动笔而未完成的不连续的长稿(编者拟题:《胡适自述治水经注案的缘起及论述片断》)中,作者提出"水经注案"的背后有理学与反理学的斗争的影响,他强调,全、赵、戴三家治水经注皆有独立的大贡献,正如科学史上,差不多同时先后数人得到同样的发现一样,不应把这看成是互相偷窃。他引述了美国学者汤姆斯女士所作《二人或二人以上同时独立的发现与发明》的历史年表,该表列举了148种重要发现或发明都是差不多同时由二人或二人以上独立作出的。这一点形成了胡适治水经注案的一个重要思想前提。

这部分遗稿中有关批评杨守敬、孟森判断"水经注案"的错误的稿子(如《杨守敬审判全、赵、戴三家水经注的错误》、《批评杨守敬审判水经注疑案的考证方法》、《驳杨守敬"赵戴未见朱笺原本"的妄说》及《孟森先生与赵戴两家〈水经注〉》等等),以及《总论一百年来许多学者审判水经注疑案的方法的大错误》，这些重要遗稿必能有助于了解胡适考证水经注案的基本动机和基本思路。胡适后来经常说到，他治水经注案最大关切是治学方法问题；而治学方法在胡适看来实际就是养成一种谨慎戒约自己的良好习惯。这种良好习惯可用四个字来代表：就是"勤、谨、和、缓"。"勤"，就是勤于搜求，眼勤、手勤、腿勤，多得材料，多得证据。"谨"，就是谨慎，不轻信，不武断，反复推求。"和"，就是心平气和，不假意气，不动肝火，尤不能动"正谊的火气"。"缓"，就是不急于下结论。证据不足，把握不到十分，宁可悬而不断，不可遽下结论。胡适认为，从前的许多学者，对"水经注"的学术公案之所以铸成冤案，使像戴震这样一位伟大的学者蒙偷窃赵一清的污名达一百五十余年，就是因为他们没有做到"勤、谨、和、缓"。在胡适看来，厘清"水经注"这段公案，关键是个校勘学的问题。校勘贵在多得版本。而杨守敬、孟森、王国维等人都没有在校勘上下够功夫，他们所见版本太少。许多与本案有关的重要材料，他们没有看到，没有认真作比勘。这正如法官断案，没有向本案有重大关系的证人取得证词，只根据原告的片面之词就给被告定罪一样。这是"勤"字没有做够。他们只注意有利于自己判断的证据，而忽视一些反面的证据，往往得出错误的观察，错误的推论。（例如王国维提出一个通例说："夫书籍之据他书校改者，苟所据之原书同，则令十百人校之，亦无不同。未足以为相袭之证据也。至据旧本校改，则非同见此本不能同用此字。"这条通例实际上是不能成立的。既然所据都是同一种书的不同本子，则两种不同本子或多种不同本子在历史渊源上很可能有同一的依据，它们字句的相同应属情理之中的事。何以断定，所据本子不同，就不可能有相同的校改呢？这正是王国维的不谨慎处。也就是没有做到一个"谨"字。）胡适指出，杨、孟、王诸人还有一个共同的弱点，就是他们听信了指控戴震偷窃赵一清的"水经注本"一派人的意见后，便动了"正谊的火气"，顶起了"正义"的大旗之后，便有了一种感情的冲动，就不容易做到心平气和，就不容易做到公平断案。就像一个法官，若对被告产生了正义的冲动，势必不会注意被告的申诉，势必会放过许多有利于被告的证据，他的判断就很难公平了。这就是没有做到"和"字。杨、孟、王都是在没有搜求到足够的证据的情况下过早下结论，认定戴震犯了偷窃罪，就没有做到"缓"字。

胡适以勤、谨、和、缓自律，搞水经注案二十年，未写成全案的定稿，似有勤、谨、和、缓有余，而决断不足之嫌。但我们翻阅他的考证"水经注案"的稿子，确可以使我们对治学之道有深一步的领悟。

其他考证文稿有些是曾经发表过的，例如，关于曹魏、孙吴"校事"制的文字，《考范缜发表〈神灭论〉在梁天监六年》、《四十自述》的一些章节等等。

这里收存的哲学史、思想史、文化史方面的稿子会引起人们极大的兴趣。这里颇多外间闻所未闻、见所未见的材料。例如《墨经新诂》，过去只发表过一篇《〈墨子·小取篇〉新诂》。近代史所收藏《墨经新诂》的全部手稿，共三篇。即《〈经上〉〈经说上〉合诂》、《〈经下〉〈经说下〉合诂》及《〈墨子小取篇〉新诂》。前两种稿子,作者自题作于民国五年。当时胡适仍在美国读书,归国后,他有重新修订发表的打算,但只改定了《小取篇》,其余两篇未及完成修订。研究中国古代哲学史的朋友对这两篇遗稿一定非常感兴趣。同样地,论"五行"的一篇长稿(编者拟题《五行考》),也一定备受人们关注。档案中的《中国哲学史大纲》的初稿,可供研究者了解胡适对古代哲学史的见解形成的过程,而其《清代思想史草稿》,使我们有机会了解胡适从未发表过的对清代思想的见解。当年根据胡适的提议北大开设科学方法论的课程,由许多著名学者、科学家担任各门学科方法论的讲授。例如任鸿隽讲化学方法论、丁文江讲地质科学方法论、陶孟和讲社会学方法论、汪敬熙讲心理学方法论等。而胡适本人担任了第一讲"引论"和最后一讲(十四讲)"结论"的讲授。这两部分讲演提纲可以为研究胡适方法论思想的人补充新的材料。

关于西方哲学史、世界文化史的几种稿子肯定是人们从未见过的。例如西洋哲学史大纲,关于西方思想家的提纲,关于宗教革命的提纲,以及关于古埃及文化史、两河流域文化史、古印度文化史等,这些遗稿使我们对胡适关于世界古代文化史的思想可有直接的了解。

有关文学和文学史方面的遗稿,也颇有一些极可珍贵的。例如,胡适早年读书时期所写的读书笔记《藏晖室小说新语》《适庵说诗札记》以及他陆续写出的《诗经新解》。后者有一部分曾在少数朋友中传阅并发表过,其余都是从未面世的材料。这里还有一篇未曾发表的小说《我的车和我的车夫》,使我们知道,自己承认"提倡有心,创造无力"的胡适,毕竟不只写过收在《文存》一集卷四里的《一个问题》那一篇小说。此外,这里还保存了一些人们不曾见过的胡适的诗作。当年为教学需要所编的《中国文学史选例》,对于了解胡适的文学史见解显然也有帮助。

胡适的遗稿中,还有一些时论与杂文、讲演及序跋文字,札记文字。有些虽发表过,而人们很不易见。

胡适的日记,1985年中华书局曾出版过排印本,但其中《藏晖室日记》部分有遗漏(缺宣统二年五月一日至二十一日,即1910年6月7日至27日的日记),而1921年至1922年的日记,附录材料有删略。台北远流出版社1990年曾影印出版《胡适的日记》18册,其中第一至第三册,即1921—1922年的日记,但台版本系根据美国国会图书馆等处所藏的缩微胶卷影印的,而我们这里保存的是原本。此外,胡适遗存的一些记事簿、来往书信登录簿等等,都有可补日记的作用,可为我们提供不少研究历史的重要线索。比如在1920年的记载人员来往的簿册中即可查到1920年1月15日"毛泽东来谈湖南事"一条。对照该年毛泽东7月9日发给胡适的明信片的内容,可以见出,毛泽东当年自北京返湖南时,曾把他的想法事前同胡适谈过,并征询过胡适的意见。

二

胡适档案中,最有史料价值的是书信部分。这里收存胡适致他人的信和电报(包括胡适手写信稿和抄件共350余通,另有给其家属的信 240 余通），无疑是了解胡适的思想和生平活动极为珍贵的第一手资料。而胡适家属写给他的信，更可有助于增补胡适的传记材料。尤可注意的，我们从胡适母亲和他夫人江冬秀的信里还可以了解一些民间生活、民俗习惯等有趣的史料。胡适的二哥胡绍之有六十余封信给胡适。此人在胡适的亲人中，除了父母之外，是对他最有影响的一个人。他颇能读书，兼有社会阅历，身历辛亥前后二十余年中国社会的剧烈变动。从他的书信中我们看到辛亥革命最初给人们带来的兴奋和随即产生的失望，很可加深我们对那场革命的了解。

应该特别强调的是，胡适同数千人之间的往来书信的高度史料价值。与胡适通信的人，几乎包括了民国时期在各领域、各行业中有重要影响的人物。为使人们对此有明确的印象，我顺便开列一个名单在下面是很有必要的。

给胡适写信或发电的人，有国民党主要领袖和高级军政人员如蒋介石、汪精卫、胡汉民、廖仲恺、孔祥熙、张学良、王世杰、王宠惠、张群、李宗仁、白崇禧、戴季陶、罗文干、罗家伦、段锡朋、郭泰祺、卫立煌、傅作义、张治中、陈诚、陈布雷、朱家骅、赵恒惕、李品仙、孙连仲，等等。共产党的早期领袖和活动家陈独秀、李大钊、陈望道、毛泽东、周恩来、恽代英、瞿秋白、赵世炎、吴玉章、邓颖超、张闻天，等等。其他政界名人还有宋庆龄、蔡元培、吴稚晖、梁启超、马君武、邹鲁、林长民、范源濂、陆征祥、顾维钧、易宗夔、蒲殿俊、郑孝胥、陈炯明、彭一湖、彭学沛、张君劢、张东荪、曾琦、李璜、陈启天、章士钊、李石曾、黄炎培、陈叔通、易培基、何思源、张奚若、杨杏佛、许德珩、梁漱溟、罗隆基、杭立武、胡霖、董显光、吴鼎昌、陶希圣、翁文灏、叶恭绰，以及陈公博、王克敏、高宗武，等等。

学界、教育界、文化艺术界给他写信的更是名流荟萃。如著名学者王国维、章太炎、朱希祖、钱玄同、吴虞、陈大齐、黎锦熙、王照、吴宓、胡元倓、黄文山、傅增湘、袁希涛、沈兼士、梅光迪、杨树达、杨振声、汤用彤、林语堂、傅斯年、单不庵、刘半农、刘文典、郑振铎、丁福保、丁西林、周予同，等等。著名史学家孟森、陈寅恪、陈垣、陈衡哲、顾颉刚、萧一山、金毓黻、罗尔纲、周谷城、邵循正、姚名达、杨联陞、郑天挺、商承祚、于省吾、钱穆、蒋廷黻、雷海宗、吴晗、邓广铭、吴相湘、王毓铨，等等。著名哲学家熊十力、金岳霖、贺麟、冯友兰、吴康、朱谦之、郑昕，等等。著名语言学家赵元任、高元、罗常培、魏建功、丁声树、王力，等等。著名教育家张伯苓、邰爽秋、查良钊、陶行知、吴贻芳、郭秉文、马叙伦、蒋梦麟、陈鹤琴、梅贻琦，等等。著名考古及古物学家马衡、董作宾、李济、劳榦、裴文中、夏鼐，等等。著名经济及社会学家陶孟和、马寅初、陈启修、潘光旦、费孝通、吴文藻、千家驹，等等。著名图书馆及目录学家袁同礼、杜定友、顾廷龙、王重民、严文郁、蒋复璁、韩寿萱、裘开明、房兆楹，等等。著名的新闻界人士和新闻学家狄楚青、邵飘萍、陈博生、张季鸾、徐宝璜、戈公振、邹韬奋、储安平，等等。著名的出版家张元济、陆费逵、高梦旦、汪孟邹、汪原放、舒新城，等等。著名的政治学和法律学家高一涵、张慰慈、钱端升、周鲠生、吴经熊、周炳琳、燕树棠，等等。

著名文学家和文学史家鲁迅、郭沫若、郁达夫、沈雁冰、谢冰心、朱自清、胡怀琛、徐志摩、朱湘、苏雪林、孙伏园、王实味、余上沅、邵洵美、梁实秋、林徽因、凌叔华、陆侃如、冯沅君、孙楷第、郭绍虞、刘大杰、吴世昌、沈从文、萧乾，等等。著名的科学家和技术专家丁文江、任鸿隽、胡先骕、竺可桢、李四光、周仁、秉志、茅以升、汪敬熙、高鲁、唐钺、凌鸿勋、吴健雄、饶毓泰、梁思成、丁绪贤、叶企孙、谢家荣、曾昭抡、过探先、严济慈、钱三强、吴大猷，等等。还有著名医学家钟惠澜、施今墨；美术家刘海粟、徐悲鸿、丰子恺，表演艺术家梅兰芳，等等。还有金融界、实业界人士陈光甫、徐新六、郑铁如、穆湘玥、沈恩孚、冯耿光、聂其杰、王敬方、李烛尘；社会名流毛彦文、沈昆三、杜月笙、吴弱男、袁昌英、张昭汉、章元善，等等。此外，还有著名宗教界领袖于斌、余日章、太虚等。总之，现代中国社会各界有影响的人物，差不多都有书札保存在胡适档案中。

这些书信几乎涉及民国时期思想、政治、外交、教育、学术和艺术等各个领域的重要问题。

比如涉及政治问题的，有国民军驱逐溥仪出宫和善后会议的问题，五卅运动和后来的"人权与约法"问题，九一八事变后的对日态度问题，两广事变及西安事变问题，汪伪政权出台前后的有关情况，以及抗战时期国民党高层人士对国内政局的看法，还有抗战胜利后的国共斗争、学生运动、胡适个人的政治出处问题（他不仅不肯出任政府官职而且还曾一度想辞去北大校长之职）。这些问题，书信中都有很广泛很深入的涉及。从中我们还可以看到，胡适怎样一方面坚决拥蒋反共，一方面又对遭迫害的青年表示同情，甚至帮助救出某些革命青年。反映了这位反共的自由主义者的特别立场。

胡适同许多职业外交家如顾维钧、王正廷、施肇基、郭泰祺等皆有私交，同主管过外交工作的汪精卫、罗文干、王世杰等交谊更深。而胡适又一度担任驻美大使。所以，他们的书信中涉及外交问题者亦甚多，如早期的中国与苏俄关系问题、"五卅"后的中英关系问题，等等。至于九一八事变后谈论对日外交方针的书信就更多了。此外通信中还涉及到，胡适出任驻美大使前后一些内幕背景情况。特别值得一提的是书信中保存了汪精卫早在1933年即敦促胡适出任驻德公使和驻美公使的材料。

这里收存的大量书信，保存了"五四"以来历次思想文化论争有关的背景材料和一些鲜为人知的细节。例如，胡适给陈独秀的信，涉及研究系人物与胡适等自由派人士间的分歧；丁文江与胡适的通信涉及科学与人生观论争中的许多细节。许多青年给胡适的信，反映了他们对白话与古文之争，以及东西文化之争的感受。又例如，像钱玄同这样从旧学营垒中走出来的人，如何关心新文学和新文化的命运，每当旧势力鼓噪的时候，他怎样催促胡适出而廓清，以尽其"思想界的医生"的责任。在30年代有关"本位文化"的论争中，"全盘西化"的代表人物陈序经的一封未发表的信，可以帮助我们进一步了解"全盘西化论"者的思想实质。

书信中有大量关于青年界的材料，例如五四时期，一位青年反映：他们最主要的困惑是（一）家庭问题：家长制的束缚限制了他们自由选择，自由发展的余地。(二)读书问题：守旧家庭多以能识字、记账为满足，不肯送子女到新学校里去读书，怕他们沾染上"非礼""非孝"的新思想。(三)婚姻问题：绝大部分青年在这个问题上仍是"父母之命""媒妁之言"的受害者。还有许许多多青年反映他们读书、求职缺少机会，缺少指导的困难。困惑中的青年在各种刺激之下往往走上激烈反抗的道路。胡适在给家乡朋友的信中曾写到，由于某些教育界守旧势力的倒行逆施，正帮助造成许多"陈独秀的信徒"。三四十年代的青年有他们新的问题；而这些问题，终于推动其中许多人走抗日或革命的道路。

我们从书信中还可以看到学生们如何反对考试，如何为升学而造假文凭，甚至还有个别学生因假文凭被发现而不幸自杀的材料。这些材料，治中国现代教育史的人都不应忽视。王敬方的一封追述中国公学早年历史的长信，同样有供教育史家参考的价值。

我们还可以看到"五四"以后，争取妇女解放运动中出现的一些颇有社会意义的材料，例如一个大家闺秀如何受无政府主义思潮的震动，而离家出走，参加工学互助团的活动；一个被逼嫁人的女子如何勇敢地逃出家乡，只身跑到北京求学，等等。

书信中有许多材料可以帮助我们了解一些报刊如何创办，它的舆论趋向如何，及其经营活动的特点等等，可为新闻史研究的重要参考。

还有大量关于某些学术机关和社会团体的产生、活动情况等方面的材料。例如胡适本人参与创办的一些社团的活动情况，又如著名的中央研究院的产生、发展，院长的补选，及第一次院士选举的有关细节等等。特别应该提到，在民国时期，尤其在抗战前，对与我国教育文化和科学研究事业有重要关系的，管理美国退还庚款的机构——中华教育文化基金董事会——的产生、组织沿革和有关活动等等，书信中保存了很重要的史料。

作为一个有重大成就和影响的学者，在胡适所保存的书信中，直接关系到现代学术史的材料尤为丰富。治学术史的学者将在这里发现一个真正巨大的宝藏。在这里可以见到文学革命从酝酿期到发动期，到推向全国的整个过程中许多人所未见的珍贵史料；可以见到《中国哲学史大纲》（上册）出版，给中国新学界所带来的刺激；可以见到由《〈水浒传〉考证》和《〈红楼梦〉考证》所带动起来的古小说研究的热潮和整理国故的逐步推展，以及古史讨论，古史辨派的形成等重要学术史上的大事。这里还可以见到20年代到30年代，推动中国学术进步的那一群学者间的友谊和互相切磋的情形，可以了解到学术界某些重要新问题提出的缘起，以及某些重要古籍和史料的发现所引起的学者们的兴奋。

应该特别指出，胡适有些政界、教育界、学术界的朋友，同他经常保持密切的书信联系。书信在20通以上者有48人，30通以上者有32人，50通以上者有12人，100通以上者有3人。在这些人中包括丁文江、王重民、王云五、朱经农、朱家骅、任鸿隽、沈从文、汪精卫、汪孟邹、林语堂、周作人、胡近仁、高一涵、高梦旦、徐志摩、翁文灏、孙楷第、梅光迪、张元济、张慰慈、陆侃如、陈垣、陈源、陈独秀、陈衡哲、陶孟和、陶行知、傅斯年、杨杏佛、杨联陞、赵元任、蔡元培、蒋梦麟、刘文典、钱玄同、罗常培、顾颉刚等等。他们的书信广泛涉及思想、社会、人生、学术、公务与私谊等等问题，提供了极为丰富的传记史料。可以毫不夸张地说，细心阅读这些书信，再广泛查阅有关资料，在《胡适与×××》的题目下，可以写成数十本有价值的传记著作。

总之，一切治中国现代史——无论是现代通史，还是专业学科史——的学者，都可以在这里找到极有价值的材料。使这批材料得以刊布，应是中国现代学术史上一件可庆幸的事。

三

这批档案中保存有大量的公私文件，具有极大的史料价值。我们可把这部分资料分作以下几大类略为介绍：

（一）重要政治关系文件

其中有20年代初的国民代表会议临时国民大会的文件。有政界人士给大总统和政府总理的上书等等。还有1925年的善后会议的各种文件，包括议事日程、议事录、议案、日刊、秘书厅文件及班禅致会议的文电等。还有抗战时期参政员傅斯年向蒋介石上书的草稿，以及抗战后的两次国民大会的文件，其中有胡适领衔朱经农起草的有关教育问题的提案。还有沈崇事件全部材料的副本。这份材料充分显示出，美兵强奸暴行的事实经过，使人明白，当时中国政府，在美国方面的压力下，无力维护司法主权，无力维护中国人的尊严。还有1931年最初几个月的全国军费开支的记录以及1935年日本在华领事的一次会议的记录的副本。显然，这些材料都有重要的史料价值，可供研究者补阙和参考。

（二）重要机构的文件

（1）中央研究院，包括其组织法、各种法规、选举章程、评议会议员名单、评议会记录、候选院士申请表、提名表，第一次院士大会的记录，中研院所属机构的情况等等。

（2）中华教育文化基金董事会，简称中基会，档案中保存有中基会的组织、董事会章程、董事会名录、董事会议记录、董事会会务细则，年度工作报告等等，还有各团体、机构和人员有关庚款问题的声明、宣言；各界各机构、团体申请庚款补助的请愿书，其中包括孙传芳主张用庚款治淮的意见书等等。这些文件可以帮助我们了解中基会实际也就是美国对中国教育界、知识界的影响，进而帮助我们了解，由于中基会的关系，增强了胡适本人在教育界和知识界的地位与影响。

（3）国民党政府所设各种专门委员会，如财政专门委员会、农村复兴委员会等有关文件。

（三）重要团体

如努力会的创办及其简章，新月社社员通讯录，缴纳会费清单，开会通知等等。尤其是著名的民权保障同盟及其北平分会的有关文件。以及因对政治犯问题的不同意见导致同盟解体的有关记载。还有九一八事变后，胡适参与创立的自觉救国会的宣言、简章、会员名单，这些材料可以有助于我们分析当时中国中产阶级的对日态度。另外有欧美同学会的章程，活动情况，平津市民治促进会的组织、活动等文件，以及其他数十种小团体的宣言、声明、意见书、章程之类。还有筹备泛亚协会中国分会的有关文件。

（四）教育关系文件

保存有全国教育会联合会会议的文件，包括各地教育会、教育团体、教育家的提案，以及胡适参与起草的学制案文稿等等。还有中华教育改进社的各种文件，某些私立学校的校董会文件，特别是胡适担任中国公学校长时期的中国公学各种文件，还有康奈尔大学中国学生会名录，以及有关学生运动的各种文件等等。

（五）学术团体和学术活动文件

如中国科学社的《年会指南》、社员名单、开会通知；中国天文学会的文件，学术讲演会的章程，中华图书馆协会成立及其组织活动的文件，西北科学考察团的组织、活动、报告等文件，宣怀经济研究所有关的文件等等。

（六）北京大学关系文件

这方面的材料最为丰富。研究北京大学校史的人，应特别注意这部分材料，因为它颇有系统，颇为完整。例如，这里保存有《国立北京大学规程》、《北京大学研究院规程》、《教员延聘施行细则》，北京大学评议会的组织、评议员名单、评议会的记录。北京大学毕业生留学章程，学生助学金、奖学金条件、办法。研究所国学门的工作报告，英文教授办法，各时期的教职员名录，各系主任名单，各委员会主席名单，学校年度预决算表、招生办法、考试制度、课程设置、各种刊物的组织及出版办法。北京大学学生自治会的有关文件，历次学生运动的关系文件，历次教育风潮中北京大学及其教师的有关声明文件等等。所保存的几种北京大学建校历史纪念册，尤有参考价值。另外还有胡适手拟的北京大学与中基会合作办法等文件。可以说，从学校的组织、领导机构到教员聘任、学生管理、经费开支等等，保存了较完备的资料。不但可以使我们了解一个北京大学，还可以帮助我们了解整个民国时期高等教育的一些重要情况，是研究高等教育史极可珍贵的材料。

（七）其他文件

抗战后，胡适曾被聘为永定河官厅水库水利委员会的委员。故档案中保存了官厅水库水利委员会的许多文件。胡适还入股加入久大盐股份有限公司，被选为董事长（总经理是李烛尘）。久大公司的文件也保存在档案中。此外还有胡适手拟的徐志摩纪念奖金章程办法，徐志摩文学奖金募集总委员会启事，丁在君纪念基金原则等项文件，以及《努力月刊》与商务印书馆订立的合作出版契约，中基会编译委员会与商务印书馆合印译书契约，和合印教科用书契约，整理国故的计划等文件。这些文件在教育史、学术史、出版史上都有一定的价值。

在这里要附带交代一下，在胡适档案中还保存了一大批其他人的手稿。这些手稿可分三大类：

（一）各界人士向《新青年》《每周评论》《努力周报》《独立评论》等刊物的投稿。这些稿子往往附有作者写给编者的信。这类文献相当地多。我们从中可以看出社会各界关心的热点以及人们对各种问题的具体主张及其理由，对我们了解那个时代很有帮助。因为它们未曾被刊用，便成了世上仅见的材料。而这些文稿的作者，并非都是无名之辈。其中颇有一些当时即很有名或后来成名的人物。

（二）专著书稿。这部分稿子数量有限，大体是作者要求胡适帮助审定和为书写序。胡适名气太大，求助者太多，他无法满足所有人的要求。于是便有许多不很幸运的作者的书稿，长期埋在这里。

（三）译著书稿。1930年，胡适组织了中基会的编译委员会，聘请著名专家丁文江、赵元任、傅斯年、陈寅恪、梁实秋、陈源、闻一多、姜立夫、丁西林、王琎、胡先骕、胡经甫、竺可桢等十三人为委员，胡适为主任。由胡适拟定编译计划，确定译书目录，召请有关专家从事翻译。他们的译稿必须经过编译委会的认可，方有出版的资格。送请胡适审阅的译著书稿，数量颇不少，其中有些胡适曾阅过一部分，并作了修改，大部分未作修改，大概是水平太差，不具备修改的基础。

以上所述文稿、书稿肯定绝大部分未曾出版，但究竟有哪些已曾出版，一时难以厘清。

这些他人文稿，对研究相关人物，研究相关学科的发展，有一定的参考价值。但恐怕它们难有问世的机会。

四

这批档案资料对全面而深入地认识胡适本人，自然具有更为直接、更为重要的价值。任何个人都生活在特定的社会关系中，包括家庭、亲戚、朋友、同事，以及因种种事件、种种因缘而发生各种关联的人物。每个人都生活在由上述种种人物而结成的人际关系之中。一个人的性情与修养，才华与事业，都是通过上述诸种人际关系而展现出来的。胡适档案以其丰富的史料为我们提供了胡适社会关系的全景画面，认真研究这些材料，一定可以帮助我们对胡适有更为全面而真切的认识，廓清某些片面和不实之论。

例如，鲁迅先生曾把胡适与陈独秀来作比较，说陈独秀的为人，好像他的门上明贴着招牌：内有武器，须小心，而实际上并没有什么；胡适呢？招牌上写着：内无武器，尽可放心。而实际上，颇须小心，里面可能有些什么（大意如此）。鲁迅的意思很明白：胡适不是个坦荡的以诚待人的人。我研究胡适数十年，他写的东西，无论已刊，未刊；可以说，大部分我都看过，也看过不少别人所写关于他的文字。我总得不出和鲁迅相同的印象。当然，胡适交际广泛，是个深通世故的人。但他的通世故，不过是总力求理解他人，并无以权术害人之意。他若不能以诚待人，绝不可能有那么多的朋友；他若不能以诚待朋友，绝不可能同那样多的不同年龄、不同职业、不同地位的人保持终生的友谊。胡适常自律："做学问要于不疑处有疑，待朋友要于有疑处不疑。"所谓"于有疑处不疑"，即不诬枉人，不作诛心之论，并非不分是非善恶。相反，朋友有过，他总是毫无矫饰，直言相谏。例如，他对刘文典就曾尖锐地批评他不该"以书贾待人，而以市侩自待"。这封信，将收在《胡适遗稿及秘藏书信》一书中，读者可以覆按。

总之，若撇开思想信仰、政治主张不论，作为一个血肉性情的人来看，胡适应该可以说是一个胸怀坦荡，鞠诚待朋友的人。

又例如，九一八事变后，胡适长期持低调立场，不主张对日作战；谋求交涉，寄望国际舆论。这在当时无疑是很不合时宜的。对他的主张，人们尽可以批评，但由此而论定为"卖国"，则显属诛心之论。实际上，胡适的主张，不过是一部分知识分子，凭他们的知识和理性，针对面临的形势而提出的一种选择。他们自认为这种选择，对国家比较利多害少。这是一个选择正确与否的问题，不是是否爱国的问题。我们看1935年华北形势最危急的时候，王世杰、傅斯年等给胡适的信，可以明白，胡适等教育界领袖是如何以中流自任，反对华北特殊化，坚持在危城中继续履行自己教育家的责任。从而可以知道，他们的爱国之心，与别人的并没有什么不同，不同的只是观察的方法、选择的途径而已。当全国抗战爆发后，他破例出任驻美大使。在当时，他认为这是战时应国家之召，尽一个公民应尽的兵役，或差徭义务。所以尽心尽力，除了日常外交工作之外，他曾连续奔走几万公里，在几十处地方，做上百次的讲演，以唤起美国人对中国抗战的同情心，打破美国政界的孤立主义和重欧轻亚的观念，支持中国抗战。这些，在他给朋友和家属的信中都有充分的反映。他在给夫人江冬秀的信中曾说："我是为国家的事来的，吃点苦不要紧，我屡次对你说过：'留得青山在，不怕没柴烧'，国家是青山，青山倒了，我们的子子孙孙都得做奴隶。"（见1939年9月21日胡适给江冬秀的信。）我以为，把这样一个人说成是一个卖国主义者，实在是天大的冤枉。

还有一个流传很广的说法，即认为胡适是个"全盘西化论"者，甚至还有更难听的说法，如什么"买办文人""崇洋媚外"，等等。看看胡适与他的家人、朋友间的通信，可以知道，胡适一生最重要的时期，从1917年留学回国，到1948年离开北平，前后三十余年的时间里,他始终关注的是中国传统文化如何同现代化相衔接,也就是如何推陈出新,创造中国的新文化的问题。自然,他心目中的现代化和与之相适应的新文化,只能是以西方发达国家的模式为借鉴。而西方发达国家,差不多都有侵略中国,压迫中国人民的历史和劣迹。一般中国人,对他们的东西有相当的反感,这是非常可以理解的。胡适动辄引证西方的模式来批评中国的旧传统,这是他背上"买办文人""崇洋媚外"和"全盘西化"的罪名的基本原因。

但如果我们不单从形式上看问题,而是透过形式看实质,对具体问题作具体分析,那么我们就可以得出更切合实际,更公允的结论。

在胡适全部著述中,介绍外国思想的文字甚为有限。而在这有限的介绍文字中,人们只要细心阅看,应可发现,他的介绍不是照抄、照搬,而是相当中国化的阐释。胡适遗稿中的《杜威的"正统哲学观念"与中国哲学史》(编者拟题),就是一个典型的例子。这里,我要稍微提一下前些年我同吴森博士的一点争论。吴博士太强调了胡适对杜威思想的"中国化"的功夫,认为他是打着杜威的招牌,贩卖自己的私货,认为他的思想与杜威思想完全是两回事。我则认为,在实验主义一些最根本的观念上,两人是一致的。只是,胡适介绍杜威的实验主义时加上了"中国化"的阐释功夫。有没有这层"中国化"的阐释功夫是大不一样的。只有对中国传统有相当领悟的人,才能做到这一点。

胡适一生著述,绝大多数都可看作是对中国传统的重新阐释,也就是他所说的"整理国故"。我约略估计一下，胡适一生著述二千余万字中，至少百分之八十以上是直接以中国传统文化的历史、典籍和思想、人物为研究对象的。这其中固然有不少是做批判的、破坏的功夫。但同样也有不少是正面予以阐释，做推陈出新的功夫的。像《先秦名学史》《中国哲学史大纲》《中国中古思想史长编》《白话文学史》，以及关于老子、孔子、墨子、王充、李觏、朱熹、顾炎武、颜元、程廷祚等思想家的许多独立的研究文字，还有关于王莽、王安石等历代改革家的论述，以及大批的古小说考证文字等，都是这方面很有影响的著作。这些足以表明，在胡适看来，中国传统中也颇不乏积极的，至今仍保存其价值的东西。而他同学界朋友的往来书信有相当多的部分涉及传统学术遗产的内容。他觅得罕见的珍本的快乐，他对某些古人的"奇见"的赏识，他与朋友讨论这些相关问题的执着，他对朋辈整理国故中有新创见时，由认同感而引起的兴奋，……这一切，在大量书信中都留有记录。而这些，同样可以证明，他决不是像某些人所说的"全盘反传统"，"全盘西化"的一个人。

我不否认，胡适有激烈攻击中国旧传统的言论。其中有些言论是人们难以接受的。但如果了解发表这类言论的背景，了解中国近现代思想史上不同思想流派激烈论争的情况，我们就可以知道。胡适那些过当的言论都是有所激而发。当他的对手们认为"西化"就是"蛮夷化"，认为中国"自古就是用美德铸成的黄金世界"的时候，胡适的过激言词就可以理解了。

大凡在争论中，双方各自要强调自己看重的那一面道理，而批驳对方，往往都会发生过当的言论。如果不顾及争论一方对有关问题的正面阐述，而只把争论中的过当言论孤立地提取出来，一定会得出片面的结论。胡适所保存的大量书信，极有助于我们了解民国时期思想文化论争的背景，因而也有助于进一步了解胡适的思想实质。

还有一点特别值得注意，即胡适同中国许多老辈学者的深挚友谊。这些老辈学者都受过很完全的传统教育，有深厚的国学修养和很笃实的传统道德观念，例如蔡元培、梁启超、张元济、高梦旦、汪孟邹，乃至傅增湘、王小航（照）等等。读者从他们的通信中可以看出，胡适与这些老辈学者互相敬重、互相勉励和互相关切的那种情谊。如果胡适是一个狂妄的反对一切传统的人，他们之间这种关系是无法设想的。

与胡适同辈或与他有亲交的晚辈，都能够证明，在实际生活中，胡适是一个颇重传统道德，而又颇能尊重传统生活方式的人。他不同于守旧派的是他并非为了排斥新道德和新生活方式，而固守旧垒；他终生努力把旧传统包容着的民族生活同新时代连接起来。所以他极力倡新，但不以"新"而自居"奇"，不以"新"而自名"高"。他自己就是一个把旧传统与新时代连接起来的典型。人们都已经知道，他对婚姻、家庭问题的态度最能体现他的这种典型特点。他很不赞成那种一旦得了新思想，就不屑与旧人为伍的态度。他同新进少年固有许多共同语言；他同老辈的人也能有所沟通。在这一方面，他颇与蔡元培相近。不了解他的人，还以为他"与旧势力太周旋了"，太讲调和了，怪他旗帜不够鲜明。胡适在给钱玄同的一封信里最明白地表示了他的真实态度。他说："我所有的主张，目的并不止于'主张'，乃在'实行这主张'。故我不屑'立异以为高'。我'立异'并不'以为高'，我要人知道我为什么要'立异'。换言之，我'立异'的目的在于使人同于我的'异'。"从此态度出发，在实际生活中他才成为能为新旧人物都能接受，都予以尊重的一个人。也因此，胡适是一个在东西文化激烈冲突与震荡中，最能自在应付而无特别困惑的人。指责胡适破坏一切传统，或埋怨胡适旗帜不够鲜明的人，都不了解真正的胡适。记得多年以前，一位研究胡适的朋友，把胡适在北大教书时的形象写成西服革履，满口"密斯"的人。我当时告诉他，这样写是不合实际的。大体说来，胡适在国内，能很自然地过一种东方人的生活；在国外时，能很自然地过一种西方人的生活。所以，在国内，除了有特别需要的场合，他都是着中式装，吃中国饭，讲中国话，行中国礼，过中国人的生活。把胡适想象成"全盘西化"的人物典型，实属大谬。那位朋友颇不以我的话为然。迄今仍有许多人，很不了解真正的胡适是个什么样子。我想，刊布胡适档案会有助于人们了解胡适到底是怎样一个人。

原载《近代史研究》1993年第6期

后　记

2015年8月,我到上海出席上海人民出版社举办的《胡适留学日记手稿本》的发行式和座谈会。会间休息的时候,复旦大学出版社的陈麦青先生同我谈起,他们出版一个系列,叫做《××研究十讲》,都是找对该××研究有权威性的作者来写的。他们很希望我为他们写一本《胡适研究十讲》。我随口答应了。因为没有谈具体问题,更没有签合同,回到北京后,忙于其他的写作,就把此事忘记了。直到2018年6月,复旦大学出版社的郑越文编辑通过宋广波找到我,说是明年要出版"十讲"系列一组新的书,把我的《胡适研究十论》列入出版计划中。我不禁有些惊讶。她解释说,可以用一些已发表过的文章。这样,我觉得应当可以做到。于是我从2018年的6月下旬起,便全力以赴地做这件事。

现在呈现给大家的这本书,包括"代序"和"附录",共十二篇文章。

"代序"《重新发现胡适》是在旧稿的基础上扩充改写而成。

《胡适一生的五个阶段》,是利用我1999年为我编的《胡适评传》一书写的文章,想以此让读者对胡适一生有个总的印象。原文只有一万字左右,这次我把它扩写成两万字的文章,目的是使读者略为详细一点知道胡适一生的大概情况。

《引领文学革命》一篇是本书中写得最早的一篇文章，发表于1979年的《中国现代文学研究丛刊》的创刊号上。原题《胡适与五四文学革命运动》。此次只做了文字校改，内容无任何变化。

《胡适与〈新青年〉及〈新青年〉同人之分裂》，是由原来的两篇文章合在一起，改写而成。一篇原名就叫做《胡适与〈新青年〉》，写于1995年，发表在我主编的《胡适研究丛刊》第二辑（中国青年出版社1996年）中。另一篇是《〈新青年〉同人分裂过程中的一个重要细节》，写于2018年3月初，发表在《广东社会科学》2018年第5期上。

《建立学术新典范》是专为此书新写的一篇文章。

《关于中国近代文化转型的几个重要观念》一文，原发表于《安徽史学》2007年第5期，此次没有做任何改动。

《"歧路"：政治的诱惑与困窘》，是为本书新写的一篇长文，原来只想写胡适五四运动后，不得不谈政治的一段心路历程。后来觉得，胡适从"五四"以后，与政治问题结缘，此后便终生不得不谈政治，甚至干政治，而每次谈政治与干政治的结果，几乎都弄得自己陷入窘困。鉴于此，觉得不如就把胡适一生与政治结缘的情形大致做一番概述，使读者对胡适一生的政治生命有一个概要的了解。于是就写了这篇本书中最长的文章。

《胡适与梅光迪》一文，原是应邀为中华书局创办八十周年而写的，此次收入本书，未做任何改动。

《胡适与陈独秀》一文，原写于1984年夏间，收入《胡适研究论稿》，于1985年出版。1989年对此文做了较大的补充，收入1996

年出版的《胡适新论》一书。此次收入本书,未再改动。

《蔡元培与胡适》一文,是为蔡元培先生诞辰120周年而写的,收在《论蔡元培》(旅游教育出版社1989年出版)一书中。此次收入本书时,内容亦未做改动。

《胡适与梁启超》一文,原写于1984年夏间,收入《胡适研究论稿》中。2012年10月24日,我在清华大学举办的"梁启超与现代中国"研讨会上作一个发言。许多朋友都觉得这个发言很有新意,曾在《胡适研究通讯》上发表,反响亦甚佳。这次把它附在《胡适与梁启超》一文之后,供读者参考。

《胡适私人档案介绍》一文,是为我编辑的《胡适遗稿及秘藏书信》所写的序言,原发表于《近代史研究》1993年第6期。此文不仅可使读者了解胡适档案的内容,而且可以了解胡适广泛的社会联系及其处事待人风格。

此书虽用了一些旧稿,但改写和新写的文字颇不少,加之,要校阅所有文字,在五个月的时间里,除了参加某些必要的会议和学术活动之外,每天上午三个小时左右的工作时间,完成此书,还是略有些紧张,略有些匆促。书中存在的问题,尚望读者批评指正。

感谢复旦大学出版社,感谢郑越文编辑为此书所付出的辛勤劳动。

作者　2018年11月28日

图书在版编目(CIP)数据

胡适研究十论/耿云志著.—上海:复旦大学出版社,2019.7
(名家专题精讲)
ISBN 978-7-309-14311-9

Ⅰ.①胡… Ⅱ.①耿… Ⅲ.①胡适(1891-1962)-人物研究-文集 Ⅳ.①K825.4-53

中国版本图书馆 CIP 数据核字(2019)第 085357 号

胡适研究十论
耿云志　著
责任编辑/郑越文

复旦大学出版社有限公司出版发行
上海市国权路 579 号　邮编:200433
网址:fupnet@fudanpress.com　http://www.fudanpress.com
门市零售:86-21-65642857　团体订购:86-21-65118853
外埠邮购:86-21-65109143
江阴金马印刷有限公司

开本 890×1240　1/32　印张 14.25　字数 289 千
2019 年 7 月第 1 版第 1 次印刷

ISBN 978-7-309-14311-9/K·697
定价:75.00 元

如有印装质量问题,请向复旦大学出版社有限公司发行部调换。
版权所有　　侵权必究